이아주소 3

Annotations on the Erya

옮긴이 이충구(李忠九)는 경기도 과천에서 출생하여 성균관대학교 대학원 국어국문학과에서 석사·박사 과정을 수료하고 문학박사 학위를 취득하였다. 독립기념관 전문위원을 역임하였고, 현재 성균관대학교 강사로 재직하면서 한중철학회 회장을 맡고 있다.

옮긴이 임재완(林在完)은 부산에서 출생하여 성균관대학교 대학원 한문학과에서 석사·박사 과정을 수료하였으며, 태동고전연구소(지곡서당 6기)를 수료하였다. 성균관대학교 강사 및 삼성문화재단 삼성미술관 리움 선임연구원을 역임하였고, 현재 수원시 역사박물관 전문위원으로 재직하고 있다.

옮긴이 김병헌(金炳憲)은 경북 영양에서 출생하여 성균관대학교 대학원 한문학과에서 석사·박사 과정을 수료하였다. 성균관대학교 강사 및 독립기념관 전문위원을 역임하였다. 현재 (주)사문원 대표이다.

옮긴이 성당제(成瑭濟)는 충남 예산에서 출생하여 성균관대학교 대학원 한문학과에서 석사·박사 과정을 수료하고 문학박사 학위를 취득하였다. 현재 성균관대학교 강사 및 서울대학교 규장각 한국학연구원으로 재직하고 있다.

이아주소 3

1판 1쇄 발행 2004년 12월 30일
1판 2쇄 발행 2008년 3월 25일

옮긴이 / 이충구 · 임재완 · 김병헌 · 성당제
펴낸이 / 박성모
펴낸곳 / 소명출판
등록 / 제13-522호
주소 / 137-878 서울시 서초구 서초동 1621-18 (란빌딩 1층)
대표전화 / (02) 585-7840
팩시밀리 / (02) 585-7848
somyong@korea.com / www.somyong.co.kr

값 26,000원

ISBN 978-89-5626-130-0 94030
ISBN 978-89-5626-127-0 (전6권)

이아주소(爾雅注疏) 3

Annotations on the Erya

이충구 · 임재완 · 김병헌 · 성당제 공역

일러두기

- 본 번역의 대본은 『爾雅注疏』로, 1999년 12월에 北京大學校 出版社에서 간행한 十三經注疏(標點本) 가운데 하나이다. 『爾雅』 經文과 郭璞의 『爾雅注』, 邢昺의 『爾雅疏』가 수록되어 있다.
- 『爾雅音義』는 대본에는 수록되어 있지 않았으나 필요하다고 생각하여 함께 번역하였다. 陸德明의 『經典釋文』 속에 수록된 『爾雅音義』로, 北京 中華書局에서 1983년에 간행한 것이다.
- 본서에 인용된 『詩經』을 비롯한 제경전 文句의 풀이는 朱熹 및 그 학파의 註釋에 의거하지 않고, 十三經注疏本의 주석에 의거하였다. 그 이유는 본서 대본의 저자 중 연대가 가장 늦은 邢昺도 주희보다 약 200년 이전 인물이기 때문에 주희 등의 주석과는 무관하기 때문이다.
- 번역에 참고를 가장 많이 한 서적은 『爾雅詁林』이다. 1998년 湖北教育出版社에서 朱祖延 主編으로 간행되었다. 『爾雅』와 관련된 역대 모든 著作物을 총망라한 叢書이다.
- 陸璣의 『疏』는 정확히 말하자면 『毛詩草木鳥獸蟲魚疏』로 四庫全書本을 참고로 하였다.
- 주석에서 『爾雅詁林』 「義疏」라고 한 것은 淸의 고증학자인 郝懿行의 『爾雅義疏』를 가리키는 것으로 『爾雅』의 주석서로 가장 뛰어나다고 평가받고 있다.
- 주석에서 『爾雅詁林』 「正義」라고 한 것은 邵晉涵의 『爾雅正義』를 말한다.
- 주석에서 『爾雅詁林』 「音義攷證」이라 한 것은 盧文弨의 『爾雅音義攷證』을 말한다.
- 주석에서 『爾雅詁林』 「陸音義」라고 한 것은 『爾雅詁林』에 수록된 육덕명의 『爾雅音義』를 말하는데, 번역의 대본으로 한 『爾雅音義』(『經典釋文』)와는 板本의 差異가 다소 있다.
- 주석에서 『爾雅詁林』 「義證」이라 한 것은 尹桐陽의 『爾雅義證』을 말한다.
- 주석에서 저작자를 말하지 않고 「蟲名今釋」, 「郭注佚存補訂」, 「一切注音」, 「注疏本正誤」 등이라고 표현한 것이 있는데 모두 『爾雅詁林』에서 인용한 서명이다.
- 위에 밝힌 것 이외의 『爾雅詁林』 내의 여러 저서는 참고문헌에 그 서명을 제시하였다.

역자 서문

『이아(爾雅)』는 선학(先學)들이 '여러 경전의 요체[群經之樞要]', '제자백가의 지침[百氏之指南]'이라고 하였다. 훈고(訓詁)를 연구하고 주소(注疏)를 다는 이들은 모두 『이아』를 근거로 삼았으며 『이아』가 13경에 편입되자 이를 극도로 추숭하였다. 『이아』의 가치는 훈고학의 기초를 확립했다는 점, 사어(詞語)의 다양한 옛 뜻을 보존하고 있다는 점에 있다. 따라서 『이아』는 고대 문헌을 학습하고 문화유산을 계승하는 데에 중요한 도구이다.

한자 독해의 원조(元祖), 훈고의 으뜸 고전으로서 『이아』의 위치는 확고하다. 『이아』의 피석사(被釋詞 : 標題語)와 해석사(解釋詞 : 說明語), 그리고 본문을 주해한 주(注) · 소(疏) 및 음의(音義)는 독음해의(讀音解義)에 직결되므로, 해당 한자의 음의(音義)를 이해할 뿐만 아니라, 한자의 독해법칙까지 살필 수 있다. 한마디로 『이아』는 한자 뜻풀이의 지침서라고 하겠다.

이러한 중요성의 전제 아래 『이아』의 경문(經文)과 주소(注疏)와 음의(音義) 등을 한국어로 변역하여 옮긴 것이다. 『이아』의 번역은 한자의 한국적 독해, 즉 한자의 한국음의를 명확히 하고, 나아가 한자의 한국적 독해방식 · 경향을 제시했다는 데 그 의의가 있다. 그러므로 이로부터 한자 독

해는 물론, 한자의 국어훈고 즉 한자의 국어의미 추구, 한자의미의 한국적 이해를 꾀할 수 있다. 이렇듯 한국어 사용자는 번역에 의해 한자의 의미를 파악하게 되므로, 『이아』의 번역은 결국 한국인에게 한자를 이해시키는 길잡이가 될 것이다.

이 번역이 갖는 의의를 몇 가지 들 수 있다.

첫째, 한자에 관한 최고(最古) 원전의 번역이다. 『이아』는 한자서로서 『설문해자(說文解字)』보다 훨씬 앞선다. 따라서 『이아』 번역은 한자 주석의 근원에 대한 국어번역이라고 할 수 있다.

둘째, 사서삼경 등 제경전을 해석하는 데 많은 도움이 될 수 있다. 『이아』에 수록된 한자는 특히 『시경(詩經)』을 비롯한 제경전에서 채록하여, 이를 훈고라는 입장에서 전문적으로 풀이한 것이다. 그러므로 『이아』 번역을 통해 제경전에 나오는 해당 한자의 의미를 분명히 이해할 수 있다.

셋째, 한자의 한국적 독해, 즉 한자의 한국 음의를 명확히 제시한다. 따라서 한국어 사용자들이 『이아』에 제시된 한자의 자음과 자의를 이해하는 데 도움을 줄 것이다.

넷째, 자전 편찬에 도움을 줄 수 있다. 『이아』는 자전의 원조라고 할 수 있다. 『이아』의 각 한자 의미는 자전에 모두 채택되어야 하는데, 이따금 누락된 것도 있고 또 부정확하게 주석된 경우도 있다. 그러므로 『이아』 번역은 자전의 미흡한 부분들을 보충하는 중요한 자료가 될 것이다.

다섯째, 『이아주소』의 번역은 세계 최초라는 점이다. 근래 『이아』 번역서가 나온 바 있으나 주소까지 함께 번역된 것은 없다.

번역 작업은 1998년 1월에 착수하였다. 윤번제로 원문과 역문을 준비하고 주로 격주 일요일에 함께 모여 낭독해 가면서 검토하였다. 작업이 상당히 진척된 2000년 가을에는 한국학술진흥재단의 동서양학술명저번역지원 사업에 채택되어 진도에 박차를 가하게 되었다. 약 1년 뒤인 2001년 9월 30일에 번역을 마쳐 학술진흥재단에 보고하고, 출판 허가를 받아 지금 출간하게 된 것이다. 출간이 늦어진 것은 벽자 등의 장애로 번역자와

출판사 양측에서 교정에 시간과 노력을 많이 들였기 때문이다.

번역에 참여한 인원은 출입이 있었는 바, 작업을 본격적으로 추진하여 마무리한 사람은 4명이다. 김병헌·임재완 연구원은 처음부터 참여하였고, 본인과 성당제 연구원은 1999년 2월에 합류하였다. 끝까지 함께 하지 못한 동학들에게 아쉬워하며 한편 고마움을 느낀다.

역자들이 이 번역을 감당하기에는 매우 벅찬 것이었다. 그럼에도 이를 시도한 것은 『이아』를 독파해보자는 학문적 욕구 때문이었다. 그러나 애로도 많았다. 특히 『이아』에 인용된 『시경』을 비롯한 제경전 구절의 풀이를 주자(朱子) 및 그 학파의 주석에 의거하지 않고 십삼경주소본(十三經注疏本)의 주석에 의거해야 했으므로, 지금까지 익혔던 선입관을 버리고 번역해야 하는 데서 고민이 많았다. 미흡한 점에 마음이 끌린다. 지금 작업을 끝내면서 그 결과에 대하여 매우 부끄러운 생각이 든다. 다만 주소까지 몇 차례 읽었다는 것으로 위안을 삼고자 한다. 부족한 점은 제현의 질정으로 보충되기를 기대한다.

이 책이 나오는 데에는 많은 도움을 받았다. 특히 한국동양철학회를 통하여 학술진흥재단에 번역사업이 신청된 일은 길이 기억될 것이다. 성균관대학교 임형택 교수님께서는 일찍부터 관심을 두시고 이끌어주셨다. 학술진흥재단 관계자 제위께서는 번역지원 사업에 채택하고 출판을 허락해 주셨다. 그리고 소명출판에서는 어렵고 지루한 출판을 맡아주셨다. 감사드린다.

2004년 12월

이충구 씀

차례

이아주소 3

권5(卷五)

권5
卷五

석궁(釋宮) 제5(第五)

爾雅音義 宮, 『世本』[1]云 : “禹作宮室.” 『呂氏春秋』云 : “高元作宮室.” 『尙書』云 : “王徂桐[2]宮.” 『左傳』云 : “虢公爲王宮於玤.” 又云 : “作王宮于踐土.” 又云 : “季平子立煬宮.” 『詩』云 : “作于楚宮.” 又云 : “作于楚室.” 傳曰 : “室猶宮也.” 『禮』云 : “由命士以上, 父子皆異宮.” 又云 : “杜氏葬 入季武子宮, 不敢哭.” 此文云 : “宮[3]謂之室, 室謂之宮.” 郭云 : “皆所以通古今之語, 明同實而兩名.” 案古者貴賤同稱宮, 秦·漢以來, 唯王者所居稱宮焉.

▲〈그림 1〉『爾雅音圖』所在 宮室圖

궁(宮 : 집)은 『세본(世本)』에 “우(禹)가 궁실(宮室 : 집)을 만들었다”고 하였다. 『여씨춘추』에는 “고원(高元)이 궁실(宮室)을 만들었다”고 하였다. 『상서(尙書)』에 “왕이 동궁(桐宮)으로 갔다”고 하였다. 『좌전』 장공(莊公) 21년에는 “괵공(虢公)이 방(玤)에 왕궁(王宮)을 만들었다”고 하였으며, 또 희공(僖公) 28년에는 “천토(踐土)에 왕궁(王宮)을 만들었다”고 하였으며, 또 정공(定公) 1년에 “계평자(季平子)가 양궁(煬宮)을 세웠다”고 하였다. 『시경』 「용풍(鄘風)」 「정지방중(定之方中)」에 “초궁(楚宮)을 만들었다”고 하였으며, 또 “초실(楚室)을 만들었다”고 하였는데, 전(傳)에 “실(室 : 집)은 궁(宮)과 같다”고 하였다. 『예기』 「내칙(內則)」에 “명사(命士)[4] 이상은 부자(父子)가 모두 궁(宮)을 달리한다”고 하였으며, 또 「단궁상(檀弓上)」에 “두씨(杜氏)가 장례를 치르고 계무자(季武子)의 궁(宮)에 들어가서 감히 곡(哭)하지 못했다”고 하였다. 이 글에서 “궁(宮)을 실(室)이라 하고, 실(室)을 궁(宮)이라 한다”고 하였으며, 곽박은 “모두 고금(古今)을 통하게 하는 말이니, 실상은 같으면서 두 가지 이름임을 밝힌 것이다”고 하였다. 살피건대, 옛날에는 귀하거나 천하거나 모두 궁(宮)이라 하였으며, 진(秦) · 한(漢) 이래로 오로지 왕이 거처하는 곳을 궁(宮)이라 하였다.

爾雅疏 『易』「繫辭」云 : “上古穴居而野處, 後世聖人易之以宮室, 上棟下宇, 以待風雨, 蓋取諸「大壯」.” 此其始也. 『白虎通』云 : “黃帝作宮室.” 『世本』曰 : “禹作宮室, 其臺榭樓閣之異, 門墉行步之名, 皆自於宮.” 故以“釋宮”總之也.

---

1) 世本 : 책 이름. 기물의 창작자 및 氏姓의 出所를 기록하였다. 秦漢 무렵의 저작으로 추정된다.

2) 桐 : 『경전석문』에는 ‘同’으로 되어 있으나 『이아고림』 「음의고증」에 따라 고쳤다.

3) 宮 : 『경전석문』에는 ‘或’으로 되어 있으나 『이아고림』 「음의고증」에 따라 고쳤다.

4) 命士 : 王命으로 벼슬을 받은 士이다. 一命부터 九命까지 있는데, 一命은 下士, 二命은 上士이다. 三命은 大夫이고, 上公의 경우는 九命이다. 天子는 命이 없으나 복장은 12命에 해당하는 12章服을 입는다.

『주역』「계사(繫辭)」에 "상고(上古)에는 굴에 거처하고 들에서 살았는데 후세에 성인이 그것을 궁실(宮室)로 바꾸었다. 위에는 동(棟 : 용마루)을 놓고 아래에는 우(宇 : 서까래)를 두어 풍우를 대비하였으니, 대체로 「대장괘(大壯卦)」에서 취한 것이다"고 하였으니, 이것이 그 시작이다. 『백호통』에는 "황제(黃帝)가 궁실을 만들었다"고 하였으며, 『세본』에는 "우(禹)가 궁실을 만들었으며, 대사(臺榭)와 누각(樓閣)의 다름과 문용(門墉 : 문 · 담)과 행보(行步 : 건물의 길)의 이름이 모두 궁(宮)에서 나왔다"고 하였다. 그러므로 "석궁(釋宮)"으로 총괄하였다.

經文 宮謂之室, 室謂之宮.

궁(宮)을 실(室)이라 하고, 실(室)을 궁(宮)이라 한다.

爾雅注 皆所以通古今之異語, 明同實而兩名.

모두 고금(古今)을 통하게 하는 다른 말이니, 실상은 같으면서 두 가지 이름임을 밝힌 것이다.

爾雅疏 別二名也. 郭云 : "皆所以通古今之異語, 明同實而兩名." 『釋名』云 : "宮, 穹也, 言屋見於垣上穹崇然也. 室, 實也, 言人物實滿於其中也." 是所從言之異耳. 『詩』云 : "作于楚宮." 又曰 : "入此室處." 是也. 古者貴賤所居皆得稱宮. 故『禮記』曰 : "由命士以上, 父子皆異宮." 又「喪服傳」繼父爲其妻前夫之子築宮廟. 是士庶人皆有宮稱也. 至秦漢以來, 乃定爲至尊所居之稱.

두 가지 명칭을 구별한 것이다. 곽은 "모두 고금(古今)을 통하게 하는 다른 말이니, 실상은 같으면서 두 가지 이름임을 밝힌 것이다"고 하였다. 『석명』에는 "궁(宮)은 궁(穹 : 높다)이다. 옥(屋 : 집)이 담 위로 보여 높은 것이다. 실(室)은 실(實 : 차다)이다. 인물이 그 안에 가득한 것을 말한다"고 하였다. 이것은 말을 따른 것이 다를 뿐이다. 『시경』「용풍(鄘風)」「정지방중(定之方中)」에 "초궁(楚宮)을 만들었다"고 하였으며, 또「빈풍(豳風)」「칠월(七月)」에 "이 실(室)에 들어 살았다"고 한 것이 이것이다. 옛날에는 귀하거나 천하거나 거처하는 곳을 모두 궁(宮)이라 할 수 있었다. 그러므로『예기』「내칙(內則)」에 "명사(命士) 이상은 부자(父子)가 모두 궁(宮)을 달리한다"고 하였으며, 또『의례』「상복전(喪服傳)」에 계부(繼父)는 그 처의 전 남편의 아들을 위하여 궁묘(宮廟)를 짓는다고 하였다.[5] 이는 사서인(士庶人)들이 모두 궁(宮)이라는 호칭이 있었던 것이다. 진(秦)・한(漢)에 이른 이래로 임금이 거처하는 곳의 명칭으로 정해졌다.

經文 牖戶之間謂之扆, 其內謂之家.

유(牖 : 창)와 호(戶 : 방문)의 사이를 의(扆 : 문간 병풍자리)라 한다. 그 안쪽을 가(家 : 室內. 집안)라 한다.

5) 그 처의 …… 하였다 : 아들을 둔 부인이 改嫁했을 때, 그 남편이 의붓아들을 위하여 宮廟를 지어주는 경우이다.

爾雅注 窻東戶西也. 『禮』云斧扆者, 以其所在處名之. 今人稱家, 義出於此.

창(窻) 동쪽과 호(戶)의 서쪽에 있는 것이다. 『의례』에서 부의(斧扆)라고 한 것은 부의(斧扆 : 병풍)가 있는 곳으로 이름을 붙인 것이다. 지금 사람이 가(家)라고 하는 것은 뜻이 여기에서 나왔다.

爾雅音義 牖, 羊九反. 扆, 於宜反, 郭音依, 又意尾反. 窻, 楚江反.

유(牖)는 양(羊)과 구(九)의 반절이다. 의(扆)는 어(於)와 의(宜)의 반절인데, 곽박은 음이 의(依)라 하였는데, 또 의(意)와 미(尾)의 반절이다. 창(窻)은 초(楚)와 강(江)의 반절이다.

爾雅疏 牖者, 戶西窻也. 此牖東戶西爲牖戶之間, 其處名扆. 云"其內"者, 其扆內也. 自此扆內卽謂之家. 『說文』云 : "家, 居也." 『禮記』云 : "已受命, 君言不宿於家." 郭云 : "今人稱家, 義出於此." 言其稱家之義, 本出於此也. ○ 云"『禮』云 : 斧扆"者, 案「覲禮」云 : "天子設斧依於戶牖之間, 左右几." 鄭注云 : "依, 如今綈素屛風也. 有繡斧文, 所以示威也. 斧謂之黼." 是也. 云"以其所在處名之"者, 言本牖戶之間名扆. 「覲禮」天子設屛風之扆於牖戶之間, 因名此屛風爲扆. 是以其在扆處, 卽名之曰扆也.

유(牖)는 호(戶)의 서쪽에 있는 창이다. 이 유(牖)의 동쪽과 호(戶)의 서쪽을 '유호지간(牖戶之間 : 牖와 戶의 사이)'이라 하며, 그곳의 명칭이 의(扆)이다. 주에서 말한 "기내(其內)"는 그 의(扆)의 안쪽이다. 이 의(扆)로부터 그 안쪽을 곧 가(家)라 한다. 『설문』에는 "가(家)는 거(居 : 거처하는 곳)이다"고 하였으며, 『예기』「곡례상(曲禮上)」에 "이미 명(命)을 받았으면 임금의 말씀을 가

(家)에 묶히지 않는다"고 하였다. 곽박은 "지금 사람이 가(家)라고 하는 것은 뜻이 여기에서 나왔다"고 하였으니, 그 가(家)라고 일컫는 뜻이 본래 여기서 나왔음을 말한 것이다. ◯ 주에서 인용한 『의례』의 '부의(斧扆)'는 살피건대, 「근례(覲禮)」에 "천자가 호(戶)와 유(牖)의 사이에 부의(斧依 : 도끼 무늬의 병풍)를 설치하고 좌우에 궤(几 : 안석)를 둔다"고 하였는데, 정현의 주에 "의(依)는 지금의 두꺼운 비단과 흰 비단의 병풍과 같은 것이다. 도끼 무늬로 수놓은 것이 있는데, 위엄을 보이기 위한 것이다. 도끼 무늬를 보(黼 : 도끼무늬)라고 한다"고 한 것이 이것이다. 주에서 말한 "이기소재처명지(以其所在處名之)"는 본래 유(牖)와 호(戶) 사이의 명칭이 의(扆)임을 말한 것이다. 「근례」에 천자가 병풍의 의(扆 : 병풍자리)를 유(牖)와 호(戶)의 사이에 설치한다고 하였으니, 이로 인하여 이 병풍의 명칭이 의(扆)가 된 것이다. 이 때문에 그 의(扆)가 있는 곳을 곧 이름하여 의(扆)라 한다.

經文 東西牆謂之序.

동서의 장(牆 : 담장)을 서(序 : 堂의 동서 담장)라 한다.

爾雅注 所以序別內外.

내외를 차례 지어 구별하는 것이다.

爾雅音義 別, 彼列反.

별(別)은 피(彼)와 렬(列)의 반절이다.

爾雅疏 此謂室前堂上, 東廂西廂之牆也. 所以次序分別內外親疎, 故謂之序也.『尙書』「顧命」云 : "西序東嚮, 敷重厎席"·"東序西嚮, 敷重豐席" 及『禮經』每云 : "東序·西序"者, 皆謂此也.

이것은 실(室) 앞의 당상(堂上 : 당의 위)을 말하는데, 동상(東廂 : 동쪽 행랑)과 서상(西廂 : 서쪽 행랑)의 장(牆)이다. 내외(內外)와 친소(親疎)를 차례 짓고 분별하는 것이다. 그러므로 서(序)라고 한다.『서경』「고명(顧命)」에 "서서(西序)에 동쪽을 향하여 겹친 부들자리를 깔고"라 한 것과 "동서(東序)에 서쪽을 향하여 겹친 왕골 자리를 깔고"라 한 것과『예경(禮經)』에서 매번 "동서(東序)·서서(西序)"라고 한 것은 모두 이것을 말한다.

經文 西南隅謂之奧,

서남쪽 모퉁이를 오(奧 : 室의 서남 모서리)라 하고,

爾雅注 室中隱奧之處.

방안의 은밀하고 깊숙한 곳이다.

經文 西北隅謂之屋漏,

서북쪽 모퉁이를 옥루(屋漏 : 室의 서북 모서리)라 하고,

爾雅注 『詩』曰 : “尙不愧於屋漏.” 其義未詳.

『시경』에 “거의 옥루(屋漏)에서 부끄럽게 하지 않는다”고 하였는데, 그 의미는 미상이다.

經文 東北隅謂之宧,

동북쪽 모퉁이를 이(宧 : 室의 동북 모서리)라 하고,

爾雅注 宧見『禮』, 亦未詳.

이(宧)는 『예기』에 나타나 있으나 역시 미상이다.

經文 東南隅謂之窔.

동남쪽 모퉁이를 요(窔 : 室의 동남 모서리)라 한다.

爾雅注 『禮』曰 : "埽室聚窔." 窔亦隱闇.

『의례』에 "방을 청소하여 요(窔)에 모은다"고 하였는데, 요(窔) 역시 은밀하고 어두운 곳이다.

爾雅音義 奧, 本或作隩, 同, 於耗反. 『尙書』幷『說文』皆云 : "奧, 室也." 孔注[6]『論語』云 : "內也." 鄭注『禮記』云 : "主也." 『廣雅』云 : "藏也." 媿[7], 居位反. 宧, 音怡. 李云 : "東北者, 陽氣始起, 育養萬物, 故曰宧. 宧, 養也." 『說文』訓同, 與『周易』「頤卦」養義同. 見, 賢遍反, 他皆放此. 窔, 烏叫反, 『字林』同. 郭又音杳, 『說文』云 : "深貌." 本或作窅, 又作窔, 同. 埽, 素老反.

오(奧)는 본에 따라 간혹 오(隩)로 되어 있는데 음의가 같으며, 어(於)와 모(耗)의 반절이다. 『상서』와 『설문』에는 모두 "오(奧)는 실(室 : 방)이다"고 하였으며, 『논어』의 공씨(孔氏) 주(注)에 "내(內 : 안)이다"고 하였고, 『예기』의 정현(鄭玄) 주에는 "주(主 : 주관하는 곳)이다"고 하였으며, 『광아』에는 "장(藏 : 감추는 곳)이다"고 하였다. 괴(媿)는 거(居)와 위(位)의 반절이다. 이(宧)는 음이 이(怡)이다. 이순(李巡)은 "동북쪽은 양기(陽氣)가 처음으로 일어나 만물을 양육하기 때문에 이(宧)라 한다. 이(宧)는 양(養 : 기르다)이다"고 하였다. 『설문』도 뜻풀이가 같으며, 『주역』「이괘(頤卦)」의 양(養)의 의미와 같다. 현(見)은 현(賢)과 편(遍)의 반절이다. 다른 것도 모두 이와 같다. 요(窔)는 오(烏)와 규

---

6) 孔注 : 何注의 잘못으로 보인다. 『논어』「八佾」의 "寧媚於竈"의 何晏集解에 "奧, 內也"라 하였다.

7) 媿 : 愧와 같은 글자이다.

(吅)의 반절로 『자림』에서도 같은데, 곽박은 또 음이 묘(杳)라 하였고, 『설문』에는 "깊은 모양이다"고 하였다. 본에 따라 이(㝖)로 되어 있으며, 또한 요(窔)로도 쓰는데, 음의가 같다. 소(埽)는 소(素)와 로(老)의 반절이다.

爾雅疏 此別室[8]中四隅之異名也. 云奧者, 孫炎云 : "室中隱奧之處也." 古者爲室, 戶不當中而近東, 則西南隅最爲深隱, 故謂之奧. 而祭祀及尊者常處焉. 「曲禮」云 : "凡爲人子者, 居不主奧." 是也. 西北隅名屋漏, 東北隅名宧, 東南隅名窔, 窔亦隱闇之義也, 與奧相類. 故郭云亦也. ○ 云"『詩』曰 : 尙不愧於屋漏"者, 「大雅」「抑」篇文也. 鄭箋云 : "尙無肅敬之心, 不慚愧於屋漏, 有神見人之爲也. 屋, 小帳也. 漏, 隱也. 禮 : 祭於奧, 旣畢, 改設饌於西北隅, 而厞隱之處, 此祭之末也." 孫炎云 : "屋漏者, 當室之白, 日光所漏入." 郭云 : "其義未詳"者, 以孫·鄭之說皆無所據, 故不取也. ○ 注"宧見『禮』, 亦未詳", 李巡云 : "東北者, 陽始起, 育養萬物, 故曰宧. 宧, 養也." 『說文』亦云. 郭云"亦未詳"者, 以頤養之字作頤, 又室中四隅無取陰陽之義, 與屋漏意同, 故云"亦未詳"也. ○ 注"『禮』曰 : 埽室聚窔", 案「旣夕記」云 : "朔月, 童子執帚卻之, 左手奉之, 從徹者而入. 比奠, 擧席, 埽室, 聚諸窔, 布席如初. 卒奠, 埽者執帚, 垂末內鬣, 從執燭者而東." 是其事也.

여기서는 방안의 네 모퉁이의 다른 명칭을 구별하였다. 오(奧)라고 한 것에 대하여 손염은 "방안의 은밀하고 깊은 곳이다"고 하였다. 옛날에는 방을 만들 때는 호(戶 : 외짝문)를 가운데로 당하게 하지 않고 동쪽으로 근접시켰으니, 서남쪽 모퉁이가 가장 깊고 은밀하였기 때문에 오(奧)라고 한 것이며, 제사(祭祀)를 지낼 때나 높은 분들이 항상 거처하는 곳이다. 『예기』「곡례상(曲禮上)」에 "무릇 자식 된 자는 거처함에 오(奧)를 차지하지

8) 室 : 대본에는 '宮'으로 되어 있으나 『이아고림』「邢疏」에 따라 고쳤다.

않는다"고 한 것이 이것이다. 서북쪽 모퉁이를 옥루(屋漏)라 이름하고, 동북쪽 모퉁이를 이(宧)라 이름하고, 동남쪽 모퉁이를 요(窔)라고 이름하는데, 요(窔) 역시 은밀하고 어둡다는 뜻이며, 오(奧)와 서로 비슷하기 때문에 곽박이 "역(亦 : 또한)"이라고 하였다. ○ 주에서 인용한 『시경』의 "상불괴어옥루(尙不愧於屋漏)"는 「대아(大雅)」「억(抑)」편의 글이다. 정전(鄭箋)에 "거의 공경하는 마음을 의식하지 않아도, 옥루(屋漏)에서 부끄럽게 하지 않는다. 신(神)이 늘 사람의 행위를 보고 있다. 옥(屋)은 소장(小帳 : 작은 장막)이며, 루(漏)는 은(隱 : 은밀하다)이다. 예(禮)를 올릴 때 오(奧 : 서남쪽 모퉁이)에서 제사하고 마친 뒤, 다시 서북쪽 모퉁이인 옥루(玉漏)에 음식을 차리는데 으슥하고 은밀한 곳이며, 이것이 제사의 끝이다"고 하였다. 손염(孫炎)은 "옥루(屋漏)는 방의 밝은 곳에 해당하며 햇빛이 새어 들어오는 곳이다"고 하였다. 곽박이 "그 의미는 미상이다"고 한 것은 손염(孫炎)과 정전(鄭箋)의 말은 모두 근거한 것이 없기 때문에 취하지 않은 것이다. ○ 주에서 "이현『예』, 역미상(宧見『禮』, 亦未詳)"이라 하였는데, 이순은 "동북쪽은 양(陽)이 처음 일어나 만물을 기른다. 때문에 이(宧)라 한다. 이(宧)는 양(養 : 기르다)이다"고 하였다. 『설문』에서도 같다. 곽박이 "역미상(亦未詳)"이라 한 것은 이양(頤養 : 양육하다)이라는 글자가 이(頤)로 되어 있고, 또한 방안의 네 모퉁이에서 음양의 뜻을 취할 수 없는데가 옥루(屋漏)와 뜻이 같기 때문에 "역미상(亦未詳)"이라 한 것이다. ○ 주에서 인용한 『의례』의 "소실취요(埽室聚窔)"는 살피건대, 「기석기(旣夕記)」에 "초하룻날 동자(童子)가 비를 잡고 물러났다가, 왼손으로 받들고 철(徹)하는 자를 따라 들어간다. 먼저 전(奠)을 올린 다음, 자리를 들고 방을 쓸어 요(窔 : 동남쪽)로 모으고, 자리 펴기를 처음과 같이 한다. 진(奠)을 마친 다음, 청소하는 자는 비를 잡고서 끝을 내리고 갈기를 안쪽으로 하고 촛불을 잡은 자를 따라 동쪽으로 간다"고 한 것이 그 일이다.

經文 柣謂之閾.

질(柣)은 역(閾 : 문지방)을 말한다.

爾雅注 閾, 門限.

역(閾)은 문의 경계이다.

經文 棖謂之楔.

정(棖)은 설(楔 : 문설주)을 말한다.

爾雅注 門兩旁木.

장(棖)은 문 양 옆의 나무이다.

經文 楣謂之梁.

미(楣)는 량(梁 : 들보)을 말한다.

爾雅注 門戶上橫梁.

미(楣)는 문 위의 가로지른 들보이다.

經文 樞謂之椳.

추(樞)는 외(椳 : 지도리)를 말한다.

爾雅注 門戶扉樞.

추(樞)는 문짝의 지도리이다.

經文 樞達北方謂之落時.

추(樞)가 북방 마룻대까지 이른 것을 낙시(落時 : 지도리 유지 나무)라 한다.[9]

爾雅注 門持樞者, 或達北檼以爲固也.

---

9) 樞가 …… 落時라 한다 : 『爾雅詁林』 「注疏參義」에서는 "其持樞之扂, 或達於北檼, 以爲固也"라 하고, 『爾雅詁林』 「義疏」에서는 "其持樞之木, 或達於北方者名落時. 落之言絡, 連綴之意"라고 보충 설명하였다.

문에 지도리를 지탱하는 것이 혹 북방 마룻대에 이르러 이로써 견고하게 하는 것이다.

經文 落時謂之戺.

낙시(落時)를 사(戺 : 지도리 유지 나무)라 한다.

爾雅注 道二名也.

낙시(落時), 사(戺)는 두 가지의 명칭을 말하였다.

爾雅音義 柣, 郭千結反, 顧丈乙反, 呂伯雍大一反. 『廣雅』云 : "砌也." 閾, 域洫二音. 棖, 直庚反. 楔, 古黠反, 李謂闔上兩旁木. 旁, 步郎反. 楣, 忘悲反, 或作相, 亡報反. 『埤蒼』云 : "梁也." 呂伯雍云 : "門樞之橫梁." 『說文』云 : "秦名屋櫋聯也, 齊謂之檐, 楚謂之梠." 樞, 昌朱反. 椳, 烏回反, 郭又吾回反, 呂沈一罪反. 達, 大[10]末反. 檐, 於靳反, 『字林』云 : "棼也." 『廣雅』云 : "棟也." 下同. 扈, 本或作戺, 同, 音俟. 『廣雅』云 : "兩砌也." 本或作扈, 同, 音戶.

질(柣)에 대하여 곽박은 천(千)과 결(結)의 반절이라 하였고, 고사인(顧舍人 : 顧野王)은 장(丈)과 을(乙)의 반절이라 하였으며, 여백옹(呂伯雍 : 呂忱)은 대(大)와 일(一)의 반절이라 하였다. 『광아』에 "체(砌 : 섬돌)이다"고 하였다.

10) 大 : 『釋文』에는 '火'로 되어 있으나, 『爾雅詁林』「陸音義」에 따라 고쳤다.

역(閾)은 역(域)과 혁(洫) 두 가지 음이 있다. 정(棖)은 직(直)과 경(庚)의 반절이다. 설(楔)은 고(古)와 힐(黠)의 반절인데, 이순은 "문지방 위 양옆의 나무를 말한다"고 하였다. 방(旁)은 보(步)와 랑(郞)의 반절이다. 미(楣)는 망(忘)과 비(悲)의 반절인데 혹은 모(楣)로도 썼으며 망(亡)과 보(報)의 반절이다. 『비창(埤蒼)』[11]에 "들보이다"고 하였고, 여백옹(呂伯雍)은 "문 지도리의 가로지른 들보이다"고 하였고, 『설문』에 "진(秦)나라에서는 명칭을 옥면련(屋櫋聯)이라 하고, 제(齊)나라에서는 '첨(檐)'이라 하고, 초(楚)나라에서는 '여(梠)'라 한다"고 하였다. 추(樞)는 창(昌)과 주(朱)의 반절이다. 외(椳)는 오(烏)와 회(回)의 반절인데, 곽박은 또 오(吾)와 회(回)의 반절이라 하였고, 여백옹과 심선은 일(一)과 죄(罪)의 반절이라 하였다. 달(達)은 대(大)와 말(末)의 반절이다. 은(檼)은 어(於)와 근(靳)의 반절인데 『자림』에 "분(棼 : 마룻대)이다"고 하였고, 『광아』에 "동(棟 : 용마루)이다"고 하였으며, 아래도 같다. 사(扂)는 본에 따라 사(戺)로 되어 있는데 음의가 같으며, 음은 사(俟)이다. 『광아』에 "양쪽 섬돌이다"고 하였다. 본에 따라 호(扈)로 되어 있는데, 음의가 같으며 음은 호(戶)이다.

爾雅疏 此別門戶上下及兩旁之木名也. 柣者, 孫炎云 : "門限也." 經傳諸注皆以閾爲門限, 謂門下橫木爲內外之限也. 俗謂之地柣, 一名閾. 「曲禮」云 : "不履閾."[12] 是也. 棖者, 門兩旁長木, 一名楔. 李巡曰 : "棖謂梱上兩旁木." 『禮記』「玉藻」云 : "君入門, 士介拂棖." 鄭注云 : "棖, 門楔也." 楣, 卽梁也. 呂伯雍云 : "門樞之橫梁也." 郭云 : "門戶上橫梁." 「鄕射記」云 : "堂則物當楣." 是也. 樞者門扉, 開闔之所由也, 一名椳. 『易』曰 : "樞機之發." 是也. 其持樞之木或達北檼以爲牢固者, 名落時, 檼卽棟也. 落時又名戺. 是持樞一木有此二名也.

---

11) 『埤蒼』 : 삼국시대 魏의 張揖이 지었으며, 『隋書』 「經籍志」에 3권이라 하였으나, 지금 1권만 남아 있다.

12) 不履閾 : 「曲禮上」에는 "不踐閾"이라 되어 있으며, "不履閾"은 「玉藻」에 나온다.

여기서는 문의 상하와 양옆의 나무의 명칭을 구분하였다. 질(柣)에 대하여 손염은 "문의 경계이다"고 하였는데, 경전(經傳)의 여러 주에는 모두 문지방을 문의 경계로 여겼으니, 문 아래 가로 댄 나무를 안팎의 경계로 한 것임을 말한다. 민간에서는 이를 지질(地柣)이라 하는데 일명 역(閾)이다. 「곡례하(曲禮下)」에 "문지방을 밟지 않는다"고 한 것이 이것이다. 정(棖)이란 문 양옆의 긴 나무이며 일명 설(楔)이라 하는데, 이순은 "정(棖)은 문지방 위 양옆의 나무를 말한다"고 하였고, 『예기』「옥조(玉藻)」에 "군주가 문에 들어갈 때 사(士)는 정(棖)을 스친다"고 하였는데, 정현(鄭玄)의 주에 "정(棖)은 문설(門楔 : 문설주)이다"고 하였다. 미(楣)는 곧 량(梁 : 들보)이다. 여백옹(呂伯雍)은 "문 지도리의 가로지른 들보이다"고 하였다. 곽박은 "문 위의 가로지른 들보이다"고 하였고, 『의례』「향사기(鄉射記)」에 "당(堂)은 물(物 : 활 쏠 때 서는 곳)이 미(楣)에 닿는다"고 한 것이 이것이다. 추(樞)는 문짝이 열리고 닫힘을 말미암는 것으로 일명 외(椳)라 한다. 『주역』「계사상(繫辭上)」에 "추기(樞機)의 발동"이라 한 것이 이것이다. 그 추(樞)를 지지하는 나무가 혹 북방 은(檼 : 마룻대)에 이르러 이로써 견고하게 하는 것을 '낙시(落時)'라고 이름하며, 은(檼)은 곧 마룻대이다. 낙시(落時)를 또 사(戺)라 이름하니, 이는 추(樞)를 유지하는 하나의 나무에 이 두 가지 명칭이 있는 것이다.

經文 垝謂之坫.

궤(垝)를 점(坫 : 집 모서리의 단)이라 한다.

爾雅注 在堂隅. 坫, 端也.

당(堂) 모퉁이에 있다. 점(坫)은 단(端 : 집 모서리의 단)이다.

經文 牆謂之墉.

장(牆)을 용(墉 : 담)이라 한다.

爾雅注 『書』曰 : "旣勤垣墉."

『서경』에 "기근원용(旣勤垣墉 : 이미 부지런히 담을 쌓았다)"이라 하였다.

經文 鏝謂之杇.

만(鏝)을 오(杇 : 흙손)이라 한다.

爾雅注 泥鏝.

흙손이다.

經文 椹謂之榩.

침(椹)을 건(榩 : 모탕)이라 한다.

爾雅注 斫木櫍也.

나무를 쪼개는 모탕이다.

經文 地謂之黝.

검은색으로 꾸민 지(地 : 땅)를 유(黝 : 검은 땅)라 한다.

爾雅注 黑飾地也.

지(地)를 검은색으로 꾸민 것이다.

經文 牆謂之堊.

흰색으로 꾸민 장(牆)을 악(堊 : 흰 담장)이라 한다.

爾雅注 白飾牆也.

장(牆)을 흰색으로 꾸민 것이다.

爾雅音義 垝, 居毁反, 本又作庋,[13] 同. 坫, 丁念反. 『說文』云 : "屏牆."[14] 端, 丁果反, 本或作端. 墉, 音容, 或作㙲, 同. 垣, 音袁. 鏝, 本或作槾, 又作墁, 同, 亡旦武安二反. 『說文』云 : "鐵杇也." 杇, 音烏, 又音胡, 李云 : "泥鏝, 一名杇, 塗工之作具." 『說文』云 : "所以塗也. 秦謂之杇, 關東謂之槾." 椹, 本或作砧, 同, 張林反. 榩, 音虔, 本亦作虔. 『詩』云 : "方斲是虔." 斫, 音灼. 櫍, 音質. 黝, 於糾反, 郭殃柳反. 飾, 音式. 堊, 於故反, 又於各反.

궤(垝)는 거(居)와 훼(毁)의 반절인데, 본에 따라 또 도(度)로 되어 있으나 음의가 같다. 점(坫)은 정(丁)과 념(念)의 반절인데 『설문』에는 "병장(屏牆 : 담)이다"고 하였다. 단(端)은 정(丁)과 과(果)의 반절인데, 본에 따라 혹 단(端)으로 되어 있다. 용(墉)은 음이 용(容)인데 간혹 용(㙲)으로도 쓰나 음의가 같다. 원(垣)은 음이 원(袁)이다. 만(鏝)은 본에 따라 간혹 만(槾), 또는 만(墁)으로 되어 있으나 음의가 같으며 망(亡)과 단(旦), 무(武)와 안(安) 두 가지의 반절이다. 『설문』에는 "쇠로 만든 흙손이다"고 하였다. 오(杇)는 음이 오(烏), 또는 호(胡)이다. 이순은 "흙손으로 일명은 오(杇)인데, 미장이의 작업 도구이다"고 하였다. 『설문』에는 "흙을 바르는 것이다. 진(秦)에서는 오(杇)라 하고, 관동(關東)에서는 만(槾)이라 한다"고 하였다. 침(椹)은 본에 따라 혹 침(砧)이라고 되어 있으나 음의가 같으며 장(張)과 림(林)의 반절이다. 건

13) 度 : '庋'의 잘못이다. 『爾雅詁林』「音義攷證」에 "庋, 舊作度, 因形近而譌, 邵本作庋是也"라 하였다.

14) 屏牆 : 段注本 『설문』에는 '屏也'로 되어 있다.

(榩)은 음이 건(虔)인데 본에 따라 또 건(虔)으로 되어 있다. 『시경』「상송(商頌)」「은무(殷武)」에 “방착시건(方斲是虔 : 바야흐로 이 모탕 위에 놓고 깎는다)”이라 하였다. 작(斫)은 음이 작(灼)이다. 질(櫍)은 음이 질(質)이다. 유(黝)는 어(於)와 규(糾)의 반절인데, 곽박은 앙(殃)과 류(柳)의 반절이라 하였다. 식(飾)은 음이 식(式)이다. 악(堊)은 어(於)와 고(故)의 반절, 또는 어(於)와 각(各)의 반절이다.

爾雅疏 此別宮室垣墉及修飾之名也. 坫者, 堂角也, 一名垝. 牆者, 室之防也, 一名墉. 李巡曰 : “謂垣牆也.”「郊特牲」曰 : “君南鄕於北墉下”, 注云 : “社內北牆.” 是也. 亦爲城. 『王制』注云 : “小城曰附庸.”「大雅」「皇矣」云 : “以伐崇墉.” 義得兩通也. 鏝者, 泥鏝也, 一名杇, 塗工之作具也. 『論語』曰 : “糞土之牆不可杇.” 是也. 椹者, 斫木所用以藉者之木名也, 一名榩. 孫炎云 : “斲木質也.”『詩』「商頌」云 : “方斲是虔.” 是也. 又名櫍. 『穀梁傳』[15]曰 : “袠纆櫍以爲臬.” 是也. 以黑飾地謂之黝, 以白飾牆謂之堊. 『周禮』「守祧職」云 : “其祧則守祧黝堊之.” 是也. ○注“在堂隅. 坫, 端也”, 坫名見於經傳者有三 : 案『禮記』「明堂位」云 : “反坫, 出尊, 崇坫亢[16]圭.” 及『論語』: “邦君爲兩君之好, 有反坫.” 此三者, 在兩楹之間, 以土爲之, 非此經所謂也. 案「旣夕記」云 : “設棜于東堂下, 南順, 齊于坫.”「士冠禮」云 : “爵弁·皮弁·緇布冠各一匴, 執以待于西坫南.” 則此經所謂也. 鄭注云 : “坫在堂角.” 然則堂之東南角爲東坫, 西南角爲西坫. 故郭云 : “在堂隅. 坫, 端也.” 端則端也, 言坫是堂角端也. ○注“『書』曰 : 旣勤垣墉”, 此『周書』「梓材」篇文也. 案彼云 : “若作室家, 旣勤垣墉, 惟其塗墍茨.” 孔『傳』云 : “如人爲室家, 已勤立垣墉, 惟其當塗墍茨蓋之.” 此喩敎化也.

---

15) 穀梁傳 : 『詩經』「小雅」「車攻」毛傳의 잘못이다. 毛傳에는 “袠纆質以爲槷”으로 되어 있다. 『곡량전』昭公 8년에는 “以葛覆質以爲槷”이라 하였다(臺本注).

16) 亢 : 大全本 『禮記』에는 ‘康’으로 되어 있다.

여기서는 궁실의 담과 수식한 것의 명칭을 구별하였다. 점(坫)은 당(堂)의 모진 곳으로 일명은 궤(垝)이다. 장(牆)은 실(室)을 막아 주는 것으로 일명 용(墉)이다. 이순은 "원장(垣牆 : 담)을 말한다"고 하였다. 『예기』「교특생(郊特牲)」에는 "군(君)이 북용(北墉 : 북쪽 담) 아래에서 남향(南鄉)을 한다"고 하였는데, 그 주에 "사내(社內 : 社의 안)의 북장(北牆 : 북쪽 담)이다"고 한 것이 이것이다. 또한 성(城)도 되는데, 『예기』「왕제(王制)」의 주에 "소성(小城 : 작은 성)을 부용(附庸)이라 한다"고 하였다. 「대아(大雅)」「황의(皇矣)」에 "숭(崇)나라의 성(城)을 친다"고 하였으니, 뜻이 양쪽으로 통한다. 만(鏝)은 흙손인데 일명 오(杇)이며, 미장이의 작업 도구이다. 『논어』에 "거름흙으로 쌓은 담은 흙손질할 수 없다"고 한 것이 이것이다. 침(椹)은 나무를 쪼갤 때 받침으로 까는 나무의 명칭이며, 일명은 건(榩)이다. 손염은 "나무를 깎는 모탕이다"고 하였으니, 『시경』「상송(商頌)」「은무(殷武)」에 "바야흐로 이 모탕에서 깎는다"고 한 것이 이것이다. 또는 명칭이 질(櫍)인데, 『곡량전』에 "갖옷으로 모탕을 얽어매어 얼(臬 : 문지방)로 삼는다"고 한 것이 이것이다. 검은 색으로 땅에 칠한 것을 유(黝)라 하고, 백색으로 장(牆)에 칠한 것을 악(堊)이라 하는데, 『주례』「춘관(春官)」「수조직(守祧職)」에 "그 조(祧 : 제사에 신주를 옮기는 일)는 지켜 옮기되 검은 바닥에 흰 담이 있는 곳으로 한다"고 한 것이 이것이다. ○주에서 "재당우, 점, 단야(在堂隅. 坫, 端也)"라 하였는데, 점(坫)이라는 명칭이 경전(經傳)에 나타난 것은 셋이다. 살피건대, 『예기』「명당위(明堂位)」에 "반점(反坫 : 술잔 되돌리는 자리)은 준(尊 : 술동이) 밖에 있으며, 숭점(崇坫)에 규(圭)를 안전하게 놓는다"고 한 것과, 『논어』「팔일(八佾)」의 "방군(邦君 : 제후)이라야 두 군(君)이 우호하는 자리에 반점(反坫)을 둘 수 있다"고 하였는데, 이 세 가지는 두 기둥 사이에 있으면서 흙으로 만든 것으로, 이 경(經)에서 말한 것이 아니다. 살피건대, 『의례』「기석기(旣夕記)」에 "동쪽 당 아래에 어(棜 : 희생을 올려놓는 대)를 놓고 남쪽을 따라서 점(坫)에 나란히 한다"고 하였으며, 「사관례(士冠禮)」에는 "작변(爵弁)·피변(皮弁)·치포관(緇布冠) 각 일산(一匴[17])씩 잡고 서점(西坫) 남쪽에서 기다린다"고 하였으니, 이 경에서 말한 것이다. 정현의 주에 "점(坫)은 당의 모퉁이에 있다"고 하였다. 그렇다면 당의 동남쪽 모퉁이에 있는 것을 동점(東坫)이라 하고 서남쪽 모퉁이를 서점(西坫)이라 한다. 그러므로 곽박은 "당(堂) 모퉁이에 있다. 점(坫)은 단(端)이다"고 하였다. 단(端)은 단(端 : 끝)으로, 점은 당(堂)의 모서리 끝을 말한다. ○ 주에서 인용한 『서경』의 "기근원용(既勤垣墉)"은 「주서(周書)」「재재(梓材)」편의 글이다. 살피건대, 『서경』에 "마치 실가(室家)를 지을 때 원용(垣墉)을 힘써 쌓고 나서 그 흙을 바르며 지붕을 덮는 것과 같다"고 하였는데, 공안국 전(傳)에는 "마치 사람이 실가(室家)를 지음에 이미 부지런히 원용(垣墉)을 세우는데 그 마땅히 흙을 바르며 지붕을 덮는 것과 같다"고 하였으니, 이는 교화(教化)를 비유한 것이다.

經文 樴謂之杙,

직(樴)을 익(杙 : 말뚝)이라 하는데,

爾雅注 橛也.

궐(橛 : 말뚝)이다.

經文 在牆者謂之楎,

17) 匶 : 관을 넣는 상자.

장(墻)에 있는 것을 휘(楎 : 담 말뚝)라 하며,

爾雅注 『禮記』曰 : "不敢縣於夫之楎箷."[18]

『예기』에 "감히 남편의 옷걸이에 옷을 걸지 못한다"고 하였다.

經文 在地者謂之臬.

지(地)에 있는 것을 얼(臬 : 문 말뚝)이라 한다.

爾雅注 卽門橛也.

곧 문궐(門橛 : 문 말뚝)이다.

經文 大者謂之栱, 長者謂之閣.

큰 것을 공(栱 : 큰 말뚝)이라 하고, 긴 것을 각(閣 : 긴 말뚝)이라 한다.

---

18) 箷 : 大全本 『禮記』에는 '椸'로 되어 있다.

爾雅注 別杙所在長短之名.

익(杙)이 있는 곳의 장단(長短)에 따른 명칭을 구분한 것이다.

爾雅音義 樴, 音特, 又之力反. 杙, 羊式羊特二反, 下句雞棲於弋音同. 橜, 其厥反, 後注同. 楎, 許韋反. 縣, 音玄. 箷, 羊支反. 『字林』云: "竿也." 本或作椸, 音同. 『字林』云: "榻前机也." 臬, 魚列反. 栱, 九勇反, 郭又音卬.[19] 閣, 音各.

직(樴)은 음이 특(特), 또는 지(之)와 력(力)의 반절이다. 익(杙)은 양(羊)과 식(式), 양(羊)과 특(特) 두 가지의 반절이다. 아래 구의 "계서어익(雞棲於弋)"도 〈익(弋)의〉 음이 같다. 궐(橜)은 기(其)와 궐(厥)의 반절이며 아래의 주에서도 같다. 휘(楎)는 허(許)와 위(韋)의 반절이다. 현(縣)은 음이 현(玄)이다. 이(箷)는 양(羊)과 지(支)의 반절이다. 『자림』에는 "간(竿 : 장대)이다"고 하였다. 본에 따라 간혹 이(椸)로 되어 있으나 음의가 같다. 『자림』에 "탑(榻 : 책상) 앞의 궤(机 : 안석)이다"고 하였다. 얼(臬)은 어(魚)와 렬(列)의 반절이다. 공(栱)은 구(九)와 용(勇)의 반절인데, 곽박은 또 음을 앙(卬)이라 하였다. 각(閣)은 음이 각(各)이다.

爾雅疏 此別杙所在長短之名也. 杙卽橜也, 一名樴. 置杙在牆者, 名楎. 在地及門中者, 名臬. 「玉藻」云: "公事自闑西, 私事自闑東." 是也. 大者名栱, 長者名閣也. ○注"『禮記』曰: 不敢縣於夫之楎箷", 此「內則」文也. 鄭注云: "竿謂之椸. 楎, 杙也."

---

19) 卬: 『이아고림』 「陸音義」에는 '卬'으로 되어 있다.

이것은 익(杙)이 있는 곳의 장단(長短)에 따른 명칭을 구분한 것이다. 익(杙)은 곧 궐(橛)이며, 일명 직(樴)이다. 익을 설치하되 장에 있는 것을 휘(楎)라 하고, 땅과 문 가운데 있는 것을 얼(臬)이라 한다. 『예기』「옥조(玉藻)」에 "공사(公事)는 얼(闑)의 서쪽으로부터 하고, 사사(私事)는 얼(闑)의 동쪽으로부터 한다"고 한 것이 이것이다. 큰 것은 명칭을 공(栱)이라 하고 긴 것은 명칭을 각(閣)이라 한다. ○주에서 인용한 『예기』의 "불감현어부지휘이(不敢縣於夫之楎箷)"는 「내칙(內則)」의 글이다. 정현의 주에 "간(竿)을 이(椸)라 한다. 휘(楎)는 익(杙 : 말뚝)이다"고 하였다.

經文 闍謂之臺,

도(闍)를 대(臺 : 흙·돌을 높인 곳)라 하는데,

爾雅注 積土四方.

흙을 네모지게 쌓은 것이다.

經文 有木者謂之榭.

나무가 있는 것을 사(榭 : 정자)라 한다.

爾雅注 臺上起屋.

대 위에 집을 올린 것이다.

爾雅音義 闍, 音都, 徐持遮反. 榭, 音謝.

도(闍)는 음이 도(都)인데, 서씨(徐氏)는 지(持)와 차(遮)의 반절이라 하였다. 사(榭)는 음이 사(謝)이다.

爾雅疏 別臺・榭之制也. 積土四方而高者名臺, 卽下云"四方而高者"也, 一名闍. 李巡云: "積土爲之, 所以觀望." 『詩』云: "出其闉闍." 彼以闍爲城臺, 於此臺上有木起屋者名榭. 「月令」「仲夏」云: "可以處臺榭." 謂此也.

대(臺)와 사(榭)의 체제를 구별한 것이다. 흙을 네모지게 쌓아서 높은 것을 대(臺)라 부르니, 바로 아래에서 말한 "네모지면서 높은 것이다"고 한 것으로, 일명 도(闍)이다. 이순은 "흙을 쌓아 만들었으니, 관망(觀望)하기 위한 것이다"고 하였다. 『시경』 「정풍(鄭風)」 「출기동문(出其東門)」에서 "출기인도(出其闉闍 : 그 성문을 나선다)"라 하였는데, 거기서는 도(闍)를 성대(城臺)라 하였으나 여기서는 대(臺) 위에 나무로 올린 집을 사(榭)라 하였다. 『예기』 「월령」 「중하(仲夏)」에 "가이처대사(可以處臺榭 : 臺榭에 거처할 수 있다)"[20]라 하였는데 이를 말한다.

---

20) 臺榭에 …… 있다 : 仲夏에 "是月也, 毋用火南方, 可以居高明, 可以遠眺望, 可以升山陵, 可以處臺榭"라 하였다.

經文 鷄棲於弋爲榤, 鑿垣而棲爲塒.

닭이 익(弋)에서 쉬게 하는 것을 걸(榤 : 말뚝 홰)이라 하고, 담을 뚫어서 쉬게 하는 것을 시(塒 : 담벽 홰)라 한다.

爾雅注 今寒鄕穿牆棲鷄, 皆見『詩』.

지금 추운 고장에서는 담을 뚫어 닭을 쉬게 하는데 모두 『시경』에 보인다.

爾雅音義 棲, 音西, 下同, 又作栖. 榤, 巨列反. 『字林』云 : "弋也." 鑿, 在各反. 塒, 音時. 穿, 音川.

서(棲)는 음이 서(西)이며 아래도 같으며 또 서(栖)로도 쓴다. 걸(榤)은 거(巨)와 렬(列)의 반절이다. 『자림』에 "익(弋)이다"고 하였다. 착(鑿)은 재(在)와 각(各)의 반절이다. 시(塒)는 음이 시(時)이고, 천(穿)은 음이 천(川)이다.

爾雅疏 李巡曰 : "別鷄所棲之名也. 弋, 橜也. 鑿牆爲鷄作棲曰塒." ○云 : "今寒鄕穿牆棲鷄"者, 謂苦寒之鄕也, 避寒, 故穿牆以棲鷄. 云 "皆見『詩』"者, 案「王風」「君子于役」云 : "鷄棲于塒." 又曰 : "鷄棲于桀." 是也.

이순은 "닭이 휴식하는 장소의 명칭을 구별한 것이다"고 하였다. 익(弋)은 궐(橜)이다. 담을 뚫어 닭을 위해 지어준 보금자리를 시(塒)라 한다. ○

주에서 "금한향천장서계(今寒鄕穿牆棲鷄)"라 한 것은 매우 추운 고장을 말한다. 추위를 피하기 때문에 담을 뚫어 닭을 쉬게 하는 것이다. "개현『시』(皆見『詩』)"라 한 것은 「왕풍(王風)」「군자우역(君子于役)」에 "닭이 담장 횃대(塒)에서 쉬고 있네"라 하였고, 또 "닭이 말뚝 횃대(桀)에서 쉬고 있네"라 한 것이 이것이다.

經文 植謂之傳, 傳謂之突.

식(植 : 문 세로 빗장)을 연(傳)이라 하고, 연을 돌(突)이라 한다.

爾雅注 戶持鏁植也. 見『埤蒼』.

지게문에 자물쇠를 지니고 있는 식(植)이다. 『비창(埤蒼)』[21]에 보인다.

爾雅音義 植, 音殖. 傳, 音椽, 下同. 突, 本又作㸰, 徒忽反. 鏁, 本又作瑣, 桑果反. 埤, 課移反.

식(植)은 음이 식(殖)이다. 연(傳)은 음이 연(椽)이며 아래에서도 같다. 돌(突)은 본에 따라 또한 돌(㸰)로 되어 있는데, 도(徒)와 홀(忽)의 반절이다. 쇄(鏁)는 본에 따라 쇄(瑣)로 되어 있는데, 상(桑)과 과(果)의 반절이다. 비(埤)는 과(課)의 이(移)의 반절이다.

---

21) 『埤蒼』: 書名. 魏 張揖 撰. 『隋書』「經籍志」에는 3권이라 하였으나 逸失되었다. 여러 서적에서 인용된 것을 모은 것이 『玉函山房輯逸書』에 수록되어 있다.

爾雅疏 植謂戶之維持鏁者也. 植木爲之, 因名云. 又名傳, 又名突也. 文見『埤蒼』.

식(植)은 지게문에 자물쇠를 유지하는 것을 말한다. 나무를 세워서 만들었기 때문에 그렇게 부른다고 한다. 또 연(傳)·돌(突)로도 부르는데 관련된 글이 『비창』에 보인다.

經文 宊廇謂之梁.

망류(宊廇)를 양(梁 : 들보)이라고 한다.

爾雅注 屋大梁也.

가옥의 대들보이다.

經文 其上楹謂之梲.

대들보 위의 기둥을 절(梲 : 동자기둥)이라 한다.

爾雅注 侏儒柱也.

동자기둥이다.

經文 閞謂之槉,

변(閞)을 질(槉 : 두공)이라 한다.

爾雅注 柱上欂也. 亦名枅, 又曰榙.

기둥 위의 박(欂 : 두공)이다. 또한 명칭은 계(枅)이며, 또는 답(榙)이라고도 한다.

經文 栭謂之楶.

이(栭)를 절(楶 : 두공)이라 한다.

爾雅注 卽櫨也.

즉 로(櫨 : 두공)이다.

經文 棟謂之桴.

동(棟)을 부(桴 : 마룻대)라 한다.

爾雅注 屋檼.

옥은(屋檼 : 지붕의 마룻대)이다.

經文 桷謂之榱.

각(桷)을 최(榱 : 서까래)라 한다.

爾雅注 屋椽.

옥연(屋椽 : 지붕의 서까래)이다.

經文 桷直而遂謂之閱.

서까래가 곧장 도달하는 것을 열(閱 : 긴 서까래)이라 한다.[22]

爾雅注 謂五架屋際椽正相當.

오가옥(五架屋)의 끝의 서까래가 바로 도달하는 것을 말한다.

經文 直不受檐謂之交.

곧장 처마에 도달하지 못하는 서까래를 교(交 : 짧은 서까래)라 한다.

爾雅注 謂五架屋際椽不直上檐, 交於檼上.

오가옥의 끝의 서까래가 곧장 처마까지 도달하지 못하고 마룻대 위에서 교차하는 것을 말한다.

經文 檐謂之樀.

22) 서까래가 …… 한다 : 閱은 긴 서까래, 交는 짧은 서까래를 말한다. 郝懿行의 『爾雅義疏』에서 "閱交者, 別椽長短之名也. 椽之長而直達於檐者, 名閱. 閱, 歷也. 言歷於檐前也. 其短而不直達於檐者, 名交. 交, 接也. 言接於棟上也. 郭云五架屋者, 鄉射記注, 是制五架之屋也. 正中曰棟, 次曰楣, 前曰庪. 今案五架之制, 通乎上下. 唯堂有廣狹, 椽有長短. 爾雅因別其名耳"라 하였다. 五架屋은 집을 측면에서 볼 때 5부분으로 나뉜 집이다. 중앙의 서까래가 가장 높은 곳을 棟, 棟의 양쪽 부분을 楣, 그 아래 가장 자리 양쪽 부분을 庪라 한다.

첨(檐)을 적(樀 : 처마)라 한다.

爾雅注 屋梠.

옥려(屋梠 : 지붕의 처마)이다.

爾雅音義 宊, 音亡. 廇, 力又反. 棁, 之劣反. 侏, 音朱. 儒, 日朱反. 閞, 皮彦反, 本亦作弁, 同. 槉, 音疾. 欂, 皮麥反. 『字林』云 : “櫨也.” 又平各反. 枅, 音鷄. 『字林』音肩, 云 : “柱上方木也.” 楷, 達合反. 栭, 音而, 楶, 作截反, 又音節, 本或作榕, 同. 『字林』云 : “欂櫨也.” 舊本及『論語』·『禮記』皆作節. 櫨, 力奴反, 卽欂也. 『字林』云 : “柱上柎也.” 棟, 多洞反. 桴, 郭音浮, 又音孚. 『字林』云 : “極也, 棟也.” 檼, 於靳反. 桷, 音角. 榱, 踈追反. 『說文』云 : “秦名屋椽也, 周謂之榱, 齊魯謂之桷.” 『字林』云 : “周人名椽曰榱, 齊魯名榱曰桷.” 椽, 直專反. 閱, 音悅. 檐, 餘占反, 下同. 樀, 丁狄反, 字從木旁作啇, 郭又他[23]赤反, 字合手旁作適, 梠, 音呂.

망(宊)은 음이 망(亡)이다. 류(廇)는 력(力)과 우(又)의 반절이다. 절(棁)은 지(之)와 열(劣)의 반절이다. 주(侏)는 음이 주(朱)이다. 유(儒)는 일(日)과 주(朱)의 반절이다. 변(閞)은 피(皮)와 언(彦)의 반절로 본에 따라 변(弁)으로 되어 있으나 음의가 같다. 질(槉)은 음이 질(疾)이다. 박(欂)은 피(皮)와 맥(麥)의 반절이다. 『자림』에는 “노(櫨)이다”고 하였으니, 또한 평(平)과 각(各)의 반절이다. 계(枅)는 음이 계(鷄)인데 『자림』에는 음이 견(肩)이라 하고 “기둥 위의 모난 나무이다”고 하였다. 답(楷)은 달(達)과 합(合)의 반절이다. 이(栭)는 음이 이(而)이다. 절(楶)은 작(作)과 절(截)의 반절로 또 음이 절(節)이다. 본에

23) 他 : 『경전석문』에는 ‘也’로 되어 있으나 『이아고림』 「음의고증」에 따라 고쳤다.

따라 절(楶)로 되어 있는데 음의가 같으며 『자림』은 "박로(欂櫨 : 두공)이다"고 하였다. 구본(舊本)과 『논어』[24] · 『예기』에서는 모두 절(節)로 되어 있다. 로(櫨)는 력(力)과 노(奴)의 반절로 즉 박(欂)이다. 『자림』에는 "기둥 위의 횡목(橫木)이다"고 하였다. 동(棟)은 다(多)와 동(洞)의 반절이다. 부(桴)에 대하여 곽박은 음이 부(浮), 또는 음이 부(孚)라 하였고 『자림』에는 "극(極 : 끝에 있는 것)이고 동(棟)이다"고 하였다. 은(檼)은 어(於)와 근(靳)의 반절이다. 각(桷)은 음이 각(角)이다. 최(榱)는 소(疎)와 추(追)의 반절이다. 『설문』에는 "진(秦)에서는 이름이 옥연(屋椽 : 지붕 서까래)이다. 주(周)에서는 최(榱)라 하고, 제(齊) · 노(魯)에서는 각(桷)이라 한다"고 하였다. 『자림』에는 "주인(周人)은 연(椽)을 최(榱)라 하고, 제(齊) · 노(魯)에서는 최(榱)를 각(桷)으로 부른다"고 하였다. 연(椽)은 직(直)과 전(專)의 반절이다. 열(閱)은 음이 열(悅)이다. 첨(櫓)은 여(餘)와 점(占)의 반절인데 아래에서도 같다. 적(樀)은 정(丁)과 적(狄)의 반절로, 글자는 목(木)을 따르고 방(旁)에 적(啇)을 썼다. 곽박은 또 타(他)와 적(赤)의 반절로, 글자는 마땅히 수(手) 방(旁)에 적(適)을 써야 한다고 했다. 려(梠)는 음이 려(呂)이다.

爾雅疏 此別梁柱棟榱之名也. 梁卽屋大梁也, 一名宲廇. 楹, 柱也. 其梁上短柱名棁. 「禮器」云"藻棁"者, 謂畫梁上柱爲藻文也. 一名侏儒柱, 以其短小故也. 閞者, 柱上木名也. 又謂之楶, 又名欂, 亦名枅. 『字林』云 : "枅, 柱上方木." 是也. 又曰楮, 是一物五名也. 栭, 一名栾, 卽櫨也, 皆謂斗栱也. 「禮器」云"管仲山節"者, 謂刻柱頭爲斗栱形如山也. 棟, 屋檼也. 一名桴, 今屋脊也. 『易』曰 : "棟隆吉." 是也. 桷, 屋椽也, 一名榱. 呂忱云 : "齊魯名桷, 周人名榱." 『易』曰 : "鴻漸于木, 或得其桷." 『左傳』子產曰 : "棟折榱崩, 僑將壓焉." 是也. 屋椽長直而遂達五架屋際者, 名閱. 郭云 : "謂五架屋際椽正相當." 若其椽直不上於櫓者名交, 言相交於

24) 『논어』 : 「公冶長」의 "子曰, 臧文仲居蔡, 山節藻棁, 何如其知也?"에 나온다.

檼上也. 郭云 : "謂五架屋際椽不直上檐, 交於檼上." 屋檐, 一名檐, 一名屋梠, 又名宇, 皆屋之四垂也. 故「士喪禮」曰 : "爲銘置于宇西階上." 鄭注云 : "宇, 梠." 是也.

여기서는 양(梁 : 들보)・주(柱 : 기둥)・동(棟 : 마룻대)・최(榱 : 서까래)의 명칭을 구별하였다. 양(梁)은 곧 지붕의 큰 대들보로 일명 망류(宋廇)라 한다. 영(楹)은 주(柱)이다. 들보 위의 짧은 기둥을 절(棁)이라 한다. 『예기』「예기(禮器)」에서 "조절(藻棁)"이라 한 것은 들보 위 기둥에 마름 무늬를 그린 것을 말한다. 일명 주유주(侏儒柱 : 동자기둥)라 하는데 기둥이 단소(短小)하기 때문이다. 변(閞)은 기둥 위의 나무 이름이다. 또 질(楶)・박(欂)・계(枅)라 부른다. 『자림』에 "계(枅)는 기둥 위의 방목(方木)이다"고 한 것이 이것이다. 또 답(榙)이라고도 하니, 이것은 한 가지 물건에 명칭이 다섯이다. 이(楣)는 일명 절(楶)로, 즉 노(櫨)이니, 모두 두공(斗栱)이다. 『예기(禮記)』「예기(禮器)」의 "관중산절(管仲山節)"에서 '산절(山節)'을 공영달은 "기둥 끝인 두공(斗栱)에 조각을 하는데 형태가 산과 같음을 말한다"고 하였다. 동(棟)은 옥은(屋檼)이다. 일명 부(桴)라고도 하니, 지금의 옥척(屋脊 : 지붕 마루)이다. 『주역』「대과괘(大過卦)」 구사(九四)에 "동(棟)이 튼튼하면 길하다"고 한 것이 이것이다. 각(桷)은 옥연(屋椽)으로, 일명 최(榱)이다. 여침(呂忱)은 "제(齊)・노(魯)에서는 각(桷)이라 하고, 주(周)나라 사람은 최(榱)라 한다"고 하였고, 『주역』「점괘(漸卦)」 육사(六四)에 "기러기가 점차 나무에 모여드니, 혹은 그 각(桷)을 얻는다"고 하였으며, 『좌전』 양공 31년에 자산(子產[25])이 말하기를 "동(棟)이 부러지고 최(榱)가 무너지면 교(僑 : 저)는 깔려 죽을 것입니다"고 한 것이 이것이다. 옥연(屋椽)이 길어 곧장 오가옥(五架屋)의 끝에 도달하는 것을 열(閱)이라 한다. 곽박은 "오가옥 끝의 서까래가 바로 여기에 도달하는 것을 말한다"고 하였다. 만약 그 서까래가 곧장 처마까

25) 子產 : 鄭나라 大夫 公孫僑. 字는 子產. 보통 鄭子產이라 한다.

지 나아가지 못하는 것의 명칭을 교(交)라 하면, 마룻대 위에 접촉함을 말한 것이다. 곽박은 "오가옥 끝의 서까래가 곧장 처마까지 나아가지 못하고, 마룻대 위에서 교차하는 것을 말한다"고 하였다. 옥첨(屋檐 : 지붕 처마)은 일명 적(樀), 일명 옥려(屋梠), 또는 우(宇)라 하는데 모두 지붕의 사수(四垂)[26]이다. 그러므로 『의례(儀禮)』「사상례(士喪禮)」에 "명정(銘旌)을 지어 처마 아래의 서쪽 계단 위에 둔다"고 하였는데, 정현의 주에 "우(宇)는 려(梠)이다"고 한 것이 이것이다.

經文 容謂之防.

용(容)을 방(防 : 화살막이)이라 한다.

爾雅注 形如今牀頭小曲屏風, 唱射者所以自防隱. 見『周禮』.

형태는 지금의 침상 머리에 있는 조금 굽은 병풍과 같으며, 과녁에 화살이 맞고 안 맞는지를 불러주는 자가 자신을 방어하여 숨는 것이다. 『주례』에 보인다.

爾雅音義 牀, 助良反. 屏, 步形反.

상(牀)은 조(助)와 량(良)의 반절이다. 병(屏)은 보(步)와 형(形)의 반절이다.

---

26) 四垂 : 사방 변두리. 지붕의 사방에 드리워진 것. 사방의 처마를 말한다.

爾雅疏 容者, 射禮唱獲者蔽身之物也. 一名防, 言所以容身防矢也. 一名乏.「鄕射禮」云:"乏三侯道, 居侯黨之一, 西五步." 鄭注云:"容謂之乏, 所以爲獲者御矢也." 謂之乏者, 言矢至此力乏也. 郭云:"形如今牀頭小曲屛風, 唱射者所以自防隱. 見『周禮』"者, 案「夏官」「射人職」云:"以射法治射儀, 王以六耦射三侯, 三獲三容." 鄭司農云:"容者乏也, 待獲者所蔽也." 是矣.

용(容)이란 사례(射禮)때 과녁에 화살이 맞고 안 맞는지를 불러주는 자가 자신의 몸을 가리는 물건이다. 일명 방(防)이라고 하며, 몸을 감추고 화살을 방어하는 것을 말하는데, 일명 핍(乏)이라고도 한다. 『의례』「향사례(鄕射禮)」에 "핍(乏)은 후도(侯道)[27]를 3등분하여 그 1/3의 길이로 후(侯 : 과녁)의 곁(서북쪽)으로 하여 과녁에서 서쪽으로는 5보가 되는 지점에 위치한다"고 하였으며, 정현의 주에 "용(容)을 핍(乏)이라 하며, 화살이 과녁에 맞고 안 맞는지를 신호하는 사람이 화살을 방어하는 것이다"고 하였는데, 핍(乏)이라고 한 것은 화살이 여기[乏]에 이르러 힘이 다함을 말한다. 곽박이 주에서 "형태는 지금의 침상 머리에 있는 조금 굽은 병풍과 같으며, 과녁에 화살이 맞고 안 맞는지를 불러주는 자가 자신을 방어하여 숨는 것이다. 『주례』에 보인다"고 한 것은, 살피건대, 「하관(夏官)」「사인직(射人職)」에 "사법(射法)으로 활 쏘는 의식을 다스린다. 왕은 여섯 조(組)로 하여 세 개의 과녁(侯)을 쏘는데, 세 명의 창획(唱獲)하는 자와 세 개의 용(容)을 쓴다"고 하였는데, 정사농(鄭司農)은 "용(容)이란 핍(乏)으로 창획자(唱獲者)를 기다려서 몸을 가려주는 것이다"고 한 것이 이것이다.

---

27) 侯道 : 과녁과 활을 쏘는 자와의 거리. 50步. 30丈. 1/3의 길이는 10丈이다.

經文 連謂之簃.

연(連)을 지(簃 : 누각 옆에 있는 곁채)라 한다.

爾雅注 堂樓閣邊小屋, 今呼之簃廚・連觀也.

집 누각 가의 조그만 집이다. 지금은 이를 지주(簃廚)・연관(連觀)이라고 부른다.

爾雅音義 簃, 丈[28]知反. 廚, 本或作躕, 丈[29]誅反.

지(簃)는 장(丈)과 지(知)의 반절이다. 주(廚)는 본에 따라서는 간혹 주(躕)로 되어 있으며, 장(丈)과 주(誅)의 반절이다.

爾雅疏 簃, 樓閣邊相連小屋名也. 郭云 : "堂樓閣邊小屋, 今呼之簃廚・連觀也."

지(簃)는 누각 가에 연결된 조그만 집의 명칭이다. 곽박은 "집 누각 가의 조그만 집이며, 지금은 이를 지주(簃廚)・연관(觀)이라고 부른다"고 하였다.

---

28) 丈 : 『경전석문』에는 '文'으로 되어 있으나 『이아고림』 「음의고증」에 따라 고쳤다. 簃・丈・直은 澄聲이 모두 같으므로 '文'은 '丈'의 잘못이다.
29) 丈 : 앞의 注와 같다.

經文 屋上薄謂之筄.

지붕 위의 산자(橵子)[30]를 요(筄 : 지붕 얽개)라 한다.

爾雅注 屋笮.

옥책(屋笮 : 지붕 산자)이다.

爾雅音義 筄, 音曜, 又羊昭反. 䇥, 阻格反, 本或作笮.

요(筄)는 음(音)이 요(曜), 또는 양(羊)과 소(昭)의 반절이다. 책(䇥)은 조(阻)와 격(格)의 반절인데 본에 따라 간혹 책(笮)으로 되어 있다.

爾雅疏 屋上薄一名筄, 今謂之屋笮也.

지붕 위의 산자(橵子)를 일명 요(筄)라 한다. 지금은 이를 옥책(屋笮)라 한다.

經文 兩階間謂之鄉.

---

30) 橵子 : 지붕 서까래나 고미 위에 흙을 받기 위하여 엮어서 까는 나뭇개비나 수수깡 따위.

양쪽 층계 사이를 향(鄕 : 두 계단 사이 자리)이라 한다.

爾雅注 人君南鄕當階間.

인군(人君)이 남향하여 층계 사이에 위치한 것이다.

經文 中庭之左右謂之位.

중정(中庭)의 좌우를 위(位 : 곁자리)라 한다.

爾雅注 群臣之側位也.

여러 신하들의 옆자리이다.

經文 門屛之間謂之宁.

문과 병풍의 사이를 저(宁 : 문 병풍 사이 자리)라 한다.

爾雅注 人君視朝所宁立處.

인군(人君)이 조회를 볼 때 서 있는 자리이다.

經文 屛謂之樹.

병(屛)을 수(樹 : 병풍)라 한다.

爾雅注 小牆當門中.

작은 담이 문 가운데를 마주하여 위치한 것이다.

爾雅音義 鄕, 本又作嚮, 許亮反, 注同. 屛, 卑幷反. 朝, 直遙反. 宁, 音佇.

향(鄕)은 본에 따라 간혹 향(嚮)으로 되어 있으며, 허(許)와 량(亮)의 반절인데 주에서도 같다. 병(屛)은 비(卑)와 병(幷)의 반절이다. 조(朝)는 직(直)과 요(遙)의 반절이다. 저(宁)는 음이 저(佇)이다.

爾雅疏 此別君臣之位處也. 人君南面, 鄕明而治, 其位在兩階間, 因名云也. 云"中庭之左右謂之位"者, 左右猶東西也. 位, 群臣之列位也. 案「明堂位」云 : "三公, 中階之前, 北面東上. 諸侯之位, 阼階之東, 西面北上. 諸伯之國, 西階之西, 東面北上. 諸子之國, 門東, 北面東上. 諸男之國, 門西, 北面東上." 是也. 云"門屛之間謂之宁"者, 謂路門之外, 屛樹之內, 人君視朝宁立之處, 因名爲宁. 李巡云 : "正門內兩塾間曰宁." 「曲禮」

曰:"天子當宁而立, 諸公東面, 諸侯西面, 曰朝." 是也. 云"屏謂之樹"者, 屏, 蔽也; 樹, 立也. 立牆當門以自蔽也. 李巡曰:"垣當門自蔽名曰樹." 郭云:"小牆當門中."『禮緯』云:"天子外屏, 諸侯內屏."「郊特牲」云:"旅樹." 鄭注云:"旅, 道也. 屏謂之樹, 樹所以蔽行道." 以此推之, 則諸侯內屏, 在路門之內. 天子外屏, 在路門之外而近應門者矣.

여기서는 군주와 신하의 자리를 구별하였다. 인군(人君)이 남면(南面)하여 새벽녘에 정사를 다스릴 때 그 자리가 양 계단 사이에 위치해 있기 때문에 이로 인하여 명명한 것이다. "중정지좌우위지위(中庭之左右謂之位)"라 한 것에서 좌우(左右)는 동서(東西)와 같다. 위(位)는 여러 신하들이 나열하여 서는 자리이다. 살피건대,『예기』「명당위(明堂位)」에 "삼공(三公)은 가운데 계단 앞에서 북면(北面)하는데 동쪽이 윗자리이다. 여러 후(侯)들의 자리는 동쪽 계단의 동쪽에서 서면하는데 북쪽이 윗자리이다. 여러 백(伯)의 나라들은 서쪽 계단의 서쪽에서 동면하는데 북쪽이 윗자리이다. 여러 자(子)의 나라들은 문의 동쪽에서 북면(北面)하는데 동쪽이 윗자리이다. 여러 남(男)의 나라들은 문의 서쪽에서 북면하는데 동쪽이 윗자리이다"고 한 것이 이것이다. "문병지간위지저(門屏之間謂之宁)"라 한 것은 노문(路門)[31]의 밖과 병수(屏樹: 담)의 안에서 인군(人君)이 조회를 볼 때 서 있는 곳을 말하며, 이로 인하여 명명하여 저(宁)라 한 것이다. 이순은 "정문 안의 양쪽의 작은 방 사이를 저(宁)라 한다"고 하였다.『예기』「곡례(曲禮)」에 "천자가 저(宁)를 당하여 서고 여러 공(公)들이 동면(東面)하고, 여러 후(侯)들이 서면(西面)한 것을 조(朝: 조회)라 한다"고 한 것이 이것이다. "병위지수(屏謂之樹)"라 한 글에서 병(屏)은 '가린다'는 뜻이고 수(樹)는 '세운다'는 뜻이다. 담을 문에 마주하고 세워서 스스로를 가리는 것이다. 이순(李巡)은 "담을 문에 마주하고 세워서 스스로를 가리기 때문에 명명하여 수(樹)라 한다"고

31) 路門: 五門 또는 三門에서 가장 내부에 있는 宮門.

하였다. 곽박은 "작은 담이 문 가운데를 마주하여 위치한 것이다"고 하였는데, 『예위(禮緯)』에 "천자는 외병(外屛)이고 제후는 내병(內屛)이다"고 하였고, 「교특생(郊特牲)」에 "여수(旅樹 : 길에 세운 병풍)이다"고 하였는데, 정현의 주에 "여(旅)는 도(道)이다. 병(屛)을 수(樹)라 하는데 수(樹)는 다니는 길을 가리는 것이다"고 하였다. 이로 미루어 보면 제후는 내병(內屛)이기 때문에 노문(路門)의 안에 있고, 천자는 외병(外屛)이기 때문에 노문(路門)의 밖에 있어서, 응문(應門)에 근접해 있다.

經文 閍謂之門.

팽(閍)을 문(門 : 사당 문)이라 한다.

爾雅注 『詩』曰 : "祝祭於祊."

『시경』에 "축관(祝官)이 팽(祊)에서 제사한다"고 하였다.

經文 正門謂之應門.

정문(正門)을 응문(應門 : 조회 문)이라 한다.

爾雅注 朝門.

조회를 보는 문이다.

經文 觀謂之闕.

관(觀)을 궐(闕 : 관망하는 문)이라 한다.

爾雅注 宮門雙闕.

궁문의 쌍궐(雙闕)[32]이다.

經文 宮中之門謂之闈,

궁중(宮中)의 문을 위(闈 : 궁중 문)라 하며,

爾雅注 謂相通小門也.

---

32) 雙闕 : 중앙문의 양쪽에 있는 宮門. 높아서 게시문을 걸고 멀리 관망할 수 있다.

서로 통하는 작은 문을 말한다.

經文 其小者謂之閨, 小閨謂之閤.

그 작은 것을 규(閨 : 소규모 궁중문)라 하고, 작은 규(閨)를 합(閤 : 작은 궁중문)이라 한다.

爾雅注 大小異名.

크고 작은 것의 다른 명칭이다.

經文 衖門謂之閎.

항문(衖門 : 마을 어귀문)을 굉(閎)이라 한다.

爾雅注 『左傳』曰 : "盟諸僖閎." 閎, 衖頭門.

『좌전』에 "희궁(僖宮)의 굉(閎)에서 맹약을 맺었다"고 하였는데, 굉(閎)은 마을의 어귀에 있는 문이다.

經文 門側之堂謂之塾.

문 옆에 있는 집을 숙(塾 : 문곁집)이라 한다.

爾雅注 夾門堂也.

문을 끼고 있는 집이다.

經文 橛謂之闑.

궐(橛)을 얼(闑 : 문에 세운 말뚝)이라 한다.

爾雅注 門閫.

문지방이다.

經文 闔謂之扉.

합(闔)을 비(扉 : 문짝)라 한다.

爾雅注 『公羊傳』曰 : “齒著于門闔.”

『공양전』에 “이가 문짝에 붙었다”고 하였다.

經文 所以止扉謂之閎.

문짝을 그치게 하는 것을 굉(閎 : 문 곁 긴 말뚝)이라 한다.

爾雅注 門辟旁長橛也. 『左傳』曰 : “高其閈閎.” 閎, 長杙, 卽門橛也.

문 곁의 긴 말뚝이다. 『좌전』에 “그 한굉(閈閎)을 높였다”고 하였는데, 굉(閎)은 긴 말뚝으로, 곧 문에 있는 말뚝이다.

爾雅音義 閍, 補耕反. 『說文』作鬃, 云“或作祊, 門內祭先祖所[33]彷徨也.” 祊, 音同閍. 觀, 古玩反. 闈, 音韋. 劉昌宗『儀禮音』揮. 衖, 戶絳反. 『廣雅』云 : “道也.” 『聲類』猶以爲巷字. 閎, 獲耕反. 『左傳』云 : “高其閈閎.” 僖, 許其反. 塾, 音熟, 劉『儀禮』又音育. 夾, 古合反. 橛, 其月反. 闑, 魚列反. 閫, 『說文』作梱, 同, 苦本反. 鄭注『禮記』云 : “閫, 門限也.” 闔, 胡臘反. 扉, 音非. 著, 直略反. 閎, 音宏, 本亦作閣, 音各, 郭注本無此字. 辟, 匹亦反. 閈, 戶旦反. 『說文』云 : “閭也. 汝南平輿里門曰閈.”

---

33) 所 : 『說文』에는 “所以”로 되어 있다.

팽(閍)은 보(補)와 경(耕)의 반절이다. 『설문』에는 팽(鬃)으로 되어 있는데, "간혹 팽(祊)으로 쓰며, 문 안에서 선조에게 제사하여 방황하게 하는 것이다"고 하였다. 팽(祊)은 팽(閍)과 음이 같다. 관(觀)은 고(古)와 완(玩)의 반절이다. 위(闈)는 음이 위(韋)인데, 유창종(劉昌宗)의 『의례음』에는 휘(揮)로 되어 있다. 항(衖)은 호(戶)와 강(絳)의 반절이다. 『광아』에 "도(道 : 길)이다"고 하였다. 『성류(聲類)』에 항(巷)자라 한 것과 같다. 굉(閎)은 획(獲)과 경(耕)의 반절이다. 『좌전』에 "고기한굉(高其閈閎)"이라 하였다. 희(僖)는 허(許)와 기(其)의 반절이다. 숙(塾)은 음이 숙(熟)이다. 유창종(劉昌宗)의 『의례음』에는 또한 음을 육(育)이라 하였다. 협(夾)은 고(古)와 합(合)의 반절이다. 궐(橛)은 기(其)와 월(月)의 반절이다. 얼(闑)은 어(魚)와 렬(列)의 반절이다. 곤(閫)은 『설문』에 곤(梱)으로 되어 있는데 음의가 같으며 고(苦)와 본(本)의 반절이다. 『예기』의 정현(鄭玄) 주에 "곤(閫)은 문의 경계이다"고 하였다. 합(闔)은 호(胡)와 랍(臘)의 반절이다. 비(扉)는 음이 비(非)이다. 착(著)은 직(直)과 략(略)의 반절이다. 굉(閎)은 음이 굉(宏)인데, 본에 따라 또한 각(閣)으로 되어 있고, 음은 각(各)이다. 곽박의 주에는 이 글자가 없다. 벽(辟)은 필(匹)과 역(亦)의 반절이다. 한(閈)은 호(戶)와 단(旦)의 반절이다. 『설문』에 "려(閭 : 마을 문)이다. 여남(汝南) 평여리(平輿里)에 있는 문을 한(閈)이라 한다"고 하였다.

爾雅疏 此別門闕之異名也. 李巡曰 : "閍, 廟門名." 其路門之外受朝. 正門一名應門. 應門之外門曰雉門, 雉門之旁名觀, 又名闕. 宮中相通小門名闈, 闈之小者名閨, 閨之小者名閤. 衖頭之門名閎. 門側之堂, 夾門東西者, 名塾. 門中之橛名闑, 一名閫. 闔, 門扇也, 一名扉. 於門辟旁樹長橛所以止扉者, 名閎. ○ 注"『詩』曰 : 祝祭於祊", 「小雅」「楚茨」篇文也. 案祊本廟門之名, 設祭於廟門, 因名其祭亦名祊. 凡祊有二種, 一是正祭之時, 旣設於廟, 又求神於廟門之內. 「郊特牲」云 : "索祭祝於祊." 及『詩』云 : "祝祭於祊." 注云 : "祊, 平生門內之旁, 待賓客之處, 與祭同日也." 二是明日繹祭之時, 設饌於廟門外西室, 亦謂之祊. 卽「郊特牲」注云:“祊之禮宜於廟門之西室.” 及「禮器」云:“爲祊乎外.” 是也. 然則廟門內外皆有祊稱. ○注“朝門”, 案『詩』「大雅」云:“迺立皐門, 皐門有伉. 乃立應門, 應門將將.” 鄭箋云:“諸侯之宮外門曰皐門, 朝門曰應門, 內有路門, 天子之宮加以庫·雉.” 案鄭玄注『周禮』「秋官」「朝士職」:“王五門:皐·庫·雉·應·路也.” 又曰:“天子諸侯皆有三朝:外朝一·內朝二.” 其天子外朝一者, 在皐門之內·庫門之外, 大詢衆庶之朝也, 朝士掌之. 內朝二者, 正朝在路門外, 司士掌之. 燕朝在路門內, 大[34]僕掌之. 諸侯之外朝一者, 在皐門內·應門外. 內朝二者, 亦在路寢門之外內, 以正朝在應門內, 故謂應門爲朝門也. ○注“宮門雙闕”, 『周禮』「大宰」:“正月之吉, 縣治象之法于象魏, 使萬民觀治象.” 鄭衆云:“象魏, 闕也.” 劉熙『釋名』云:“闕在門兩旁, 中央闕然爲道也.” 『白虎通』云:“闕是闕疑. 義亦相兼.” 然則其上縣治象·其狀魏魏然高大謂之象魏, 使人觀之謂之觀也. 是觀與象魏·闕一物而三名也. 以門之兩旁相對爲雙, 故名雙闕. ○注“『左傳』曰:盟諸僖閎”, 襄十一年傳文也. 案彼云:“季武子將作三軍, 叔孫穆子曰:‘然則盟諸?’ 乃盟諸僖閎.” 杜注云:“僖宮之門.” 是也. ○注“『公羊傳』曰:齒著于門闔”, 莊十二年傳文也. 案彼云:宋萬“搏閔公, 絶其脰. 仇牧聞君弑, 趨而至; 遇之于門, 手劍而叱之. 萬臂摋仇牧, 碎其首, 齒著乎門闔.” 何休云:“闔, 扇也.” 是矣. ○注“『左傳』曰:高其閈閎”, 襄三十一年傳云:“子産相鄭伯以如晉. 晉侯以我喪故, 未之見也. 子産使盡壞其館之垣而納車馬焉. 士文伯讓之, 曰:‘敝邑以政刑之不修, 寇盜充斥, 無若諸侯之屬辱在寡君者何? 是以令吏人完客所館, 高其閈閎.’” 是也. 案『說文』云:“閈, 門也. 汝南平輿里門曰閈.” 閈旣爲門, 故郭氏以閎爲長杙, 卽門橛也. 杜預云:“閎, 門也.” 非郭義也.

여기서는 문(門)과 궐(闕)의 다른 명칭을 구별하였다. 이순은 “팽(閍)은

34) 大:『주례』에는 ‘太’로 되어 있다.

사당 문의 이름이다"고 하였다. 그 노문(路門) 밖에서 조회를 받는데, 정문(正門)을 일명 응문(應門)이라 하며, 응문 밖에 있는 문을 치문(雉門)이라 한다. 치문의 옆을 관(觀)이라 이름하며, 또한 궐(闕)이라 이름하기도 한다. 궁 안에서 서로 통하는 작은 문을 위(闈)라고 부른다. 위(闈)가 작은 것을 규(閨)라고 부르고, 규(閨)가 작은 것을 합(閤)이라고 부른다. 마을 어귀에 세운 문의 명칭은 굉(閎)이다. 문의 옆에 있는 집이 문의 동쪽과 서쪽에 붙어 있는 것을 숙(塾)이라 이름한다. 문 가운데의 말뚝의 명칭은 얼(闑)인데, 일명 곤(閫)이라고 한다. 합(闔)은 문짝으로, 일명 비(扉)이다. 문 옆에 긴 말뚝을 세워 문짝을 그치게하기 위한 것을 굉(閎)이라 이름한다. ○주에서 인용한 『시경』의 "축제어팽(祝祭於祊)"은 「소아」 「초자(楚茨)」의 글이다. 살피건대, 팽(祊)은 본래 묘문(廟門)의 명칭으로, 묘문에 제사를 차림으로, 그 제사로 인하여 또한 명칭을 팽(祊)이라 한 것인데, 그 팽(祊) 제사에는 두 가지 종류가 있다. 하나는 정제(正祭) 때에 사당에 제사를 차리고 난 뒤 또 묘문(廟門) 안에서 신(神)이 계신 곳을 찾는 것이다. 『예기』 「교특생(郊特牲)」에서 "신(神)을 구하는 제사는 축관이 팽(祊)에서 지낸다"[35]고 하였고, 『시경』에서 "축제어팽(祝祭於祊)"이라 하였는데, 그 주에 "팽(祊)은 평소 문 안 옆에서 손님을 기다리는 곳이다. 정제(正祭)와 같은 날에 행한다"고 하였다. 둘은 다음날 역제(繹祭) 때에 묘문 밖 서실(西室)에 찬(饌)을 마련하는데, 이를 또한 팽(祊)이라 한다. 곧 「교특생」의 주에서 "팽(祊)의 예(禮)는 의당 묘문의 서실(西室)에서 행해야 한다"고 한 것과 「예기(禮器)」에서 "밖에서 팽(祊)의 예를 행한다"고 한 것이 이것이다. 그렇다면 묘문의 안과 밖에 모두 팽(祊)이라는 명칭이 있다. ○주에서 말한 "조문(朝門)"은, 살피건대 『시경』 「대아」 「면(緜)」편에 "고문(皐門)을 세우니, 고문이 우뚝하다. 응문(應門)을 세우니, 응문이 엄정(嚴正)하다"고 하였는데, 정전(鄭箋)에 "제후의 궁 밖의 문을 고문(皐門)이라 하며, 조문(朝門)을 응문(應門)이

35) 신을 …… 지낸다 : 孔穎達 疏의 "索, 求也. 廣博求神, 非但在廟, 又爲求祭, 祝官行祭又祊也. 祊, 謂廟門"을 따랐다.

라 하며, 안에 노문(路門)이 있다. 천자의 궁에는 고문(庫門)과 치문(雉門)이 더 있다"고 하였다. 살피건대 『주례』「추관(秋官)」「조사직(朝士職)」의 정현 주에 "왕은 다섯 개의 문이 있는데, 고문(皐門)·고문(庫門)·치문(雉門)·응문(應門)·노문(路門)이다"고 하였으며, 또 "천자와 제후는 모두가 삼조(三朝)가 있는데, 외조(外朝)가 하나 내조(內朝)가 둘이다"고 하였다. 그 천자의 외조(外朝) 하나는 고문(皐門) 안과 고문(庫門) 밖에 있는데, 중서(衆庶 : 민중)들에 대해 크게 묻는 조회이며 조사(朝士)가 관장한다. 내조(內朝)가 둘인데, 정조(正朝)는 노문(路門) 밖에 있으며 사사(司士)가 관장하고, 연조(燕朝)는 노문(路門) 안에 있으며 태복(大僕)이 관장한다. 제후의 외조(外朝) 하나는 고문(皐門) 안과 응문(應門) 밖에 있다. 내조(內朝) 둘은 또한 노침문(路寢門)의 안과 밖에 있다. 정상적인 조회(正朝)는 응문의 안에 있으므로 응문을 조문(朝門)이라 한다. ○주에서 말한 "궁문쌍궐(宮門雙闕)"은 『주례』「태재(大宰)」에 "정월 초하루에 치상(治象)[36]의 법을 상위(象魏)[37]에 걸어 만민(萬民)으로 하여금 치상을 보게 한다"고 하였는데, 정중(鄭衆)은 "상위(象魏)는 궐(闕 : 문)이다"고 하였다. 유희(劉熙)는 『석명(釋名)』에서 "궐(闕)은 문 양쪽 옆에 있는데, 가운데가 뚫려 있어 길이 된다"고 하였다. 『백호통』에는 "궐(闕)은 궐의(闕疑 : 의심을 비워둔다)의 궐(闕 : 비어 있다)인데 의미는 역시 서로 겸하였다고 하였다. 그렇다면 궐(闕) 위에 치상(治象)을 걸고, 그 모양이 외외연(巍巍然 : 높은 모양)히 높고 큰 것을 상위(象魏)라 하니, 사람들로 하여금 이를 보게 하여, 이를 관(觀)이라 한 것이다. 여기서 관(觀)과 상위(象魏)와 궐(闕)은 한 건물이면서 세 개의 명칭을 가지고 있는 것이다. 문이 양쪽 옆에서 서로 대칭을 이루어 쌍(雙)이 되기 때문에 쌍궐(雙闕)이라 명명한 것이다. ○주에서 인용한 『좌전』의 "맹저희굉(盟諸僖閎)"은 『좌전』 양공(襄公) 11년 전(傳)의 글이다. 살피건대, 그 전(傳)에 "계무자(季武子)가 장차 3군을 일으키려고 하니, 숙손목자가 '그렇다면 여기서 동맹을 맺을까

36) 治象 : 古代에 政敎와 法令을 기재한 文字.
37) 象魏 : 궁궐 문 위에 법조문 등을 게시하는 곳. 전하여 궁궐문을 말한다.

요?'라 하고, 희궁(僖宮)의 굉(閎)에서 동맹을 맺었다"고 하였는데, 두예의 주에 "희궁(僖宮)의 문이다"고 한 것이 이것이다. ○주에서 인용한 『공양전』의 "치착우문합(齒著于門闔)"은 장공(莊公) 12년 전(傳)의 글이다. 살피건대, 그 전(傳)에 송만(宋萬)이 "민공(閔公)을 쳐서 그의 정강이를 절단하였다. 구목(仇牧)은 군주가 시해 당한다는 말을 듣고 달려가 문에서 그를 만나 손으로 칼을 잡고 꾸짖으니, 송만이 팔로 구목을 쳐서 그 머리를 깨뜨렸는데, 이가 문짝에 붙었다"고 하였는데, 하휴(何休)가 "합(闔)은 문짝(扇)이다"고 한 것이 이것이다. ○주에서 인용한 『좌전』의 "고기한굉(高其閈閎)"은 양공(襄公) 31년 전(傳)에 "자산(子産)이 정백(鄭伯)을 도와 진(晉)에 갔다. 진후(晉侯)는 우리나라(노나라)에 상(喪)이 나서 만나주지 않았다.[38] 자산이 그 정백(鄭伯)이 머물 관사(館舍)의 담을 모두 헐게 하여 수레와 말을 들어가게 하였다. 사문백(士文伯)이 질책하기를 '우리 도읍은 형정(刑政)이 정비되지 않아, 도둑이 나라 안에 가득하여, 속국(屬國)의 제후가 애써 찾아와 우리 군주에게 조빙(朝聘)을 하여도 대접할 수가 없습니다. 이 때문에 관리들로 하여금 객이 머무는 곳(제후의 관사)을 완비케 하고 그 한굉(閈閎)을 높이도록 하였습니다"고 한 것 이것이다. 살피건대, 『설문』에 "한(閈)은 문(門)이다. 여남(汝南)의 평여리(平輿里)에 있는 문을 한(閈)이라 한다"고 하여, 한(閈)을 이미 문(門)이라고 하였기 때문에 곽박이 굉(閎)을 장익(長杙)이라 하니, 바로 문궐(門橛 : 문에 있는 말뚝)이다. 두예가 "굉(閎)은 문(門)이다"고 하였으니, 곽박의 뜻이 아니다.

經文 瓴甋謂之甓.

38) 우리나라에 …… 않았다 : 魯와 晉은 같은 姬姓이었으므로, 晉은 同姓之喪으로 애도하였다.

영적(瓴甋)을 벽(甓 : 벽돌)이라 한다.

爾雅注 瓴甎也. 今江東呼瓴甓.

벽돌이다. 지금 강동에서는 영벽(瓴甓)이라고 부른다.

爾雅音義 瓴, 力丁反. 『詩』傳作令, 音陵. 甋, 丁歷反. 『詩』傳作適, 音同. 甓, 蒲覓反. 瓴, 力斛[39]反. 甎, 章沿反. 『字林』作塼, 同.

령(瓴)은 력(力)과 정(丁)의 반절이다. 『시경』 전(傳)에는 령(令)으로 되어 있으며, 음은 릉(陵)이다. 적(甋)은 정(丁)과 력(歷)의 반절이다. 『시경』 전에는 적(適)으로 되어 있으며 음은 같다. 벽(甓)은 포(蒲)와 멱(覓)의 반절이다. 록(瓴)은 력(力)과 곡(斛)의 반절이다. 전(甎)은 장(章)과 연(沿)의 반절이다. 『자림』에는 전(塼)으로 되어 있으며, 음의(音義)가 같다.

爾雅疏 瓴甋一名甓. 郭云 : "瓴甎也. 今江東呼瓴甓." 『詩』「陳風」云 : "中唐有甓." 是也.

영적(瓴甋)은 일명 벽(甓)이다. 곽박은 "녹전(瓴甎 : 벽돌)이다. 지금 강동에서는 영벽(瓴甓)이라 부른다"고 하였는데, 『시경』 「진풍」 「방유작소(防有鵲巢)」에 "중당(中唐 : 사당 안의 길)에 벽(甓)이 있다"고 한 것이 이것이다.

---

39) 斛 : 『경전석문』에는 '竹'으로 되어 있으나 『이아고림』 「음의고증」에 따라 고쳤다.

經文 宮中衖謂之壼,

궁중(宮中)의 길을 곤(壼 : 궁중 길)이라 하고,

爾雅注 巷閤間道.

궁중 건물 골목 사이의 길이다.

經文 廟中路謂之唐,

묘중(廟中)의 길을 당(唐 : 사당 안 길)이라 하고,

爾雅注 『詩』曰 : "中唐有甓."

『시경』에 "중당(中唐)에는 벽돌길이 있네"라 하였다.

經文 堂途謂之陳.

당도(堂途)를 진(陳 : 당 아래 길)이라 한다.

爾雅注 堂下至門徑也.

당(堂) 아래에서 문(門)에 이르기까지의 길이다.

經文 路·旅, 途也.

로(路)와 려(旅)는 도(途 : 길)이다.

爾雅注 途卽道也.

도(途)는 곧 도(道)이다.

經文 路·場·猷·行, 道也.

로(路)·장(場)·유(猷)·행(行)은 도(道)이다.

爾雅注 博說道之異名.

도로(道路)의 다른 이름을 널리 말한 것이다.

經文 一達謂之道路,

한 갈래의 길을 도로(道路 : 한 갈래 길)라 하고,

爾雅注 長道.

긴 길이다.

經文 二達謂之歧旁,

두 갈래의 길을 기방(歧旁 : 두 갈래 길)이라 하고,

爾雅注 歧道旁出也.

기도(歧道)가 옆으로 나 있는 것이다.

經文 三達謂之劇旁,

세 갈래의 길을 극방(劇旁 : 세 갈래 길)이라 하고,

爾雅注 今南陽冠軍樂鄉數道交錯, 俗呼之五劇鄉.

지금 남양관군(南陽冠軍) 악향(樂鄉)에 수 개의 길이 서로 교차되어 있는데, 민간에서는 오극향(五劇鄕)이라 부른다.

經文 四達謂之衢,

네 갈래의 길을 구(衢 : 네 갈래 길)라 하고,

爾雅注 交道四出.

교차된 길이 네 갈래로 나 있는 것이다.

經文 五達謂之康,

다섯 갈래의 길을 강(康 : 다섯 갈래 길)이라 하고,

爾雅注 『史記』所謂康莊之衢.

『사기』에서 말한 바 강장지구(康莊之衢)이다.

經文 六達謂之莊,

여섯 갈래의 길을 장(莊 : 여섯 갈래 길)이라 하고,

爾雅注 『左傳』曰 : "得慶氏之木百車於莊."

『좌전』에 "육달로(六達路)에 있는 경씨(慶氏)의 재목 백 수레를 얻으면 되겠습니다"고 하였다.

經文 七達謂之劇驂,

일곱 갈래의 길을 극참(劇驂 : 일곱 갈래 길)이라 하고,

爾雅注 三道交, 復有一歧出者, 今北海劇縣有此道.

세 개의 도로의 교차로에 다시 하나의 갈래가 나온 것인데, 지금 북해(北海) 극현(劇縣)에 이 도로가 있다.

經文 八達謂之崇期,

여덟 갈래의 길을 숭기(崇期 : 여덟 갈래 길)라 하고,

爾雅注 四道交出.

네 개의 도로가 교차되어 나온 것이다.

經文 九達謂之逵.

아홉 갈래의 길을 규(逵)라 한다.

爾雅注 四道交出, 復有旁通.

네 개의 도로가 교차되어 나온 데다가 다시 옆에 통로가 있는 것이다.

爾雅音義 壼, 苦本反, 郭呂竝立屯反, 或作壼. 徑, 古定反. 旅, 音呂. 場, 直良反, 字從昜. 昜, 音陽. 歧, 郭如字, 樊本作技,[40] 音支. 劇, 巨戟反. 冠, 古亂反. 樂, 音岳, 又音各. 數, 色主反. 康, 苦郎反. 莊, 側良反. 車, 昌蛇反. 驂, 七南反. 復, 扶又反, 下同. 逵, 求追反, 本或作馗.

---

40) 技 :『爾雅詁林』「樊注」에는 '歧'로 되어 있다.

『字林』云 : "隱也, 與逵同."

곤(壼)은 고(苦)와 본(本)의 반절인데, 곽박과 여침은 모두 립(立)과 둔(屯)의 반절이라 하였으며, 혹은 위(韋)로도 쓴다. 경(徑)은 고(古)와 정(定)의 반절이다. 려(旅)는 음이 려(呂)이다. 장(場)은 직(直)과 량(良)의 반절이며, 글자는 양(昜)을 따른다. 양(昜)은 음이 양(陽)이다. 기(歧)에 대하여 곽박은 여자(如字)라 하였고, 번광본에는 지(技)로 되어 있는데, 음은 지(支)이다. 극(劇)은 거(巨)와 극(戟)의 반절이다. 관(冠)은 고(古)와 란(亂)의 반절이다. 악(樂)은 음이 악(岳)이며, 또한 음은 각(各)이다. 수(數)는 색(色)과 주(主)의 반절이다. 강(康)은 고(苦)와 랑(郎)의 반절이다. 장(莊)은 측(側)과 량(良)의 반절이다. 차(車)는 창(昌)과 사(蛇)의 반절이다. 참(驂)은 칠(七)과 남(南)의 반절이다. 부(復)는 부(扶)와 우(又)의 반절이며 아래도 같다. 규(逵)는 구(求)와 추(追)의 반절이다. 본에 따라 규(馗)로 되어 있는데, 『자림』에는 "은(隱 : 숨다)의 뜻이고, 규(逵)와 음의가 같다"고 하였다.

爾雅疏 此別衕道之異名也. 宮中衕閤間道名壼. 孫炎曰 : "巷, 舍間道也." 王肅曰 : "今後宮稱永巷, 是宮內道名也." 廟中之路名唐, 堂下之門徑名陳. 路·旅皆道之別名也. 途卽道也. 路·場·猷·行四者復是道之異名也. 一達長道謂之道路. 歧分二達者謂之歧旁, 言歧道旁出也. 歧分三達者謂之劇旁. 孫炎云 : "旁出歧多, 故曰劇." 交道四達謂之衢. 交道四出, 復有一旁達謂之康. 孫炎云 : "康, 樂也, 交會樂道也." 交道六出謂之莊. 孫炎云 : "莊, 盛也, 道煩盛." 三道交出, 復有一歧出者謂之劇驂. 四道交出謂之崇期. 四道交, 復有一歧出者謂之逵. ○注"『詩』曰 : 中唐有甓", 『此」「陳風」「防有鵲巢」篇文也. ○注"『史記』所謂康莊之衢", 案『史記』「列傳」云 : "騶奭者, 齊諸騶子, 亦頗采騶衍之術以紀文. 於是齊王嘉之, 自如淳于髡以下, 皆命曰列大夫, 爲開第康莊之衢." 是也. ○注"『左傳』曰 : 得慶氏之木百車於莊", 案襄二十八年, 齊慶封謀殺子雅·子尾. "陳文子謂桓子曰: '禍將作矣. 吾其何得?' 對曰: '得慶氏之木百車於莊.'" 杜注云: "慶封時有此木, 積於六軌之道." 是也. ○注"四道交出, 復有旁通", 『詩』「周南」云: "施于中逵." 毛傳云: "逵, 九達之道." 是也. 案『左傳』隱十一年云: "及大逵." 桓十四年: "焚渠門, 入及大逵." 莊二十八年: "衆車入自純門, 及逵市." 宣十二年: "入自皇門, 至于逵路." 杜預皆以爲道並九軌. 案『周禮』: "經涂九軌." 不名曰逵. 杜意蓋以鄭之城內不應有九出之道, 故以爲並九軌, 於此則不合也.

여기에서는 항도(衖道 : 골목길)의 다른 명칭들을 구별한 것이다. 궁중항(宮中衖)은 관사(館舍) 사이의 길이며 곤(壼)이라 부른다. 손염은 "항(巷)은 관사(館舍) 사이의 길이다"고 하였으며, 왕숙은 "지금 후궁(後宮)을 영항(永巷)이라 일컫는데, 이는 궁내(宮內)의 길의 명칭이다"고 하였다. 묘중(廟中)의 길을 당(唐)이라 하며, 당(堂) 아래에서 문에 이르기까지의 길을 진(陳)이라 한다. 로(路)·려(旅)는 모두 도(途)의 다른 명칭이다. 도(途)는 곧 도(道)이다. 로(路)·장(場)·유(猷)·행(行) 네 가지는 또 도(道)의 다른 명칭이다. 한 갈래의 긴 길을 도로(道路)라 한다. 갈래로 나누어져 두 길이 된 것을 기방(岐旁)이라 하는데, 기도(歧道)가 옆으로 나 있는 것을 말한다. 갈래가 나누어져 세 개로 통하는 것을 극방(劇旁)이라 하는데, 손염은 "옆으로 나 있는 갈래가 많기 때문에 극(劇 : 많다)이라 한다"고 하였다. 네 방향으로 교차되어 통하는 길을 구(衢)라 한다. 네 방향으로 나 있는 길에 다시 한 쪽으로 통하는 길이 있는 것을 강(康)이라 하는데, 손염은 "강(康)은 락(樂 : 즐겁다)의 뜻으로 서로 만나 즐기는 길이다"고 하였다. 서로 교차된 도로가 여섯 개로 나 있는 것을 장(莊)이라 하는데, 손염은 "장(莊)은 성(盛 : 성하다)의 뜻으로 길이 번성한 것이다"고 하였다. 세 개의 도로가 교차되어 나 있는데 다시 한 갈래 길이 나 있는 것을 극참(劇驂)이라 한다. 네 개의 도로가 교차되어 나 있는 것을 숭기(崇期)라 한다. 네 개의 도로가 교차되어 있는데, 다시 한 갈래의 길이 나 있는 것을 규(逵)라 한다.

以「肆夏」, 趨以「采齊」." 行謂大寢之庭至路門, 趨謂路門至應門.

이는 모두 사람이 걷고 달리는 곳이니, 그것을 따라 이름 붙인 것이다. 실중(室中)에서의 걸음걸이를 시(時)라고 하는데, 때가 된 이후에 움직이기 때문이다. 당(堂) 위에서의 걸음걸이를 행(行)이라고 하는데, 평행(平行)하게 걷기 때문이다. 당(堂) 아래서의 걸음걸이를 보(步)라 하는데, 『백호통』에 "사람의 한 걸음이 삼척(三尺)인 것은 천지를 본 뜬 것이며, 사람이 다시 다리를 들어 옮기는 것을 보(步)라 하는데 음양을 갖춘 것이다"고 하였다. 문(門) 밖에서의 걸음걸이를 추(趨)라 하는데, 정현은 "걸어가면서 팔을 펴서 손을 맞잡은 것을 추(趨)라 한다"고 하였다. 중정(中庭)에서의 걸음걸이를 주(走)라 하는데, 주(走)는 질추(疾趨 : 빨리 종종걸음치다)이다. 대로(大路)에서의 걸음걸이를 분(奔)이라 하는데, 분(奔)은 대주(大走 : 크게 달리다)이다. 『서경』「무성(武成)」에 "준분주(駿奔走 : 빨리 달려가다)"라 하였는데, 살피건대, 이 경전의 해석은 제사(祭祀)의 예(禮)를 말한다. 제사의 예임을 아는 것은 「소고(召誥)」에 "왕이 아침에 주(周)로부터 걸어와서 풍(豐)에 이르렀다"고 하고, 주(注)에서 "문왕(文王)의 사당에 고(告)했다. 문왕에게 고했으니, 무왕(武王)에게 고(告)했음을 알 수 있다. 사당에서 나오고 사당에 들어감에 아버지를 멀리 여기지 않았다"고 한 것이 이것이다. 만약 손님을 맞이하는 경우는 『주례』「춘관」「악사(樂師)」에 "걸어갈 때는 「사하(肆夏)」편의 시를 연주하고, 빨리 갈 때는 「채자(采齊)」편의 시를 연주한다"고 하였다. 행(行)은 대침(大寢)의 뜰에서 노문(路門)에 이르기까지를 말하며, 추(趨)는 노문(路門)에서 응문(應門)에 이르기까지를 말한다.

經文 隄謂之梁.

제(隄)를 양(梁 : 징검다리)이라 한다.

爾雅注 卽橋也. 或曰 : "石絶水者爲梁." 見『詩』傳.

곧 교(橋 : 다리)이다. 혹자는 "돌로써 물을 가로질러 놓은 것을 양(梁)이라 한다"고 하였다. 『시경』 전(傳)에 보인다.

經文 石杠謂之徛.

석강(石杠)을 기(徛 : 돌다리)라 한다.

爾雅注 聚石水中, 以爲步渡彴也. 『孟子』曰 : "歲十月, 徒杠成." 或曰 : "今之石橋."

물 가운데에 돌을 모아 도보로 건널 수 있는 다리이다. 『맹자』에 "한 해 10월에 도강(徒杠 : 걸어 건너는 다리)이 완성된다"고 하였다. 혹자는 "지금의 석교(石橋 : 돌다리)이다"고 하였다.

爾雅音義 隄, 都奚徒雞二反. 橋, 音喬. 杠, 音江. 徛, 郭居義反, 顧丘奇反. 『說文』云 : "擧脚有度也." 『廣雅』云 : "步橋也." 案今關西呼徛, 與郭同. 彴, 音斫. 『廣雅』云 : "步橋也." 案今江東呼彴, 音約. 沈徒的反.

제(隄)는 도(都)와 해(奚), 도(徒)와 계(雞) 두 개의 반절이다. 교(橋)는 음이 교(喬)이다. 강(杠)은 음이 강(江)이다. 기(徛)에 대하여 곽박은 거(居)와 의(義)의 반절이라 하였다. 고야왕은 구(丘)와 기(奇)의 반절이라 하였다. 『설문』에 "다리를 들어 건너는 것이다"고 하였다. 『광아』에 "보교(步橋: 걸어 건너는 다리)이다"고 하였다. 살피건대, 지금 관서에서는 기(徛)라고 부르니, 곽박의 음의와 같다. 작(彴)은 음이 작(斫)이다. 『광아』에 "보교(步橋)이다"고 하였다. 살피건대, 지금 강동에서는 약(彴)이라 부르는데, 음은 약(約)이며, 심선은 도(徒)와 적(的)의 반절이라 하였다.

爾雅疏 此別橋彴之名也. 隄一名梁. 郭氏兩解: 一名卽橋也, 以木爲之; 一云以石絶水. 石杠, 一名徛. 郭氏亦兩解: 一云聚石水中以爲步渡彴也. 『廣雅』云: "彴, 步橋也." 一云或曰今之石橋. ○注"或曰石絶水者爲梁. 見『詩』傳", 案「衛風」云: "有狐綏綏, 在彼淇梁." 傳云: "石絶水曰梁." 是也. ○注"『孟子』曰: 歲十月, 徒杠成", 案『孟子』云: "子產聽鄭國之政, 以其乘輿濟人於溱洧. 孟子曰: '惠而不知爲政, 歲十一月徒杠成, 十二月輿梁成, 民未病涉也.'" 趙岐注云: "以爲子產有惠民之心, 不知爲政, 當以時脩橋梁, 民何由病苦涉水乎?" 是也. 引之以證石杠爲步橋也. 此注作十月, 誤脫, 或所見本異.

여기서는 교작(橋彴: 다리)의 명칭을 구별한 것이다. 제(隄)는 일명 양(梁)이다. 곽박은 두 가지로 해석하였는데, 일명은 곧 교(橋)이며 나무로 만든다고 하였고, 하나는 돌을 물에 가로질러 놓아 만든 것이라고 하였다. 석강(石杠)은 일명(一名) 기(徛)라 한다. 곽박은 또한 두 가지로 해석하였는데, 하나는 물 가운데 돌을 모아 도보로 건너는 다리라고 하였다. 『광아』에 "작(彴)은 보교(步橋)이다"고 하였다. 하나는 혹자가 지금의 석교(石橋)라고 말한 것이다. ○주에서 말한 "혹왈석절수자위량. 현『시』전(或曰石絶水者爲梁. 見『詩』傳)"은 살피건대, 『시경』「위풍」「유호(有狐)」에 "유호수수, 재피기량(有狐綏綏, 在彼淇梁: 숫여우들이 짝지어 다니며,[44] 저 淇水의 梁에 있네)"이라 하였는데, 모전에 "돌로써 물을 가로질러 놓은 것을 양(梁)이라 한다"고 한 것이 이것이다.

○주에서 인용한 『맹자』의 "세시월, 도강성(歲十月, 徒杠成)"은 살피건대, 『맹자』「이루(離婁)」에 "자산(子產)이 정(鄭)나라의 정사(政事)를 다스릴 때, 자기의 수레를 가지고 사람들을 진수(溱水)와 유수(洧水)를 건네주었는데, 이에 대해 맹자(孟子)는 '은혜로운 일이나 정사를 다스릴 줄을 알지 못하는 것이다. 그 해 11월에 도강(徒杠)이 만들어지고, 12월에 여량(輿梁 : 차량용 다리)이 만들어지면 백성들이 물을 건너는데 걱정이 없을 것이다'고 하였다"고 하였는데, 조기(趙岐)의 주에 "자산(子產)이 백성들에게 은혜롭게 하는 마음은 있으나 정치를 할 줄 몰랐던 것이다. 마땅히 때에 맞게 교량을 만들어 주면 백성이 어찌 물을 건너는데 괴로워하겠는가?"라 한 것이 이것이다. 이를 인용하여 석강(石杠)이 보교(步橋)가 됨을 증명한 것이다. 여기의 주에 시월(十月)로 되어 있는 것은, 잘못하여 빠뜨렸거나 혹 보았던 본이 다른 것이다.

經文 室有東西廂曰廟.

실(室 : 방)에 동서(東西)의 상(廂 : 堂)이 있는 것을 묘(廟 : 正殿)라 한다.

爾雅注 夾室前堂.

협실(夾室)의 앞에 있는 당(堂)이다.

---

44) 숫여우들이 …… 다니며 : 모전의 "綏綏, 匹行貌"를 따랐다.

經文 無東西廂, 有室曰寢.

동서(東西)에 상(廂)이 없고 실(室)만 있는 것을 침(寢 : 寢殿)이라 한다.

爾雅注 但有大室.

다만 대실(大室)이 있을 뿐이다.

經文 無室曰榭.

실(室)이 없는 것을 사(榭 : 정자)라 한다.

爾雅注 榭卽今堂堭.

사(榭)는 곧 지금의 당황(堂堭 : 벽이 없는 집)이다.

經文 四方而高曰臺. 陝而修曲曰樓.

네모지면서 높은 것을 대(臺 : 대)라 한다. 좁고 길면서 굴곡이 있는 것을 루(樓 : 누각)라 한다.

爾雅注 修, 長也.

수(修)는 장(長 : 길다)이다.

爾雅音義 廂, 音相. 寢, 七甚反. 堭, 音皇. 陜, 戶夾反. 『說文』云 : “隘也, 從阜夾聲.” 俗作狹, 或作狎字, 下甲反. 今人以陜[45]弘農縣, 字書陜之字音失冉反. 狹代陜行之久矣.

상(廂)은 음이 상(相)이다. 침(寢)은 칠(七)과 심(甚)의 반절이다. 황(堭)은 음이 황(皇)이다. 협(陜)은 호(戶)와 협(夾)의 반절이다. 『설문』에 “애(隘 : 좁다)의 뜻이다. 부(阜)를 따르며 협(夾)이 성(聲)이다”고 하였다. 민간에서는 협(狹)으로도 쓰고, 혹은 압(狎)자로도 쓰는데 하(下)와 갑(甲)의 반절이다. 지금 사람들은 협(陜)을 홍농군(弘農郡)의 현(縣)으로 여기는데, 자서(字書)에 협(陜)이란 글자는 음이 실(失)과 염(冉)의 반절로 되어 있다. 협(狹)은 협(陜)을 대신해서 쓴 지가 오래 되었다.

爾雅疏 此明寢廟樓臺之制也. 凡大室有東西廂夾室, 及前堂有序牆者, 曰廟. 但有太室者, 曰寢, 「月令」「仲春」云 : “寢廟畢備.” 鄭注云 : “前曰廟, 後曰寢.” 以廟是接神之處, 其處尊, 故在前. 寢, 衣冠所藏之處, 對廟爲卑, 故在後. 無室者名榭. 『春秋』宣十六年 “夏, 成周宣榭火.” 杜預云 “宣榭, 講武屋”, 引此文 : 無室曰榭, 謂屋歇前. 然則榭有二義 : 一

---

45) 陜 : 『이아고림』 「音義考證」에는 ‘陜’으로 쓰고, “陜本陜隘字, 宏(弘)農之陜, 本從夾, 與從夾者, 元不相同, 陸氏不細別”이라 하여, ‘좁다’는 ‘陜’(협)으로 써야 하고 지명에는 ‘陜’(섬)으로 써야 한다고 하였다.

者臺上構木曰榭, 上云有木曰榭, 及「月令」云 : "可以處臺榭." 是也. 二屋歇前無壁者名榭, 其制如今廳事也. 『春秋』云 : "成周宣榭." 『公羊』以爲宣宮之榭, 及「鄕射禮」云 : "榭則[46]鉤楹內." 是也. 郭云 : "榭卽今堂堭"者, 堂堭卽今殿也. 殿亦無室, 故云"卽今堂堭." 四方而高者名臺, 卽上閣也. 修, 長也. 凡臺上有屋, 狹長而屈曲者曰樓.

여기서는 침(寢)·묘(廟)·루(樓)·대(臺)의 제도를 밝힌 것이다. 무릇 태실(大室)에 동서(東西)의 상(廂)과 협실(夾室)이 있고, 전당(前堂)에 서(序)와 장(牆)이 있는 것을 묘(廟)라 한다. 다만 태실(太室)만 있는 것을 침(寢)이라 한다. 『예기』「월령」 중춘(仲春)에 "침묘필비(寢廟畢備 : 寢과 廟가 다 갖추어졌다)"라 하였는데, 정현의 주에 "앞면에 있는 것을 묘(廟)라 하고, 뒷면에 있는 것을 침(寢)이라 한다"고 하였으니, 묘(廟)는 신(神)을 접견하는 곳으로 그 자리가 존엄하기 때문에 앞에 있게 되고, 침(寢)은 의관(衣冠)을 두는 곳으로 묘(廟)에 대해서 비천하기 때문에 뒤에 있게 된다. 실(室)이 없는 것을 사(榭)라 부르는데, 『춘추』 선공(宣公) 16년 "여름에 성주(成周 : 洛陽)의 선사(宣榭 : 演武堂)에 불이 났다"고 하였는데, 두예의 주에 "선사(宣榭)는 강무옥(講武屋)이다"고 하였으며, 이 글을 인용하여 실(室)이 없는 것을 사(榭)라 하며 옥헐전(屋歇前 : 벽이 없는 집)을 말한다고 하였다. 그렇다면 사(榭)에는 두 가지의 뜻이 있게 된다. 하나는 대(臺) 위에 나무를 얽어서 만든 것이 사(榭)이며, 위에서 말한 바 '유목왈사(有木曰榭 : 臺에 나무집이 있는 것을 榭라 한다)'와 「월령」 중하지월(仲夏之月)에 "대사(臺榭)에 거할 수 있다"고 한 것이 이것이다. 두 번째는 옥헐전(屋歇前)으로 벽(壁)이 없는 것의 명칭이 사(榭)인데, 그 제도는 지금의 청사(廳事)와 같은 것이다. 『춘추』에 "성주선사(成周宣榭)"라 하였는데, 『공양전』에 선궁(宣宮)의 사(榭)라고 한 것과,

---

46) 榭則 : 十三經注疏本『儀禮』「鄕射禮」에는 '豫則'으로 되어 있다. 그리고 鄭玄 注에는 "鉤楹, 繞楹而東也. …… 今言豫者, 謂州學也. 讀如成周宣謝災之謝"라 하고, 그 표점본 주에 "毛本謝作榭"라 하여, 豫·謝·榭가 同義임을 밝혔다.

『의례』「향사례」에 "사즉구영내(榭則鉤楹內 : 榭에서는 기둥 안을 돌아간다)"라 한 것이 이것이다. 곽박이 "사즉금당황(榭卽今堂堭)"이라 한 것에서 당황(堂堭)은 곧 지금의 전(殿)이다. 전(殿) 또한 실(室)이 없기 때문에 '즉금당황(卽今堂堭)'이라 한 것이다. 네모나면서 높이 쌓아올린 것을 이름하여 대(臺)라 하였는데 곧 상도(上闍 : 높은 觀望臺)이다. 수(修)는 장(長)의 뜻이다. 대체로 대(臺) 위에 옥(屋)이 있고 좁고 길면서 굴곡이 있는 것을 루(樓)라 한다.

석기(釋器) 제6(第六)

爾雅音義 器, 祛記反.『說文』云:"器, 皿也." 飲食之器, 從犬, 從㗊聲也." 㗊, 莊立反, 衆口也.

기(器)는 거(祛)와 기(記)의 반절이다.『설문』에 "기(器)는 명(皿 : 그릇)이다"고 하였다. 음식 그릇으로 견(犬 : 개)과 집(㗊 : 여러 개의 입)의 소리를 따랐다. 집(㗊)은 장(莊)과 립(立)의 반절이며, 여러 개의 입이다.

爾雅疏 案『說文』云:"器, 皿也. 從犬, 犬所以守之." 以此篇釋諸器之名, 故曰釋器.

살피건대,『설문』에 "기(器)는 그릇이다. 견(犬)을 따르며, 개가 지키는 것이다"고 하였다. 이 편에서는 모든 기명(器皿)의 이름을 풀어놓았기 때문에 석기(釋器)라고 하였다.

經文 木豆謂之豆.

목두(木豆)를 두(豆 : 나무로 만든 祭器)라고 한다.

爾雅注 豆, 禮器也.

두(豆)는 예기(禮器 : 예식에 쓰이는 그릇. 제기(祭器))이다.

爾雅音義 豆, 如字, 本又作梪.

두(豆)는 여자(如字)인데 본에 따라 두(梪)로 되어 있다.

爾雅疏 案『周禮』“瓬人爲豆, 實三而成觳, 崇尺.” 鄭注云 : “崇, 高也. 豆實四升.” 又「祭統」云 : “夫人薦豆執校. 執醴授之, 執鐙.” 鄭注云 : “校, 豆中央直者也. 鐙, 豆下跗也.” 又「禮圖」云 : “口圓, 徑尺, 黑漆, 飾朱, 中大夫以上畵以雲氣, 諸侯以象, 天子以玉.” 皆謂飾其豆口也. 然則豆者, 以木爲之, 高一尺, 口足徑一尺, 其足名鐙. 中央直竪者名校, 校徑二寸. 總而言之名豆. 豆實四升, 用薦菹醢. 『周禮』“醢人掌四豆之實. 朝事之豆, 其實韭菹・醓醢”之類是也. 其飾則三代不同. 「明堂位」曰 : “夏后氏以梡豆, 殷玉豆, 周獻豆.” 注云 : “梡, 無異物之飾也. 獻, 疏刻之.” 是也. 以供祭祀燕饗, 故云禮器也.

살피건대, 『주례』「동관(冬官)」「방인(瓬人)」에 “방인(瓬人)이 두(豆)를 만드는데, 용량은 삼두(三斗)로 곡(觳)[47]이 되며 높이가 1척이다"고 하였는데, 정현의 주에 "숭(崇)은 고(高 : 높이)이다. 두(豆)의 용량은 사승(四升)이다"고 하였다. 또『예기』「제통(祭統)」에 "부인이 두(豆)를 올릴 때 교(校 : 그릇 중간의 일직선으로 곧게 올라간 부분)를 잡는다. 례(醴 : 단술)를 가지고 있는 사람이 부인에게 두(豆)를 줄 때 부인은 등(鐙 : 받침)을 잡는다"고 하였는데, 정현의 주에 "교(校)는 두(豆)의 중앙으로 곧게 올라간 부분이다. 등(鐙)은 두(豆)의 아래의 받침이다"고 하였다. 또「예도(禮圖)」에 "구(口 : 아가리)는 둥글고 지름이 1척(尺)이 되며 검은색 바탕에 붉은 색으로 장식한 것이다. 중대부(中大夫) 이상은 구름을 그리고, 제후(諸侯)는 상아로, 천자(天子)는 옥(玉)으로 꾸민다"고 하였으니, 모두 두(豆)의 아가리를 장식함을 말한다. 그렇다면 두(豆)는 나무로 만들고 높이가 1척이며 아가리와 받침의 지름이 1척이며 받침의 명칭은 등(鐙)이다. 가운데에서 곧게 선 것을 교(校)라 하는데 교(校)의 지름은 2촌(寸)이다. 총괄하여 말하면 명칭을 두(豆)라고 하는데, 두(豆)의 용량은 4승(升)이며 저(菹 : 김치)와 해(醢 : 고기 젓갈)를 바칠 때 사용한다.『주례』「천관(天官)」「해인(醢人)」에 "해인(醢人)이 사두(四豆)[48]에 채우는 것을 담당한다. 조정에서 예식을 거행할 때 쓰이는 두(豆)에는 구저(韭菹 : 부추 김치)와 담해(醓醢 : 고기 젓갈)를 담는다"고 한 종류가 이것이다. 그 수식(修飾)은 삼대(三代)가 같지 않다.『예기』「명당위(明堂位)」에 "하후씨는 갈두(楬豆 : 꾸밈이 없는 豆)를, 은(殷)은 옥두(玉豆 : 구슬 豆)를, 주(周)는 사두(獻豆 : 드물게 조각한 豆)를 썼다"고 하였는데, 정현의 주에 "갈(楬)은 기이한 사물의 장식이 없는 것이다. 사(獻)는 드물게 조각한 것이다"고 한 것이 이것이다. 제사(祭祀)와 연향(燕饗)에 제공되므로 예기(禮器)라고 한다.

---

47) 觳 : 鄭司農은 斛의 假借字로 용량이 三斗 혹은 十斗라 하였다. 즉 觳의 용량을 정사농은 三斗 혹은 十斗로 보았으며, 鄭玄은 四升으로 보았다(『周禮』「冬官」「陶人」「旊人」注疏).

48) 四豆 : 豆가 둘, 籩이 둘이므로 四라 한다.

經文 竹豆謂之籩.

죽두(竹豆)를 변(籩 : 대나무로 만든 제기)이라 한다.

爾雅注 籩亦禮器.

변(籩)도 역시 예기(禮器)이다.

爾雅音義 籩, 音邊.

변(籩)은 음이 변(邊)이다.

爾雅疏 案鄭注「籩人」及「士虞禮」云 : "籩以竹爲之. 口有縢緣, 形制如豆. 亦受四升, 盛棗栗桃梅蔆芡脯脩膴鮑糗餌之屬." 是也. 亦祭祀享燕所用, 故云亦禮器.

살피건대, 『주례』「변인(籩人)」과 『의례』「사우례(士虞禮)」의 정현 주에 "변(籩)은 죽(竹 : 대나무)으로 만든다. 아가리에 등칡으로 테를 둘렀으며 형태가 두(豆)와 같다. 역시 용량이 4승(升)인데, 조(棗)·율(栗)·도(桃)·매(梅)·능(蔆)·검(芡)·포(脯)·수(脩)·무(膴)·포(鮑)·구(糗)·이(餌)와 같은 종류를 담는다"고 한 것이 이것이다. 또한 제사와 향연(享燕)에 사용되는 것이므로 역시 예기(禮器)라 한다.

經文 瓦豆謂之登.

와두(瓦豆 : 기와 제기)를 등(登 : 고기 국물을 담는 제기)이라 한다.

爾雅注 卽膏登也.

즉 고등(膏登 : 고기 국물을 담는 登)이다.

爾雅音義 瓦, 五寡反. 登, 本又作鐙. 膏, 音高.

와(瓦)는 오(五)와 과(寡)의 반절이다. 등(登)은 본에 따라 등(鐙)으로 되어 있다. 고(膏)는 음이 고(高)이다.

爾雅疏 對文則木曰豆, 瓦曰登, 散則皆名豆. 故云 : "瓦豆謂之登." 「冬官」旊人掌爲瓦器, 而云 : "豆中縣." 鄭云 : "縣繩正豆之柄." 是瓦亦名豆也. 『詩』「大雅」「生民」云 : "于豆于登." 毛傳云 : "豆, 薦菹醢. 登, 大羹也." 「公食大夫禮」云 : "大羹湆不和, 實於登." 湆者, 肉汁, 大古之羹也. 不調以鹽菜, 以其質, 故以瓦器盛之. 郭云 : "卽膏登也."

상대적 글에는 나무로 만든 것을 두(豆), 기와로 만든 것을 등(登)이라 하고, 함께 말한다면 모두 두(豆)라고 한다. 그러므로 "와두(瓦豆)를 등(登)이라 한다"고 하였다. 『주례』「동관(冬官)」「방인(旊人)」에 방인(旊人)은 와기(瓦器 : 기와 그릇)를 만드는 것을 담당하는데, "두중현(豆中縣[49])이다"고 하였고,

정현은 현(縣)은 "매단 줄이 두(豆)를 바르게 하는 자루이다"고 하였다. 이와(瓦)는 또한 명칭이 두(豆)이다. 『시경』「대아」「생민(生民)」에 "두(豆)에 담고 등(登)에 담는다"라 하였다. 모전에 "두(豆)는 저(菹)와 해(醢)를 담아 바치며, 등(登)은 대갱(大羹 : 간을 하지 않은 고깃국)이다"고 하였다. 『의례』「공사대부례(公食大夫禮)」에 "대갱(大羹)의 국물은 간을 하지 않고 등(登)에 담는다"고 하였다. 읍(湇)은 고기 국물로 태고(太古)시대의 갱(羹)이다. 소금과 채소로 맛을 내지 않고 본바탕 그대로이므로 와기(瓦器)에 담는다. 곽박은 "즉 고기 국물을 담는 등(登)이다"고 하였다.

經文 盎謂之缶.

앙(盎)을 부(缶 : 동이. 악기의 일종인 질장구)라고 한다.

爾雅注 盆也.

분(盆 : 동이)이다.

爾雅音義 盎, 烏浪反. 缶, 方九反.

앙(盎)은 오(烏)와 랑(浪)의 반절이다. 부(缶)는 방(方)과 구(九)의 반절이다.

---

49) 豆中縣 : 두의 자루. 賈公彦은 "豆中縣者, 豆柄, 中央把之者, 長一尺, 宜上下直與縣繩相應, 其豆則直"이라 하였다. 즉 豆의 중앙에 있는 잡을 수 있는 길이 1척의 자루이다.

爾雅疏 孫炎云:“缶, 瓦器.” 郭云:“盆也.”『詩』「陳風」云:“坎其擊缶.” 則缶是樂器.『易』「離卦」九三:“不鼓缶而歌, 則大耋之嗟.” 注云:“艮爻也, 位近丑. 丑上値弁星, 似缶.”『詩』云“坎其擊缶”, 則樂器亦有缶. 又『史記』:“藺相如使秦王擊缶.” 是樂器爲缶也. 案『坎卦』六四:“樽酒簋貳, 用缶.” 注云:“爻辰在丑. 丑上値斗, 可以斟之象. 斗上有建星, 建星之形似簋. 貳, 副也. 建星上有弁星, 弁星之形又如缶. 天子大臣以王命出會諸侯, 主國尊于簋, 副設玄酒以缶.” 則缶又是酒器也.『比卦』初六爻:“有孚盈缶.” 注云:“爻辰在木上, 値東井之水, 人所汲, 用缶. 缶, 汲器.” 襄九年宋災,『左傳』曰:“具綆缶, 備水器.” 則缶是汲水之器也. 然則缶是瓦器, 可以節樂, 若今擊甌, 又可以盛水·盛酒, 卽今之瓦盆也.[50]

손염은 “부(缶)는 와기(瓦器)이다”고 하였다. 곽박은 “분(盆)이다”고 하였다.『시경』「진풍(陳風)」「완구(宛丘)」에 “둥둥 부(缶)를 친다”라 하였으니, 부(缶)는 악기(樂器)이다.『주역』「리괘(離卦)」구삼(九三)에 “부(缶)를 치지 않고 노래를 부르니, 곧 늙은 노인이 한탄한다”라 하였는데, 주에서 “간(艮)괘의 효신(爻辰)[51]으로 말하면 위치가 축(丑: 東北方)에 가깝고 축(丑)은 위로 변성(弁星)과 만나는데 변성(弁星)의 모양이 부(缶)와 비슷하다”고 하였다.『시경』「진풍(陳風)」「완구(宛丘)」에 “감기격부(坎其擊缶)”라 하였으니, 악기(樂器)에도 역시 부(缶)가 있다. 또『사기』「인상여전(藺相如傳)」에 “인상여(藺相如)가 진왕(秦王)으로 하여금 부(缶)를 두드리게 하였다”고 하였는데, 이 악기가 부(缶)이다. 살피건대,『주역』「감괘(坎卦)」육사(六四)에 “한 동이의 술을 따르거나, 궤(簋)의 술을 부설(副設)할 때는 부를 사용한다”고 하였다. 주에 “효신(爻辰)이 축(丑)에 있다. 축(丑)은 위로 두성(斗星)과 만나

50) 卽今之瓦盆也: '孫炎云'으로부터 끝 구절인 '卽今之瓦盆也'까지는 邢昺이 孔穎達의 글을 그대로 인용한 것이다.『詩經』「陳風」「宛丘」의 “坎其擊缶, 宛丘之道”에 나오는 孔穎達의 疏이다. 孔穎達이 인용한 注는 누구의 注인지 상세하지 않다.

51) 爻辰: 爻는 卦의 六爻, 辰은 十二辰을 말한다. 六爻와 十二辰을 배합하여 易을 설명하는 것을 爻辰이라 한다. 後漢 때 鄭玄에 의해 이룩되었다.

니, 술을 따를 수 있는 상(象)이다. 두성(斗星) 위에는 건성(建星)이 있는데 건성(建星)의 모양은 궤와 비슷하다. 이(貳)는 부(副 : 부설하다)의 뜻이다. 건성(建星) 위에는 변성(弁星)이 있는데, 변성(弁星)의 형상이 또 부(缶)와 같다. 천자의 대신은 왕명으로 나가 제후를 만나는데 대신을 맞이하는 제후국은 궤(簋)에 술을 따르고 부차로 현주(玄酒 : 물)를 차려 부(缶)에 따른다"고 하였으니, 부(缶)는 또 주기(酒器)이다. 「비괘(比卦)」 초육(初六)의 효(爻)에 "진실함이 부(缶)에 가득하다"라 하였는데, 주에 "효신(爻辰)이 목(木 : 동쪽) 위에 있어 동정(東井)[52]의 물과 만난다. 사람들이 길을 때 부(缶)를 사용하니, 부(缶)는 물긷는 그릇이다"고 하였다. 양공(襄公) 9년에 송(宋)나라에 불이 났는데 『좌전』에 "두레박줄과 두레박을 갖추고, 양동이를 준비한다"라 하였으니, 부(缶)는 바로 물을 긷는 그릇이다. 그렇다면 부(缶)는 와기(瓦器)로 음악을 연주할 수 있으니, 지금의 격구(擊甌)[53]와 같다. 또 물을 담고 술을 담을 수 있으니 곧 지금의 와분(瓦盆 : 기와 동이)이다.

經文 甌瓿謂之瓵.

구부(甌瓿)를 이(瓵 : 작은 항아리)라고 한다.

爾雅注 瓿甊, 小甖, 長沙謂之瓵.

부루(瓿甊)는 작은 항아리인데 장사(長沙)에서는 이(瓵)라고 한다.

---

52) 東井 : 星名으로 南方七宿의 하나인 井宿을 말한다.
53) 擊甌 : 악기 이름.

爾雅音義 甌, 烏侯反. 瓿, 步口步侯二反. 瓵, 弋之反. 甊, 路口反. 『方言』云 : "罃也." 甖, 乙耕反, 字亦作罃.

구(甌)는 오(烏)와 후(侯)의 반절이다. 부(瓿)는 보(步)와 구(口), 보(步)와 후(侯)로 반절이 둘이다. 이(瓵)는 익(弋)과 지(之)의 반절이다. 루(甊)는 로(路)와 구(口)의 반절이다. 『방언』에 "앵(罃 : 단지)이다"고 하였다. 앵(甖)은 을(乙)과 경(耕)의 반절인데, 글자를 앵(罃)으로도 쓴다.

爾雅疏 甌一名瓿甊. 一名瓵. 郭云 : "瓿甊小甖, 長沙謂之瓵." 『方言』云 : "瓬(音岡), 㼭(都感切), 甒(音武), 䍃(音由), 甄(音鄭), 㼝(仕江切), 甀(度睡切), 瓮, 瓿甊(瓿音部. 甊, 落口切), 㽍, 牛志切, 甖也. 靈桂之郊謂之瓬, 其小者謂之㼭. 周魏之間謂之甒, 秦之舊都謂之甄. 淮汝之間謂之䍃, 江湖[54]之間謂之㼝, 自關而西・晉之舊都・河汾之間, 其大者謂之甀, 其中者謂之瓿甊, 自關而東・趙魏之郊謂之瓮, 或謂之甖, 東齊海岱之間謂之㽍. 甖, 其通語也. 罃, 陳魏宋楚之間曰甋(音臾), 或曰𦈢(音殊), 燕之東北・朝鮮洌水之間謂之瓺(音暢, 亦腸), 齊之東北・海岱之間謂之甔(音擔), 周洛韓鄭之間謂之甀, 或謂之罃. 罃謂之甎(鼓鼙). 甂謂之甓. 缶謂之瓿甌(音隅), 其小者謂之瓶. 罃・甈謂之盎, 自關而西或謂之盆, 或謂之盎, 其小者謂之升甌. 甂(音邊), 陳魏宋楚之間謂之題(杜啓切), 自關而西謂之甂, 其大者謂之甌." 是其方俗之異名也.

구(甌)는 일명 부루(瓿甊), 일명 이(瓵)이다. 곽박은 "부루(瓿甊)는 작은 항아리인데 장사(長沙)에서는 이(瓵)라고 한다"고 하였다. 『방언』에서는 "강(瓬 : 音은 岡), 탐(㼭 : 都와 感의 반절), 무(甒 : 音은 武), 유(䍃 : 音이 由), 정(甄 : 音이 鄭), 종(㼝 : 仕와 江의 반절), 추(甀 : 度와 睡의 반절), 옹(瓮), 부루(瓿甊 : 瓿는 음이

54) 湖 : 『방언』 권5에는 '湘'으로 되어 있다.

部. 甐는 落과 口의 반절), 의(甈 : 牛와 志의 반절)는 모두 앵(罌)이다. 영계(靈桂) 지역에서는 강(瓨), 그 작은 것은 탐(㼭)이라고 한다. 주(周)와 위(魏)에서는 무(甒), 진(秦)의 구도(舊都)에서는 정(甀)이라고 한다. 회수(淮水)와 여수(汝水)에서는 요(䍃), 강호(江湖)지역에서는 종(甇)이라고 한다. 함곡관 서쪽과 진(晉)의 구도(舊都)와 하수(河水)와 분수(汾水)에서는 큰 것을 추(甀) 중간을 부루(瓿甊)라고 한다. 함곡관 동쪽과 조(趙)와 위(魏) 지역에서는 옹(瓮), 혹은 앵(罌)이라고 한다. 동제(東齊)와 해대(海岱)에서는 의(甈)라고 한다. 앵(罌)은 공통된 말이다. 앵(甇)을 진(陳)·위(魏)·송(宋)·초(楚)에서는 유(瓺. 音은 臾), 혹은 주(㼡. 음은 殊)라고 한다. 연(燕)의 동북과 조선의 열수(洌水 : 漢江)에서는 장(瓺. 音이 暢, 또는 腸), 제(齊)의 동북과 해대(海岱)에서는 담(儋. 음이 擔), 주(周)·락(洛)·한(韓)·정(鄭)에서는 추(甀) 혹은 앵(甇)이라 한다. 앵(甇)을 비(甈. 鼓鼙), 옹(甕)을 사(甐)라고 한다. 부(缶)를 부우(瓿甌 : 音은 隅)라고 하며, 작은 것을 병(瓶)이라 한다. 앵(甇)·계(甈)를 앙(盎)이라 하는데, 함곡관 서쪽으로는 분(盆) 혹은 앙(盎)이라 하고, 작은 것을 승구(升甌)라 한다. 편(甂 : 音은 邊)은 진(陳)·위(魏)·송(宋)·초(楚)에서는 제(題 : 杜와 啓의 반절)라 하고, 함곡관 서쪽에서는 편(甂)이라고 하는데 큰 것은 구(甌)라 한다"[55]고 하였는데, 이것이 방속(方俗)의 다른 명칭이다.

經文 康瓠謂之甈.

강호(康瓠)를 계(甈 : 박처럼 생긴 항아리, 또는 깨진 항아리)라 한다.

---

55) 罌이다 …… 甌라 한다 : 『방언』 권5-4에 나온다.

爾雅注 瓠, 壺也. 賈誼曰 : "寶康瓠." 是也.

호(瓠)는 호(壺 : 병)이다. 가의(賈誼)가 "항아리를 보배로 여긴다"라 한 것이 이것이다.

爾雅音義 康, 孫郭如字. 字書『埤蒼』作甗, 音同. 李本作光, 『字林』作甋, 口光反. 瓠, 音護. 甈, 邱例反. 壺, 音胡.

강(康)에 대하여 손염과 곽박은 여자(如字)라고 하였다. 자서(字書)인 『비창(埤蒼)』[56]에는 강(甗)으로 되어 있으며, 음은 같다. 이순본에는 광(光)으로 되어 있으며, 『자림』에는 광(甋)으로 되어 있는데 음은 구(口)와 광(光)의 반절이다. 호(瓠)는 음이 호(護)이다. 계(甈)는 구(邱)와 례(例)의 반절이다. 호(壺)는 음이 호(胡)이다.

爾雅疏 康瓠一名甈. 瓠卽壺也. 『說文』云 : "破罌也." 『方言』云 : "甈謂之盎." 皆非郭義也. 注"賈誼曰 : '寶康瓠.' 是也." 案『漢書』云 : "賈誼, 洛陽人也, 年十八, 以誦詩屬文, 漢文帝召爲博士, 爲絳·灌之屬害之. 天子疎誼, 爲長沙王傅. 以謫去, 意不自得. 及渡湘水, 爲賦以弔屈原, 其詞曰 : '斡棄周鼎, 寶康瓠兮.'" 是也.

강호(康瓠)는 일명 계(甈)이다. 호(瓠)는 곧 호(壺)이다. 『설문』에 계(甈)는 "파앵(破罌 : 깨진 단지)이다"고 하였으며, 『방언』에 "계(甈)를 앙(盎)이라 한다"고 하였으니, 모두 곽박의 뜻이 아니다. 주에서 "가의왈 : 보강호, 시야(賈誼曰 : '寶康瓠', 是也)"라 하였는데, 살피건대 『한서』 「가의전(賈誼傳)」에

56) 『埤蒼』 : 書名. 『廣雅』를 지은 張揖의 저작으로 訓詁書의 일종인데 현재 전해지지 않는다.

"가의(賈誼)는 낙양인(洛陽人)이다. 나이 열 여덟에 시를 외고 글을 잘 지어 한 문제(漢文帝)가 불러서 박사(博士)로 삼자, 강(絳)·관(灌)[57]의 무리들이 그를 모해(謀害)하였다. 천자가 가의를 멀리하여 장사왕(長沙王)의 태부(太傅)로 삼았다. 귀양을 가면서 마음이 우울하였다. 상수(湘水)를 건너게 되자 부(賦 : 弔屈原賦)를 지어 굴원(屈原)을 위로하였다. 그 가사(歌詞)에 '주정(周鼎 : 주나라 솥. 국가 보물)을 굴려서 버리고 강호(康瓠)를 보배로 여긴다'"고 한 것이 이것이다.

經文 斪斸謂之定.

구촉(斪斸)을 정(定 : 호미의 일종)이라고 한다.

爾雅注 鋤屬.

호미 종류이다.

爾雅音義 斪, 郭巨俱反. 謝古侯鳩于二反. 本或作拘非. 斸, 本或作欘[58]同, 丁錄反. 『說文』云 : "齊謂之茲箕. 一曰斤, 柄自曲." 李云 : "斪斸, 鋤也. 定, 多佞反, 或作錠, 郭云 : "鋤屬." 李云 : "鋤別名." 鋤, 士魚反. 屬, 音蜀.

57) 絳·灌 : 漢 高祖의 신하인 絳侯 周勃과 灌嬰.
58) 欘 : 『經典釋文』에는 '攌'으로 되어 있으나 『爾雅詁林』「音義攷證」에 따라 고쳤다.

구(斪)에 대하여 곽박은 거(巨)와 구(俱)의 반절이라고 하였다. 사교(謝嶠)는 고(古)와 후(侯), 구(鳩)와 우(于) 두 가지의 반절이라 하였다. 본에 따라 구(拘)로 되어 있으나 잘못이다. 촉(斸)은 본에 따라 촉(欘)으로도 되어 있으나 음의가 같으며, 정(丁)과 록(錄)의 반절이다. 『설문』에 "촉(欘)은 제(齊)나라에서는 자기(茲箕)라 하고, 한편으로 근(斤)이라 하는데 자루가 절로 휘어져 있다"고 하였다. 이순은 "구촉(斪斸)은 서(鋤 : 호미)이다"고 하였다. 정(定)은 다(多)와 영(佞)의 반절이며 간혹 정(錠)으로도 쓴다. 곽박은 "호미 종류이다"고 하였다. 이순은 "서(鋤)의 다른 명칭이다"고 하였다. 서(鋤)는 사(士)와 어(魚)의 반절이다. 촉(屬)은 음이 촉(蜀)이다.

爾雅疏 斪斸一名定. 郭云 : "鋤屬." 李巡曰 : "鋤別名也." 『廣雅』云 : "定謂之耨." 『世本』云 : "垂作耨." 『呂氏春秋』云 : "耨柄尺, 此其度也. 其耨六寸, 所以間稼也." 高誘注云 : "耨芸苗也. 六寸, 所以入苗間." 『詩』「頌」「臣工」云 : "庤乃錢鎛." 毛傳云 : "鎛, 耨也." 耨及定當是一器. 但先儒或卽云鋤, 或云鋤屬. 古器變易, 未能識之.

구촉(斪斸)은 일명 정(定)이다. 곽박은 "서(鋤 : 호미)의 종류이다"고 하였다. 이순은 "서(鋤)의 별명이다"고 하였다. 『광아』에 "정(定)을 누(耨)라고 한다"고 하였다. 『세본(世本)』에는 "수(垂)를 누(耨)라고 한다"고 하였다. 『여씨춘추』에는 "누(耨)는 자루가 한 척인데 이것이 그 제도이다. 그 누(耨)가 6촌(寸)인 것은 끼어 넣어 김을 매기 위해서이다"고 하였다. 고유(高誘)의 주에 "누(耨)는 곡식 싹에 김을 매는 것이다. 6촌인 것은 묘(苗) 사이로 들어가게 하기 위해서이다"고 하였다. 『시』 「주송(周頌)」 「신공(臣工)」에 "너의 가래와 호미를 준비하라"고 하였다. 모전에 "박(鎛)은 누(耨)이다"고 하였다. 누(耨)와 정(定)은 당연히 동일한 농기구(農器具)이어야 한다. 다만 선유(先儒)들이 혹은 곧 서(鋤)라 하고, 혹은 서(鋤)의 종류라고 하였다. 고기(古器)의 변화는 알 수 없다.

經文 斫謂之鐯.

작(斫)을 작(鐯 : 괭이)이라 한다.

爾雅注 钁也.

곽(钁 : 괭이)이다.

爾雅音義 斫, 音灼. 鐯, 字又作櫡, 直畧反. 『字林』竹略反. 郭云 : “钁也.” 钁, 九縛反. 『字林』云 : “大鉏也.”

작(斫)은 음이 작(灼)이다. 작(鐯)은 글자를 또 작(櫡)으로도 쓰는데, 직(直)과 략(畧)의 반절이다. 『자림』에는 죽(竹)과 략(略)의 반절이라고 하였다. 곽박은 “곽(钁)이다”고 하였다. 곽(钁)은 구(九)와 박(縛)의 반절이다. 『자림』에는 “대서(大鉏 : 큰 호미)이다”고 하였다.

爾雅疏 斫一名鐯. 郭云 : “钁也.” 『說文』云 : “钁, 大鉏也.”

작(斫)은 일명 작(鐯)이다. 곽박은 “곽(钁)이다”고 하였으며, 『설문』에는 “곽(钁)은 대서(大鉏)이다”고 하였다.

經文 斛謂之疀.

조(斛)를 잡(疀 : 가래)이라고 한다.

爾雅注 皆古鍬鍤字.

모두 초(鍬 : 가래)와 삽(鍤 : 삽)의 고자(古字)이다.

爾雅音義 斛,[59] 郭云 : "古鍬字, 並七遙反." 疀, 郭云 : "古鍤字, 並楚洽反."

조(斛)에 대하여 곽박은 "초(鍬)의 고자(古字)로, 모두 칠(七)과 요(遙)의 반절이다"고 하였다. 잡(疀)에 대하여 곽박은 "삽(鍤)의 고자(古字)로, 모두 초(楚)와 흡(洽)의 반절이다"고 하였다.

爾雅疏 郭云 : "皆古鍬鍤字." 『方言』云 : "燕之東北・朝鮮洌水之間謂之斛, 宋魏之間謂之鏵, 或謂之鍏(音韋), 江淮南楚之間謂之臿, 趙魏之間謂之喿(音鍫)." 是皆謂今鍬也. 鍬, 音秋.

곽박은 "모두 초(鍬)와 삽(鍤)의 고자(古字)이다"고 하였다. 『방언』에 "연(燕)의 동북과 조선의 열수(洌水)에서는 조(斛), 송(宋)과 위(魏)에서는 화(鏵), 혹은 위(鍏, 音은 韋), 강수(江水)와 회수(淮水) 그리고 남초(南楚)에서는 삽(臿), 조(趙)와 위(魏)에서는 초(喿, 음은 鍫)라 한다"[60]고 하였다. 이는 모두 지금

59) 斛 : 『經典釋文』에는 '斞'로 되어 있으나 『이아고림』 「음의고증」에 따라 고쳤다.

의 초(鍬)를 말한다. 초(鍬)는 음이 추(秋)이다.

經文 緵罟謂之九罭. 九罭, 魚罔也.

종고(緵罟)를 구역(九罭 : 고기 그물)이라 한다. 구역(九罭)은 어망(魚罔 : 고기 잡는 그물)이다.

爾雅注 今之百囊罟是, 亦謂之䍡. 今江東爲之緵.

지금의 백낭고(百囊罟 : 그물 이름)가 이것인데, 역시 뢰(䍡)라고 한다. 지금 강동에서는 종(緵)이라고 말한다.

經文 嫠婦之笱謂之罶.

이부(嫠婦 : 과부)의 구(笱 : 통발)를 류(罶 : 고기 잡는 통발)라고 한다.

爾雅注 『毛詩』傳曰 : "罶, 曲梁也." 謂以簿爲魚笱.

모전에 "류(罶)는 곡량(曲梁 : 발 어랑)이다"고 하였으니, 박(簿 : 가는 대나무

60) 燕의 동북과 …… 喿라 한다 : 『방언』 권5-8에 나온다.

조각으로 만든 발)으로 어구(魚笱)를 만든 것을 말한다.

經文 罺謂之汕.

조(罺)를 산(汕 : 오구. 물고기 잡는 그물의 일종)이라 한다.

爾雅注 今之撩罟.

지금의 요고(撩罟 : 그물의 일종)이다.

經文 篧謂之罩.

착(篧)을 조(罩 : 가리. 물고기 잡는 바구니)라 한다.

爾雅注 捕魚籠也.

물고기를 잡는 바구니이다.

經文 槮謂之涔.

삼(槮)을 잠(涔 : 섶. 고기를 잡기 위해 물 속에 삥 둘러서 쌓아둔 섶)이라고 한다.

爾雅注 今之作槮[61]者, 聚積柴木於水中, 魚得寒, 入其裏藏隱. 因以薄圍捕取之.

지금 삼(槮)이라고 하는 것은, 물 속에 나무를 모아서 쌓아두면 고기가 추위를 탈 때 그 속으로 들어가서 숨는데 그 틈을 타 박(薄)으로 에워싸서 잡는 것이다.

經文 鳥罟謂之羅.

조고(鳥罟 : 새 그물)를 라(羅)라 한다.

爾雅注 謂羅絡之.

그물을 쳐서 잡는 것을 말한다.

---

61) 槮 : 대본에는 '罧'이라 하였으나, 『이아고림』「郭注」「경전석문」을 참고하여 고쳤다.

經文 兔罟謂之罝.

토고(兔罟 : 토끼 그물)를 저(罝)라 한다.

爾雅注 罝猶遮也. 見『詩』.

저(罝)는 차(遮)와 같다. 『시경』에 보인다.

經文 麋罟謂之罞.

미고(麋罟 : 사슴 그물)를 모(罞)라 한다.

爾雅注 冒其頭也.

머리를 덮어씌우는 것이다.

經文 彘罟謂之羉,

체고(彘罟 : 돼지 그물)를 란(羉)이라 한다.

爾雅注 羉, 幕也.

난(羉)은 막(幕 : 장막)이다.

經文 魚罟謂之罛.

어고(魚罟 : 물고기 그물)를 고(罛)라고 한다.

爾雅注 最大罟也. 今江東云.

가장 큰 그물이다. 지금 강동에서 그렇게 말한다.

經文 繴謂之罿. 罿, 罬也. 罬謂之䍐. 䍐, 覆車也.

벽(繴)을 동(罿)이라고 하는데 동(罿)은 철(罬 : 새 잡기 위해 수레 위에서 치는 그물)이다. 철(罬)을 부(䍐)라고 하는데 부(䍐)는 부차(覆車 : 새 잡기 위해 수레에 쳐서 덮치는 그물)이다.

爾雅注 今之翻車也. 有兩轅中施罥以捕鳥. 展轉相解, 廣異語.

지금의 번차(翻車)이다. 수레의 양쪽 끌채 사이에 그물을 설치하여 새를 잡는 것이다. 돌아가면서 서로 풀이하여 다른 말을 널리 풀이하였다.

爾雅音義 緵, 子弄子公二反. 緵, 罍也. 罟, 音古. 罭, 音域. 囊, 乃當反. 罍, 力回反. 嫠, 字亦作釐, 力其反. 杜注『左傳』云: "寡婦爲嫠." 笱, 音狗. 罶, 力九反, 字書作罶. 薄, 步各反. 罺, 側交反. 汕, 所諫反. 撩, 郭力堯反, 取也. 又力弔反. 沈力到反. 籗, 郭七角反, 又捉廓二音. 罩, 陟孝陟角二反. 『字林』云: "竹卓反." 字又作箌." 捕, 音步. 槮, 沈桑感反, 謝胥寢反, 郭霜甚疏蔭二反. 『爾雅』舊文幷『詩傳』幷米旁作, 『小爾雅』木旁作, 其文云: "魚之所息謂之橬, 橬, 槮也, 積柴水中而魚舍焉." 郭因改米從木. 『字林』作罧, 山沁反, 其義同. 涔, 郭岑潛二音. 『詩』作潛字. 『小爾雅』作橬字, 亦音潛, 又時占反, 猶取積柴之義. 絡, 音洛. 兔, 又作菟, 同, 土故反. 罝, 子邪反, 『說文』子余反. 遮, 之蛇反. 麋, 亡悲反. 罞, 本或作茅, 同, 亡包反, 又音蒙. 冒, 莫報反. 彘, 直例反. 羉, 力端反, 又莫潘反, 本或作罠, 亡巾反. 『字林』云: "罠, 釣也." 幕, 音莫. 罛, 工胡反. 䍐, 郭卑覓反, 孫芳麥反, 或彼麥反. 罿, 昌凶反, 『字林』上凶反. 罬, 謝丁劣反, 郭姜悅反, 或九劣反. 罦, 浮孚二音. 覆, 音副, 又孚福反. 車, 尺蛇反. 翻, 孚袁反. 罥, 古縣反, 又古犬反. 『廣雅』云: "罟也." 解, 古買反.

종(緵)은 자(子)와 롱(弄), 자(子)와 공(公)으로 반절이 둘이다. 종(緵)은 뢰(罍 : 그물)이다. 고(罟)는 음이 고(古)이다. 역(罭)은 음이 역(域)이다. 낭(囊)은 내(乃)와 당(當)의 반절이다. 뢰(罍)는 력(力)과 회(回)의 반절이다. 리(嫠)는 글자를 또 리(釐)로도 쓰는데 력(力)과 기(其)의 반절이다. 『좌전』의 두예(杜預) 주에는 "과부(寡婦)를 리(嫠)라 한다"고 하였다. 구(笱)는 음이 구(狗)이다. 류(罶)는 력(力)과 구(九)의 반절이다. 『자서(字書)』에는 류(罶)로 되어 있다. 박(薄)은 보(步)와 각(各)의 반절이다. 조(罺)는 측(側)과 교(交)의 반절이다. 산(汕)은 소(所)와 간(諫)의 반절이다. 료(撩)에 대하여 곽박은 력(力)과 요(堯)의 반절로 취(取 : 잡다)의 뜻이고, 또는 력(力)과 조(弔)의 반절이라고 하였다. 심선(沈旋)은 력(力)과 도(到)의 반절이라고 하였다. 착(篧)에 대하여 곽박은 칠(七)과 각(角)의 반절, 또 착(捉)과 확(廓)의 두 가지 음이다고 하였다. 조(罩)는 척(陟)과 효(孝), 척(陟)과 각(角)으로 반절이 둘이다. 『자림』에는 "죽(竹)과 탁(卓)의 반절이다"고 하였다. 글자를 또 작(箺)으로도 쓴다. 포(捕)는 음이 보(步)이다. 삼(槮)에 대하여 심선은 상(桑)과 감(感)의 반절이라 하였고, 사교는 서(胥)와 침(寖)의 반절이라 하였고, 곽박은 상(霜)과 심(甚), 소(疏)와 음(廕)으로 반절이 둘이라고 하였다. 『이아』의 구문(舊文)과 모전(毛傳)은 모두 쌀 미(米)방으로 되어 있으며, 『소이아(小爾雅)』에는 나무 목(木)방으로 되어 있다. 그 글에 "고기가 쉬는 곳을 잠(橬)이라 한다. 잠(橬)은 삼(槮)인데, 물 속에 섶을 쌓아서 물고기가 거기에 산다"고 하였다. 곽박은 『소이아(小爾雅)』를 따라서 미(米)를 고쳐 목(木)으로 하였다. 『자림』에는 삼(罧)으로 썼는데, 산(山)과 심(沁)의 반절로 그 뜻은 같다. 잠(涔)에 대하여 곽박은 잠(岑)과 잠(潛)으로 음이 둘이라고 하였다. 『시경』에는 잠(潛)[62]자로 되어 있다. 『소이아』에는 잠(橬) 글자로 되어 있는데, 역시 음이 잠(潛) 또는 시(時)와 점(占)의 반절이다. 섶을 쌓는다는 뜻을 취함은 같다. 락(絡)은 음이 락(洛)이다. 토(兔)는 또 토(菟)로도 쓰나 음의가 같으며 토(土)와 고(故)의 반절이다. 저(罝)는 자(子)와 사(邪)의 반절이다. 『설문』에는 "자(子)와 여(余)의 반절이다"고 하였다. 차(遮)는 지(之)와 사(蛇)의 반절이다. 미(麋)는 망(亡)과 비(悲)의 반절이다. 모(罞)는 본에 따라 모(茅)로 되어 있으나 음의가 같으며 망(亡)과 포(包)의 반절, 또는 음이 몽(蒙)이다. 모(冒)는 막(莫)과 보(報)의 반절이다. 체(彘)는 직(直)과 례(例)의 반절이다. 란(纞)은 력(力)과 단(端)의 반절, 또는 막(莫)과 반(潘)의 반절인데, 본에 따라 민(罠)으로 되어 있으며 망(亡)과 건(巾)의 반절이다. 『자림』에는 "민(罠)은 조(釣 : 낚다)이다"고 하였다. 막(幕)은 음이 막(莫)이다. 고(罟)는 공(工)과 호(胡)의 반절이다. 벽

62) 潛 : 『詩經』「周頌」「潛」을 말한다. 毛傳은 "潛, 糝也"라 하였다.

(檗)에 대하여 곽박은 비(卑)와 멱(覓)의 반절이라 하였고, 손염은 방(芳)과 맥(麥)의 반절이라 하였으며, 혹은 피(彼)와 맥(麥)의 반절이라 하였다. 동(罿)은 창(昌)과 흉(凶)의 반절인데, 『자림』에는 상(上)과 흉(凶)의 반절이라 하였다. 철(罬)에 대하여 사교는 정(丁)과 열(劣)의 반절, 곽박은 강(姜)과 열(悅)의 반절, 혹은 구(九)와 열(劣)의 반절이라 하였다. 부(罦)는 부(浮)와 부(孚)로 음이 둘이다. 부(覆)는 음이 부(副), 또는 부(孚)와 복(福)의 반절이다. 차(車)는 척(尺)과 사(蛇)의 반절이다. 번(翻)은 부(孚)와 원(袁)의 반절이다. 견(罥)은 고(古)와 현(縣)의 반절, 또는 고(古)와 견(犬)의 반절이다. 『광아』에 "고(罟)이다"고 하였다. 해(解)는 고(古)와 매(買)의 반절이다.

爾雅疏 此別羅網之異名也. 罟, 罔也. 緵罟, 名九罭, 卽魚罔也. 嫠婦之笱, 取魚器也, 一名罶. 罺, 一名汕. 罩, 捕魚籠, 一名篧. 積柴水中取魚名槮, 又名涔. 鳥罔名羅, 兎罔名罝, 麋網名罞. 罞, 冒也, 言冒覆其頭也. 彘, 猪也. 其罔名羉, 羉, 幕也. 言幕絡其身也. 魚之大罔名罛. 翻車小罔捕鳥者名䍈也・罿也・罬也・罦也, 皆謂覆車也. 云"今之百囊罟是, 亦謂之䍡, 今江東呼爲緵"者, 以時驗而言也. 孫炎云:"九罭謂魚之所入有九囊也."『詩』「豳風」云:"九罭之魚, 鱒魴." 是也. 云"『毛詩』傳曰: 罶, 曲梁也"者, 「小雅」云:"魚麗于罶." 傳曰:"罶, 曲梁也." 是矣. 云"謂以薄爲魚笱"者, 孫炎云:"罶, 曲梁, 其功易, 故謂之寡婦之笱." 然則曲, 薄也; 嫠, 寡也. 以薄爲魚笱, 其功易, 號之寡婦之笱耳, 非寡婦所作也. 云"今之撩罟"者, 李巡云:"汕, 以薄汕魚也." 案『詩』「小雅」云:"南有嘉魚, 烝然[63]汕汕." 傳云:"樔也." 箋云:"樔, 今之撩罟也." 皆以今曉古. 云"捕魚籠也"者, 李巡云:"篧, 編細竹以爲罩, 捕魚也." 孫炎云:"今楚篧也." 然則罩以竹爲之, 無竹則以荊, 故謂之楚篧, 皆謂捕魚籠也. 『詩』「小雅」云:"南有嘉魚, 烝然罩罩." 是也. 云"今之作槮"者, 李巡曰:"今以木

63) 烝然: 鄭箋은 "烝, 塵也. 塵然, 猶言久如也"라 하였으며, 集傳은 "發語聲"이라 하였다.

投水中, 養魚曰涔." 孫炎云: "積柴養魚曰槮." 郭云: "今之作槮者, 聚積柴木於水中, 魚得寒, 入其裏藏隱, 因以薄圍捕取之." 『小爾雅』曰: "魚之所息謂之潛. 潛, 槮也. 積柴水中魚舍也." 『詩』「周頌」云: "潛有多魚." 是也. 槮·罧, 潛·涔, 古今字. 云"謂羅絡之"者, 李巡云: "鳥飛張網以羅之." 然則張網以羅絡飛鳥. 『詩』「王風」云: "雉離于羅." 是也. 云"罝猶遮也. 見『詩』." 「周南」云: "肅肅兎罝." 是也. 李巡云: "兎自作徑路, 張罝捕之也." 然則張網遮兎, 因名曰罝. "最大罟也. 今江東云"者, 李巡曰: "魚罟, 捕魚具也." 然則捕魚之具, 最大者名罛. 『詩』「衛風」云: "施罛濊濊." 是也. 云"今之翻車"者, 孫炎曰: "覆車網可以掩兎者也. 一物五名, 方言異也." 郭云: "今之翻車也. 有兩轅中施罥以捕鳥. 展轉相解, 廣異語." 『廣雅』云: "罥, 罟也." 案『詩』「王風」云: "雉離于罦." 又曰: "雉離于罿." 然則捕鳥之具也. 孫炎氏: "掩兎", 非也.

여기서는 그물의 다른 명칭들을 구별하였다. 고(罟)는 망(罔 : 그물)이다. 종고(緵罟)는 일명 구역(九罭)으로 곧 어망(魚網 : 고기 그물)이다. 이부지구(嫠婦之笱)는 고기를 잡는 기구로 일명 류(罶)이다. 조(罺)는 일명 산(汕)이다. 조(罩)는 고기를 잡는 바구니인데 일명 착(籗)이다. 물 속에 섶을 쌓아서 고기를 잡는 것을 삼(槮), 또는 잠(涔)이라고 한다. 새 잡는 그물을 라(羅), 토끼 잡는 그물을 저(罝), 사슴 잡는 그물을 모(罞)라고 한다. 모(罞)는 모(冒 : 덮다)로 머리 부분을 덮어씌우는 것을 말한다. 체(彘)는 저(猪 : 산돼지)이다. 체(彘)를 잡는 그물을 란(羉)이라 하는데, 란(羉)은 막(幕 : 장막치다)이다. 산돼지를 장막을 쳐서 얽음을 말하는 것이다. 물고기 잡는 큰 그물을 고(罛)라 한다. 번차(翻車)는 새 잡는 작은 그물로 벽(繴)·동(罿)·철(罬)·부(罦)라고 부르는데 모두 부차(覆車)라고 한다. 곽박이 "지금의 백낭고(百囊罟)가 이것인데, 역시 뢰(罍)라고 한다. 지금 강동에서는 종(緵)이라고 말한다"고 한 것은 당시의 증험으로 한 말이다. 손염은 "구역(九罭)은 고기가 들어가는 것에 9개의 주머니가 있다"고 하였다. 『시경』「빈풍(豳風)」「구역(九罭)」에 "구역 그물에 걸린 고기는 준치와 방어이다"고 한 것이 이것이다. 주에서 말한『모시』전의 "유, 곡량야(罶, 曲梁也)"는「소아」「어리(魚麗)」에 "그물에 고기가 걸렸다"고 하였는데, 그 전에 "류(罶)는 곡량(曲梁)이다"고 한 것이 이것이다. 주에서 "위이박위어구(謂以薄爲魚笱)"라 한 것에 대하여 손염은 "류(罶)는 곡량(曲梁)인데, 그 일이 쉬우므로 과부의 구(笱)라 한다"고 하였다. 그렇다면 곡(曲)은 박(薄)이며, 리(嫠)는 과(寡)이다. 박(薄 : 발)으로 만든 통발은 그 효과가 용이하여 '과부의 통발'이라고 부른 것일 뿐이지 과부가 만든 것은 아니다. "금지료고(今之撩罟)"라 한 것에 대하여 이순은 "산(汕)은 박(薄)으로 물고기를 잡는 것이다"고 하였다. 살피건대,『시경』「소아」「남유가어(南有嘉魚)」에 "남쪽에 맛있는 물고기가 있어, 오래도록 잡는다"라 하였는데, 모전에 "산산(汕汕)은 소(樔)이다"고 하였으며, 정전에는 "소(樔)는 지금의 요고(撩罟)이다"고 하였으니, 모두 지금의 것으로 옛 것을 밝힌 것이다. "포어롱야(捕魚籠也)"고 한 것에 대하여 이순은 "착(篧)은 가는 대나무를 엮어서 조(罩)를 만든 것으로 고기를 잡는 것이다"고 하였으며, 손염은 "지금의 초착(楚篧)이다"고 하였다. 그렇다면 조(罩)는 대나무로 만들고, 대나무가 없으면 가시나무로 만든다. 그러므로 초착(楚篧)이라고 하는데, 모두 고기 잡는 바구니를 말한다.『시경』「소아」「남유가어(南有嘉魚)」에 "남유가어, 증연조조(南有嘉魚, 烝然罩罩)"라 한 것이 이것이다. "금지작삼(今之作槮)"이라 한 것에 대하여 이순은 "지금 물 속에 섶을 넣어서 고기를 기르는 것을 잠(涔)이라 한다"고 하였고, 손염은 "섶을 쌓아서 고기를 기르는 것을 삼(槮)이라 한다"고 하였고, 곽박은 "지금 삼(槮)이라고 하는 것은, 물 속에 나무를 모아서 쌓아두면 고기가 추위 탈 때 그 속으로 들어가서 숨는데 그 틈을 티 박(薄)으로 에워싸서 잡는 것이다"고 하였다.『소이아』에는 "고기가 쉬는 곳을 잠(潛)이라 한다. 잠(潛)은 삼(槮)이다. 물 속에 섶을 쌓아서 고기가 거기에 산다"고 하였다.『시경』「주송(周頌)」「잠(潛)」에 "잠에 고기가 많다"라 한 것이 이것이다. 삼(槮)·삼(罧), 잠(潛)·잠(涔)은 고금자(古今字)이다. 주에서 말한 "위라락지(謂羅絡之)"에 대하여 이순은 "새가 날 때 그물을 쳐서 잡는다"고 하였다. 그렇다면 그물을 쳐서 나는 새를 잡는 것이다. 『시경』 「왕풍」 「토원(兎爰)」에 "꿩이 그물에 걸렸다"라 한 것이 이것이다. "저유차야. 현『시』(罝猶遮也. 見『詩』)"라 한 것은 「주남」 「토저(兎罝)」에 "조심스레 토끼 그물 치도다"라 한 것이 이것이다. 이순은 "토끼는 스스로 길을 만드는데 그물을 쳐서 잡는다"고 하였다. 그렇다면 그물을 쳐서 토끼 길을 막으므로 명칭을 저(罝)라고 한다. "최대고야. 금강동운(最大罟也. 今江東云)"이라고 한 것에 대하여 이순은 "어고(魚罟)는 고기 잡는 도구이다"라고 하였다. 그렇다면 고기 잡는 도구에서 가장 큰 것이 고(罛)이다. 『시경』 「위풍」 「석인(碩人)」에 "물 속에 그물을 친다"라 한 것이 이것이다. "금지번차(今之翻車)"라 한 것에 대하여 손염은 "부차망(覆車網 : 수레 앞 끌채 사이에 친 그물)은 토끼를 덮칠 수 있는 것이다. 하나의 물건에 다섯 가지 명칭이 있는데 지방마다 말이 달라서이다"라고 하였다. 곽박은 "지금의 번차(翻車)이다. 수레의 양쪽 끌채 사이에 그물을 설치하여 새를 잡는 것이다. 돌아가면서 서로 풀이하여 다른 말을 널리 풀이하였다"고 하였다. 『광아』에 "견(罥)은 고(罟)이다"고 하였다. 살피건대, 『시경』 「왕풍」 「토원(兎爰)」에 "꿩이 새 잡는 그물[罦]에 걸렸다"라 하였으며, 또 "꿩이 새 잡는 그물[罿]에 걸렸다"라 하였다. 그렇다면 새를 잡는 도구이니, 손염이 "토끼를 덮치는 것이다"고 한 것은 잘못이다.

經文 絇謂之救.

구(絇)를 구(救 : 덫의 일종, 또는 신발코 장식)라고 한다.

爾雅注 救[64]絲以爲絇. 或曰亦罥名.

실을 엮어서 구(絇)를 만드는 것이다. 혹자는 "역시 견(罥)의 명칭이다"고 하였다.

爾雅音義 絇, 謝其俱反, 孫九遇反, 施苦侯反.

구(絇)에 대하여 사교는 기(其)와 구(俱)의 반절이라 하였고, 손염은 구(九)와 우(遇)의 반절이라 하였고, 시건은 고(苦)와 후(侯)의 반절이라 하였다.

爾雅疏 郭氏兩解 : 一云救絲以爲絇. 絇, 屨頭飾也. 「士冠禮」曰 : "玄端, 黑履, 青絇." 鄭注云 : "絇之言拘也. 以爲行戒. 狀如刀衣, 鼻在履頭." 是也. 或曰 : "絇, 屨屬." 『小爾雅』曰 : "舄而今絇也." 一云亦罥名者, 言此經絇亦罥罟之別名也. 義疑, 故兩存焉.

곽박은 두 가지로 풀이하였다. 하나는 "실을 엮어서 구(絇)를 만드는 것이다"고 하였으니, 구(絇)는 신발코 장식이다. 『의례』 「사관례(士冠禮)」에 "현단(玄端 : 검은 빛의 예복) · 흑리(黑履 : 검은 신발) · 청구(青絇 : 신코를 청색의 끈으로 장식하는 것)이다"고 하였다. 정현은 "구(絇)는 구(拘 : 구속하다)이다. 행계(行戒)[65]로 삼는다. 모습이 도의(刀衣)[66]와 같아 코가 신발 머리에 있다"고 한 것이 이것이다. 어떤 사람은 "구(絇)는 신의 일종이다"고 하였다. 『소이

---

64) 救 : 『爾雅義疏』에 "救之言, 糾也. 糾繚斂聚之義"라고 하여, '얽어매다'로 풀이하였다.
65) 行戒 : 걸어다닐 때 조심하며 경계하는 일.
66) 刀衣 : 칼집. 胡培翬의 『儀禮正義』에 "絇者, 屨飾. 在屨頭上. 其狀如漢時刀衣, 鼻有孔, 得穿繫於中. 其義則取於拘. 拘止足, 以爲行戒也"라 하였다.

아』에 "석(舄)으로서 지금의 구(絇)다"고 하였다. 하나는 "역시 견(罥)의 명칭이다"고 한 것은 이 경(經 : 爾雅)에서 구(絇)는 역시 견고(罥罟)의 별명이라고 한 것을 말한다. 의미가 의심스럽기 때문에 두 가지를 제시한 것이다.

經文 律謂之分.

율(律)을 분(分 : 十二律)이라 한다.

爾雅注 律管可以分氣.

율관(律管)[67]으로 12달의 기후(氣候)를 분류할 수 있다.

爾雅音義 分, 音粉.

분(分)은 음이 분(粉)이다.

爾雅疏 律一名分. 鄭注「月令」云 : "律, 候氣之管也. 以銅爲之." 「律歷志」云 : "黃帝使伶倫氏自大夏之西·崑崙之陰, 取竹之解谷, 斷兩節間而吹之, 以爲黃鐘之宮, 制十二筩, 以聽鳳凰之鳴." 其雄鳴則爲六

---

67) 律管 : 律呂를 정하는 기본이 되는 管. 律呂는 十二律이라 하는데 六律(陽律)과 六呂(音律)로 나누어진다. 六律은 黃鐘·太簇·姑洗·蕤賓·夷則·無射이다. 六呂는 大呂·夾鐘·仲呂·林鐘·南呂·應鐘이다. 十二律은 제각각 管의 길이가 다른데 가장 긴 것이 黃鐘으로 九寸이다.

律, 雌鳴則爲六呂. 陽管爲律, 律, 法也, 言陽氣與陰氣爲法. 鄭云 : "律, 述也, 述氣之管, 陰管爲呂. 「律歷志」云 : '呂, 助也.' 言助陽宣氣." 又云 : "呂, 拒也. 言與陽相承, 更迭而至." 又陰律稱同, 言與陽同也. 總而言之, 陰·陽皆稱律. 故「月令」十二月皆云"律中" 是也. 以其分候十二月氣, 故又名分. 郭云 : "律管可以分氣." 是也.

율(律)은 일명 분(分)이라 한다. 정현의 『예기』「월령」 주석에 "율(律)은 기운을 살피는 관(管)이다. 동(銅)으로 만든다"고 하였다. 『한서』「율력지」에 "황제(黃帝)가 영윤씨(伶倫氏)로 하여금 대하(大夏)[68]의 서쪽, 곤륜의 북쪽에서 해곡(解谷)의 대나무를 구해다가 양쪽 마디를 제거해 불게 하여 황종(黃鐘)의 궁(宮)을 만들고, 12개의 통(筩)을 만들어 봉황(鳳凰)의 소리를 듣고자 하였다. 그 웅명(雄鳴 : 수컷의 울림)은 육률(六律)이고 그 자명(雌鳴 : 암컷의 울림)은 육려(六呂)이다"고 하였다. 양관(陽管)은 율(律)이니, 율은 법칙(法則)이다. 양기가 음기와 법이 됨을 말하는 것이다. 정현은 "율(律)은 술(述 : 따르다)이다. 절기를 따르는 관(管)으로 음관(陰管)이 려(呂)이다. 「율력지」에는 '여(呂)는 조(助 : 돕다)이다' 하였는데, 양을 도와 기(氣)를 펼치는 것을 말한다"고 하였다. 또 "여(呂)는 거(拒 : 막다)이다. 양(陽)과 서로 잇고, 교대하여 이르는 것을 말한다"고 하였다. 또 음(陰)과 율(律)을 함께 칭하였는데, 양(陽)과도 함께 칭한다. 총체적으로 말하자면 음양(陰陽) 을 모두 율(律)이라 부른다. 그러므로 「월령」 12달을 모두 "율중(律中)"[69]이라 한 것이 이것이다. 기후를 12달의 기운으로 분류하므로 또한 분(分)이라고 하는 것이다. 곽박이 "율관(律管)으로 기후(氣候)를 분류할 수 있다"고 한 것이 이것이다.

---

68) 大夏 : 國名. 西戎에 속한다.
69) 律中 : 律이 맞음. 예를 들면 "孟春之月, 律中太蔟. 仲春之月, 律中夾鐘. 季春之月, 律中姑洗. 孟夏之月, 律中中呂. 仲夏之月, 律中蕤賓. 季夏之月, 律中林鐘. 季秋之月, 律中無射" 등으로, '孟春에는 律이 太蔟에 맞는다'고 각 달마다 '律中'이라 하여 十二律에 맞음을 나타낸 것을 말한다.

經文 大版謂之業.

대판(大版)을 업(業 : 큰 널빤지, 또는 악기를 거는 널빤지 틀, 〈그림 1〉)이라 한다.

▲〈그림 1〉 大版謂之業

爾雅注 築牆版也.

담을 쌓는 널빤지다.

經文 繩之謂之縮之.

승지(繩之)를 축지(縮之 : 새끼줄로 널빤지를 묶는 것)라고 한다.

爾雅注 縮者, 約束之. 『詩』曰 : "縮版以載."

축(縮)은 묶는 것이다. 『시경』에서 "널빤지를 묶어 위아래를 맞춘다"[70]고 하였다.

70) 널빤지를 …… 맞춘다 : 정전의 "以索縮其築版, 上下相承而起"를 따랐다.

爾雅音義 版, 布綰反. 繩, 音乘. 縮, 所六反.

판(版)은 포(布)와 관(綰)의 반절이다. 승(繩)은 음이 승(乘)이다. 축(縮)은 소(所)와 육(六)의 반절이다.

爾雅疏 此解『詩』云 : "縮版以載"也. 大版名業, 以繩束版謂之縮. 注"築牆版也", 孫炎曰 : "業所以飾栒, 刻板捷業如鋸齒也." 『毛詩』傳云 : "業, 大版也. 所以飾栒爲縣也, 捷業如鋸齒. 或曰畫之." 然則業者, 是樂縣之飾. 郭必以爲築牆版者, 以此文與"縮之"相連. 『詩』云 : "縮版以載." 作者以類相從. 縮旣築牆所用之繩, 則業是築牆之版明矣. 散而言之, 則業亦樂縣之飾. 故『詩』「大雅」云 : "虡業維樅." 「周頌」云 : "設業設虡." 而毛鄭皆以爲大版, 所以飾栒爲縣也. 云"縮者", 孫炎云 : "繩束築版謂之縮." 然則縮者, 束物之名, 用繩束版, 故謂之縮. 復言縮之, 明用繩束之也. 故云"縮者, 約束之." 云"『詩』曰 : 縮版以載"者, 「大雅」「緜」篇文也.

이 대목은 『시경』의 "축판이재(縮版以載)"를 풀이하였다. 대판(大版)을 업(業)이라 하고 줄로 널빤지를 묶는 것을 축(縮)이라 한다. 주에서 말한 "축장판야(築牆版也)"에 대하여 손염은 "업(業)은 순(栒)[71]을 장식하는 것으로 톱이빨 모양처럼 들쭉날쭉하게 판에 새긴 것이다"고 하였다. 모전은 "업은 큰 널빤지이다. 순(栒)을 장식하여 걸은 것이다. 첩업(捷業)은 톱 이빨과 같은 모양이다. 혹은 그림을 그리기도 한다"[72]고 하였다. 그렇다면 업(業)은 악기를 매다는 장식이다. 곽박은 반드시 담을 쌓는 널빤지라 여긴 것은 이

71) 栒 : 鐘磬을 걸어두는 橫木을 栒, 栒 위에 널빤지를 얹고 톱 모양으로 새겨서 장식한 것을 業이라 한다. 虡는 종경을 매달기 위해 세로로 세운 널빤지이고 捷業은 톱이빨 모양으로 들쭉날쭉하게 생긴 모양을 말한다. 樅은 崇牙라고 하는데 鐘磬을 거는 곳이다.

72)業은 …… 한다 : 「周頌」「有瞽」의 "設業設虡"를 모전에 주석한 부분이다.

문장이 "축지(縮之)"와 서로 이어졌기 때문이다. 『시경』「대아」「면(緜)」에서 "축판이재(縮版以載)"라 할 때 시의 작자(作者)가 같은 종류로써 서로 따르게 한 것이다. 축(縮)이 담을 쌓을 때 사용되는 줄이라면, 업(業)은 담을 쌓을 때의 널빤지가 분명하다. 일반적으로 말한다면 업(業)은 역시 악기를 매단 장식이다. 그러므로 『시경』「대아」「영대(靈臺)」에서 "거(虡)와 업(業)을 종(樅[73])에 건다"고 하였다. 「주송」「유고(有瞽)」에서 "업을 설치하고 거를 설치한다"고 하였다. 모전과 정전은 업(業)을 큰 널빤지라 하였으니, 순(栒)을 장식하기 위해 매단 것이다. 주에서 "축자(縮者)"라 한 것에 대하여 손염은 "줄로 묶어 널빤지를 다지는 것을 축(縮)이다"고 하였다. 그렇다면 축(縮)은 물건을 묶는 명칭으로, 줄로 널빤지를 묶기 때문에 축(縮)이라 한다. 다시 축지(縮之)라 한 것은 줄을 사용해서 묶음을 밝힌 것이다. 그러므로 곽박이 "축(縮)은 묶는 것이다"고 하였다. 주에서 말한 『시경』의 "축판이재(縮版以載)"는 「대아」「면(緜)」편의 글이다.

經文 彝·卣·罍, 器也.

이(彝)·유(卣)·뢰(罍)는 기(器 : 술 그릇)이다.

爾雅注 皆盛酒尊, 彝其揔名.

모두 술을 담는 동이로, 이(彝)는 총체적인 명칭이다.

---

73) 樅 : 業위에 있는 鐘磬을 거는 곳이다. 崇牙라고도 한다.

經文 小罍謂之坎.

소뢰(小罍)를 감(坎 : 술병)이라 한다.

爾雅注 罍形似壺, 大者受一斛.

뢰(罍)는 형태가 호(壺)와 비슷하며 큰 것은 일곡(一斛)[74]이 들어간다.

爾雅音義 卣, 由酉二音, 下同. 罍, 音雷. 盛, 音成. 尊, 本又作罇, 酒器也. 又作樽, 同. 案曹獻文字指歸檢字, 無此從缶從木者. 『說文』云 : "字從酋寸, 酒官法度也. 今之尊卑從此得名. 故尊亦爲君父之稱."[75] 揔, 尊董反. 坎, 口感反. 斛, 呼卜反.

유(卣)는 유(由)와 유(酉)로 음이 둘이고 이하 같다. 뢰(罍)는 음이 뢰(雷)이다. 성(盛)은 음이 성(成)이다. 준(尊)은 본에 따라 준(罇)이라 되어 있는데 주기(酒器 : 술 그릇)이다. 또 준(樽)으로도 쓰는데 음의가 같다. 살피건대, 조헌(曹獻)[76]의 『문자지귀(文字指歸)』에서 글자를 검토하여도 이것이 부(缶)를 따르고 목(木)을 따르는 글자가 없다. 『설문』에는 "글자는 추(酋 : 오래된 술)와 촌(寸 : 손)을 따르며, 주관(酒官)에 법도가 있는 것이다.[77] 지금의 존비(尊

74) 斛 : 용량의 단위로 十斗이다.

75) 『說文』云 …… 君父之稱 : 『설문』의 '尊'에는 "从酋寸"만 있고, 그 이하는 보이지 않는다. 그 이하 설명은 『說文詁林』「惠記」에 보충되어 있다.

76) 曹獻 : 당(唐) 조헌(曹憲)의 잘못으로 보인다. 조헌은 『文字指歸』·『爾雅音義』·『博雅』 등의 한자서를 저술하였다. 태종(太宗)때 홍문관학사(弘文館學士)로 불려졌으나 나아가지 않았다.

77) 酒官에 …… 것이다 : 周禮에 六尊이 있는데, 犧尊 · 象尊 · 著尊 · 壺尊 · 太尊 · 山

卑)는 이 글자에서 명칭을 얻은 것이다. 그러므로 존(尊)역시 군부(君父)의 호칭이 되었다"고 하였다. 총(揔)은 준(尊)과 동(董)의 반절이다. 감(坎)은 구(口)와 감(感)의 반절이다. 곡(斛)은 호(呼)와 복(卜)의 반절이다.

爾雅疏 別酒尊大小之異名也. 彝其揔名. 彝者, 法也, 與諸尊爲法. 「司尊彝」云: "雞彝·鳥彝·斝彝·黃彝·虎彝·蜼彝." 是也. 卣者, 下云"卣, 中尊也." 孫炎云: "尊彝爲上, 罍爲下, 卣居中." 郭云: "不大不小者", 是在罍彝之間. 卽『周禮』犧象壺著太山等六尊. 是也. 罍者, 尊之大者也. 卽『周禮』「司尊彝」云: "皆有罍, 諸臣之所酢." 是也. 案『禮圖』云: "六彝爲上, 受三斗. 六尊爲中, 受五斗. 六罍爲下, 受一斛." "故[78]『異義』「罍制」: 『韓詩』說, '金罍, 大夫器也. 天子以玉, 諸侯·大夫皆以金, 士以梓.' 『毛詩』說, '金罍, 酒器也. 諸臣之所酢. 人君以黃金飾, 尊大一碩, 金飾龜目, 蓋刻爲雲雷之象.' 謹案: 『韓詩』說'天子以玉', 經無明文. 謂之罍者, 取象雲雷博施, 如人君下及諸臣. 又「司尊彝」云: '皆有罍, 諸臣之所酢.' 注云[79]'罍亦刻而畫之, 爲山雲之形', 言刻畫則用木矣, 故『禮圖』依制度云: '刻木爲之.' 韓說言'士以梓', 士無飾, 言其木體, 則以上同用梓而加飾耳. 『毛詩』言'大一碩' 『禮圖』亦云'大一斛', 則大小之制, 尊卑同也. 雖尊卑飾異, 皆得畫雲雷之形, 以其云罍取於雲雷故也. 是彝·卣·罍三者皆爲盛酒器也. 其罍之小者, 別名坎.

술잔의 대소에 따른 다른 명칭을 구별하였다. 리(彝)는 총체적인 명칭이

尊이 그것이다(『說文』「尊」).

78) 故: 故부터 끝까지는 「周南」「卷耳」의 "我姑酌彼金罍"에 대한 孔穎達의 疏를 邢昺이 인용한 것이다.

79) 注云: 『周禮』「司尊彝」의 鄭玄 注에는 "山罍, 亦刻而畫之, 爲山雲之形"이라 하여, '山罍'로 되어 있다. 그리고 『經典釋文』 毛詩音義의 「卷耳」에서 '罍'자에 대한 설명은 "罍, 盧回反, 酒罇也. 『韓詩』云: '天子以玉飾. 諸侯大夫, 皆以黃金飾. 士以梓.' 『禮記』云: '夏曰山罍.' 其形似壺, 容一斛. 刻而畫之, 爲雲罍之形"이라 하였다.

다. 리(彝)는 법(法)이라는 뜻인데, 여러 술잔의 표준이 된다. 『주례』 「춘관」 「사준이(司尊彝)」에 "계이(雞彝) · 조이(鳥彝) · 가이(斝彝) · 황이(黃彝) · 호이(虎彝) · 유이(蜼彝)"라 한 것이 이것이다. 유(卣)는 아래 글에서 "유(卣)는 중간 크기의 준(尊)이다"고 하였는데, 손염은 "준(尊)은 이(彝)가 상급, 뢰(罍)가 하급, 유(卣)가 중급이다"고 하였다.[80] 곽박이 "크지도 작지도 않다"고 한 것은 이것이 뢰(罍)와 이(彝)의 중간에 있기 때문이다. 즉 『주례』에 희(犧) · 상(象) · 호(壺) · 착(著) · 태(太) · 산(山) 등을 육준(六尊)이라 한 것이 이것이다. 뢰(罍)는 준(尊) 가운데 큰 것이다. 즉 『주례』 「춘관」 「사준이」에서 "모두 뢰(罍)가 있는데 여러 신하가 따르는 것이다"고 한 것이 이것이다. 살피건대, 『예도』에는 "육이(六彝)는 상급으로 세 말을 담고, 육준(六尊)은 중급으로 다섯 말을 담고, 육뢰(六罍)는 하급으로 일곡(一斛)을 담는다"고 하였다. "그러므로 『이의(異義)』 「뢰제(罍制)」[81]에 다음과 같이 말하였다. 『한시』에 '금뢰(金罍)는, 대부(大夫)의 주기(酒器)이다. 천자는 옥으로, 제후와 대부는 금으로, 사(士)는 재(梓 : 가래 나무)로 한다'고 하였다. 『모시』는 '금뢰는 주기이다. 여러 신하가 따르는 것이다. 임금은 황금으로 장식하고 준(尊)이 큰 것은 일석(一碩[82])을 담고, 금으로 거북이 눈처럼 생긴 모양을 장식하며, 대개 구름과 번개의 형상을 새긴다'"고 하였다. 삼가 살피건대, 『한시』에서 '천자는 옥으로 장식한다'고 하였으나 경전에는 분명한 글이 없다. 뢰(罍)라고 말한 것은 구름과 번개가 널리 퍼지는 형상을 취했는데, 임금의 은혜가 여러 신하에 미치는 것과 같다는 것이다. 또 「사준이」에 '모두 뢰가 있는데 여러 신하가 따르는 것이다'고 하였다. 주석에 '뢰(罍) 역시 새겨 그렸는데, 산과 구름의 형태를 만들었다'고 하였는데, 새겨 그린 것은 나무를 사용하였음을 말한다. 그러므로 『예도』는 제도(制度)에 의거하여

---

80) 『左傳』 僖公 28년의 "秬鬯一卣"에 대한 손염의 주석이다.

81) 『異義』 「罍制」 : 書名. 여러 가지 器物에 대해 설명한 책으로 여겨지나 자세한 것은 未詳이다.

82) 一碩 : 十斗. 碩은 石과 通하는데 一石은 十斗이다.

'나무에 새겨 만든다'고 한 것이다. 『한시』에서 '사는 재(梓)로 만든다'고 하였는데, 사는 장식이 없으니, 그 나무로 되었음을 말하면 사(士) 이상도 똑같이 재(梓)를 사용하되 꾸밈을 가했을 뿐이다. 『모시』에서는 '크기가 일석(一碩)이다'고 하였고, 『예도』 역시 '크기가 일곡(一斛)이다'고 하였으나, 대소의 체제는 존비(尊卑)가 같은 것이다. 비록 신분의 존비에서 장식을 달리하나 모두 구름과 번개의 형상을 새긴 것은 뢰(罍)가 구름과 번개에서 형상을 취했기 때문이라고 하였다. 이(彝)・유(卣)・뢰(罍) 세 가지는 모두 술을 담는 그릇이다. 뢰(罍) 가운데 작은 것의 별명(別名)이 감(坎)이다.

經文 衣裗謂之䘸.

옷의 류(裗)를 예(䘸 : 옷깃)라 한다.

爾雅注 衣縷也. 齊人謂之攣. 或曰袿, 衣之飾.

의루(衣縷)이다. 제인(齊人)은 연(攣)이라 한다. 혹은 규(袿)라고도 하는데 옷의 장식이다.

經文 黼領謂之襮.

보령(黼領)을 박(襮 : 黼文[83]으로 장식한 옷깃)이라 한다.

爾雅注 繡刺黼文以褗領.

언령(褗領 : 옷깃)을 보문으로 자수한 것이다.

經文 緣謂之純.

연(緣)을 준(純 : 가선)이라 한다.

爾雅注 衣緣飾也.

웃옷의 가선을 장식한 것이다.

經文 袕謂之褮.

술(袕)을 형(褮 : 웃옷에 구멍난 것)이라 한다.

爾雅注 衣開孔也.

83) 黼文 : 자루가 없는 도끼 문양.

옷옷에 난 구멍이다.

經文 衣眥謂之襟.

옷의 자(眥)를 금(襟 : 옷깃)이라 한다.

爾雅注 交領.

교령(交領 : 교차되는 옷깃)이다.

經文 衱謂之裾.

겁(衱)을 거(裾 : 뒤에 매는 옷자락)라고 한다.

爾雅注 衣後襟也.

뒤에 매는 옷자락이다.

經文 衿謂之袸.

금(衿)을 존(袸 : 상의의 작은 띠)라 한다.

爾雅注 衣小帶.

상의의 작은 띠이다.

經文 佩衿謂之褑.

패금(佩衿)을 원(褑 : 패옥의 띠)이라 한다.

爾雅注 佩玉之帶上屬.

패옥의 띠로, 위로 올려서 맨다.

經文 執衽謂之袺.

집임(執衽)을 결(袺 : 옷깃을 잡는 것)이라 한다.

爾雅注 持衣上衽.

웃옷의 옷깃을 잡는 것이다.

經文 扱衽謂之襭.

삽임(扱衽)을 힐(襭 : 옷깃을 넣는 것)이라 한다.

爾雅注 扱衣上衽於帶.

허리띠에 웃옷 옷깃을 끼워 넣는 것이다.

經文 衣蔽前謂之襜.

옷의 폐전(蔽前 : 옷 앞가리개)을 첨(襜 : 무릎 가리개)이라 한다.

爾雅注 今蔽膝也.

지금의 폐슬(蔽膝 : 무릎가리개)이다.

經文 婦人之褘謂之縭. 縭, 緌也.

부인(婦人)의 위(褘)를 리(縭 : 향주머니)라 한다. 리(縭)는 유(緌 : 매다)이다.

爾雅注 卽今之香纓也. 邪交落帶, 繫於體, 因名爲褘. 緌, 繫也.

즉 지금의 향영(香纓 : 향주머니)이다. 비스듬히 교차해서 허리띠까지 늘어뜨려 몸에 묶는 것이므로 위(褘)라 부른다. 유(緌)는 계(繫)이다.

經文 裳削幅謂之纀.

치마에 폭을 줄인 것을 복(纀 : 폭을 줄인 것)이라 한다.

爾雅注 削殺其幅, 深衣之裳.

그 폭을 줄인 것은 심의(深衣)의 치마이다.

爾雅音義 旒, 力求反, 本又作流. 覫, 五兮反, 又五啓反, 又五結反, 俱謂旒也. 縷, 又作樓, 洛侯反, 攣, 力專反. 袿, 音圭, 重繒爲飾. 飾, 音式. 黼, 音甫. 襮, 音博, 又方沃反. 刺, 七亦反. 褗, 音偃. 又作偃, 衣領也. 緣, 悅絹反, 注同. 純, 之閏反, 又章允反. 衱, 胡決反, 一音衕. 袋, 胡扃反, 又於營反. 眥, 才細反, 又子移反. 衱, 居怯反. 裾, 郭居渠二音. 衿, 又音紟, 郭同, 今鉗二音, 顧渠鳩渠金二反. 袸, 郭辭見反, 孫音荐, 謝徂悶反. 褑, 于眷反, 『埤蒼』云:“佩紟也.” 屬, 音燭, 後注同. 上, 持掌反. 執, 至入反. 衽, 而甚反. 杜預云:“裳際.” 袺, 音結, 郭居黠反. 扱, 楚洽反. 襭, 胡結反. 『廣雅』云:“懷也.” 蔽, 必袂反. 襜, 『方言』作裧, 郭同, 昌占反. 膝, 音悉. 褘, 本或作徽, 同, 暉韋二音. 縭, 本或作褵, 同, 力知反. 緌, 汝誰反. 邪, 字亦作衺, 似嗟反. 削, 息略反. 幅, 甫服反. 纀, 音卜. 殺, 所例反, 又色戒反.

류(旒)는 력(力)과 구(求)의 반절이며 본에 따라 류(流)로 되어 있다. 예(䄬)는 오(五)와 혜(兮)의 반절, 또는 오(五)와 계(啓)의 반절, 또는 오(五)와 결(結)의 반절로 모두 류(旒)를 말한다. 루(縷)는 루(樓)로도 쓰는데 락(洛)과 후(侯)의 반절이다. 련(攣)은 력(力)과 전(專)의 반절이다. 규(袿)는 음이 규(圭)로 비단을 겹겹이 하여 꾸민다. 식(飾)은 음이 식(式)이다. 보(黼)는 음이 보(甫)이다. 박(襮)은 음이 박(博)이고 또 방(方)과 옥(沃)의 반절이다. 척(刺)은 칠(七)과 역(亦)의 반절이다. 언(褗)은 음이 언(偃)이다. 또 언(偃)으로도 쓰는데 옷깃이다. 연(緣)은 열(悅)과 견(絹)의 반절인데 주(注)에서도 같다. 준(純)은 지(之)와 윤(閏)의 반절, 또 장(章)과 윤(允)의 반절이다. 혈(袕)은 호(胡)와 결(決)의 반절인데, 일음(一音)은 술(術)이다. 형(褮)은 호(胡)와 경(扃)의 반절, 또 어(於)와 영(營)의 반절이다. 자(眥)는 재(才)와 세(細)의 반절, 또는 자(子)와 이(移)의 반절이다. 겁(衱)은 거(居)와 겁(怯)의 반절이다. 거(裾)는 곽박은 거(居)와 거(渠)로 음이 둘이라고 하였다. 금(衿)은 또 음이 금(紟)인데 곽박과 같으며, 금(今) 감(鉗)으로 음이 둘인데, 고야왕은 거(渠)와 구(鳩), 거(渠)와 금(金)으로 반절이 둘이라 하였다. 존(袸)은 곽박은 사(辭)와 견(見)의 반절, 손염은 음이 천(荐), 사교는 조(徂)와 민(悶)의 반절이라 하였다. 원(褑)은 우(于)와 권(眷)의 반절, 『비창』에는 “패교(佩紟 : 패옥 끈)이다”고 하였다. 촉(屬)은 음이 촉(燭)으로 뒤의 주도 같다. 상(上)은 지(持)와 장(掌)의 반절이다. 집

(執)은 지(至)와 입(入)의 반절이다. 임(衽)은 이(而)와 심(甚)의 반절인데, 두예는 상제(裳際 : 치마 가장자리)라 하였다. 결(袺)은 음이 결(結)인데 곽박은 거(居)과 힐(黠)의 반절이라 하였다. 삽(扱)은 초(楚)와 흡(洽)의 반절이다. 힐(襭)은 호(胡)와 결(結)의 반절인데, 『광아』에 "회(懷 : 품다)이다"고 하였다. 폐(蔽)는 필(必)과 메(袂)의 반절이다. 첨(襜)은 『방언』에 "염(袡 : 가선)이다"고 하였는데 곽박과 같으며 창(昌)과 점(占)의 반절이다. 슬(膝)은 음이 실(悉)이다. 위(褘)는 본에 따라 휘(徽)로 되어 있는데 음의가 같으며, 휘(暉)와 위(韋)로 음이 둘이다. 리(縭)는 본에 따라 리(褵)로 되어 있는데 음의가 같으며, 력(力)과 지(知)의 반절이다. 유(緌)는 여(汝)와 수(誰)의 반절, 사(邪)는 글자를 또 사(衺)로도 쓰는데 사(似)와 차(嗟)의 반절이다. 삭(削)은 식(息)과 략(略)의 반절이다. 폭(幅)은 보(甫)와 복(服)의 반절이다. 복(纀)은 음이 복(卜)이다. 쇄(殺)는 소(所)와 례(例)의 반절, 또는 색(色)과 계(戒)의 반절이다.

爾雅疏 此別衣服之異名也. 云衣者目之也. 裗一名㲉. 刺繡黼文于衣領名襮. 衣之緣飾名純. 『禮記』「深衣」云 : "衣純以績, 衣純以青"之類, 是也. 衸, 衣開孔也, 名褮. 『說文』云 : "鬼衣也." 衣眥, 名襟, 謂交領也. 『方言』云 : "衿謂之交." 是也. 袚一名裾, 卽衣後裾也. 衿, 衣小帶也, 一名袸. 「士昏禮」曰 : "施衿結帨." 是也. 佩玉之帶名褑. 衽, 裳際也. 手執持其衽名袺. 扱衽於帶名襭. 『詩』「周南」云 : "薄言袺之"·"薄言襭之." 是也. 衣之蔽前者名襜. 婦人之香纓名褘, 又謂之縭. 縭, 緌也. 緌猶繫也, 取繫屬之義. 衣下曰裳. 削, 殺也. 裳削殺其幅者名纀, 謂深衣之裳也. 云"衣褸"者, 此郭氏兩解 : 一云"衣褸也." 本或作褸(音婁). 『方言』云 : "褸謂之衽, 又謂之袩(子狹切)." 彼注云 : "卽衣衿也." 云"齊人謂之攣"者, 以目驗而言也. 一云"或曰袿, 衣之飾"者, 『釋名』曰 : "婦人上服曰袿." 『廣雅』云 : "袿, 長襦也." 言飾者, 蓋以繒爲緣飾耳. 注"繡刺黼文以褗領"者, 『詩』「唐風」云 : "素衣朱襮." 毛傳云 : "襮, 領也. 諸侯繡黼, 丹朱中衣." 毛言繡黼者, 謂於繒之上繡刺以爲黼, 非訓繡爲黼. 郭氏取毛爲說也. 注"今蔽膝”者, 『方言』云: “蔽都, 江淮南楚之間謂之禕, 或謂之袚(音弗), 魏宋南楚之間謂之大巾, 自關東西謂之蔽都, 齊魯之郊謂之袡(昌詹切).” 襦又名韠. 『禮記』「玉藻」云: “韠: 君朱, 大夫素, 士爵韋; 圜, 殺, 直, 天子直, 公侯前後方, 大夫前方, 後挫角, 士前後正. 韠下廣二尺, 上廣一尺, 長三尺, 其頸五寸, 肩, 革帶博二寸.” 是也. 孫炎云: “禕, 帨巾也.” 郭云: “卽今之香纓也. 邪交落帶繫於體, 因名爲禕. 緌, 繫也.” 此女子旣嫁之所著, 示繫屬於人. 義見『禮記』. 「曲禮」云: “女子許嫁纓” 及「內則」云“衿纓” 是也. 『詩』云: “親結其縭.” 謂母送女, 重結其所繫著, 以申戒之. 孫炎以禕爲帨巾, 失之也. 云“削殺其幅, 深衣之裳”, 案「深衣」目錄云: “稱深衣者, 以餘服則上衣下裳不相連. 此深衣衣裳相連, 被體深邃, 故謂之深衣.” 案「深衣」篇云: “制十有二幅, 以應十有二月.” 鄭注云: “裳六幅, 幅分之以爲上下之殺.” 故云: “削殺其幅, 深衣之裳”也. 其深衣制度, 『禮記』具焉.

여기서는 의복의 다른 명칭을 구별하였다. ‘의(衣)’라고 한 것은 조목으로 한 것이다. 류(裗)는 일명 예(袣)이다. 옷깃에 보(黼)의 문양을 자수한 것을 박(襮)이라 한다. 웃옷의 가선을 꾸민 것을 준(純)이라 한다. 『예기』「심의(深衣)」에 “부모와 조부모가 계시면 그림 무늬로 웃옷의 테두리를 두르고, 부모만 계시면 푸른색으로 웃옷의 테두리를 두른다”고 한 것이 이것이다. 혈(袺)은 웃옷에 틈을 벌려 놓은 것인데 경(褮)이라 한다. 『설문』은 경(褮)에 대해 “귀의(鬼衣)[84]이다”고 하였다. 의자(衣眥)는 금(襟: 옷깃)이라 하는데 교령(交領)이다. 『방언』에는 “금(衿)을 교(交)라 한다”[85]한 것이 이것이다. 겁(衱)은 일명 거(裾)라 하는데 즉 웃옷의 옷자락이다. 금(衿)은 웃옷의 작은 띠로 일명 존(袸)이라 한다. 『의례』「사혼례(士昏禮)」에 “웃옷의 작은 띠를 매주고 수건을 달아준다”라 한 것이 이것이다. 패옥의 띠를 원

84) 鬼衣: 부장품으로 넣는 옷의 일종이다. 段注에는 “鬼衣猶魂衣. 明器之屬也”라 하였다.

85) 衿을 交라 한다: 『방언』 권4-5에 나온다.

(裧)이라 한다. 임(衽)은 치마 가장자리이다. 손으로 그 옷깃을 잡는 것을 결(袺)이라 한다. 띠에 옷깃을 끼우는 것을 힐(襭)이라 한다. 『시경』 「주남」 「부이(芣苡)」에 "잠깐 옷깃을 잡고." "잠깐 옷깃을 넣는다"라 한 것이 이것이다. 웃옷의 앞 가리개를 첨(襜)이라 한다. 부인(婦人)의 향영(香纓 : 향주머니)을 위(褘), 또는 리(縭)라 한다. 리(縭)는 유(緌)이고, 유(緌)는 계(繫)이니, 묶는다는 뜻을 취한 것이다. 웃옷 아래를 상(裳 : 치마)라 한다. 삭(削)은 쇄(殺 : 줄이다)이다. 치마에서 그 폭을 줄이는 것을 복(襆)이라 하는데, 심의(深衣)의 치마를 말한다. 주에서 말한 "의루(衣褸)"는 곽박이 두 가지로 풀이한 것이다. 하나는 "의루(衣褸 : 옷깃)이다"고 하였는데, 본에 따라 루(褸. 음은 婁)로 되어 있다. 『방언』에 "루(褸)를 임(衽)이라 한다. 또 접(袩. 子와 狹의 반절)이라고 한다"86)고 하였는데, 그 주에 "즉 의금(衣衿 : 옷깃)이다"고 하였다. "제인(齊人)은 련(攣)이라고 한다"는 것은 눈으로 직접 경험하고 말한 것이다. 또 하나는 "혹은 규(袿)라고 하는데, 옷의 장식이다"고 하였다. 『석명』에 "부인의 웃옷을 규(袿)라 한다"고 하였고, 『광아』에 "규(袿)는 긴 치마이다"고 하였다. 식(飾)은 대개 비단으로 테두리를 장식한 것을 말한다. 주에서 "옷깃에 보문(黼文)을 자수한 것이다"고 하였는데, 『시경』 「당풍」 「양지수(揚之水)」에 "소의주박(素依朱襮 : 흰 웃옷에 붉은 옷깃)"이라 하였다. 모전에 "박(襮)은 령(領 : 옷깃)이다. 제후는 보문을 수놓은 옷깃에다 붉은 색으로 가선을 두른 중의(中衣)를 입는다"고 하였다. 모씨가 말한 수보(繡黼)는 비단 위에 자수하여 보문(黼文)을 수놓는 것이지, 수(繡)를 보(黼)로 풀이한 것이 아니다. 곽씨는 모씨의 설을 취한 것이다. 주에서 말한 "금폐슬(今蔽膝)"에 대하여 『방언』에는 "폐슬(蔽厀)을 강수(江水)·회수(淮水)·남초(南楚)에서는 위(褘), 혹은 불(袚. 音은 弗)이라 한다. 위(魏)·송(宋)·남초(南楚)에서는 대건(大巾), 함곡관의 동쪽·서쪽 지역에서는 폐슬(蔽厀)이라 하고, 제(齊)·노(魯)에서는 염(袡 : 昌과 詹의 반절)이라 한다"87)고 하였다. 유

86) 褸를 …… 袩이라고 한다 : 『방언』 권4-5에 나온다.
87) 蔽厀을 …… 袡이라 한다 : 『방언』 권4-3에 나온다.

(襦)는 또 필(韠 : 슬갑)이라 한다. 『예기』「옥조(玉藻)」에 "필(韠)은 임금은 붉은 색, 대부는 흰 색, 사는 검고 노란 색이 섞인 잡색의 가죽이다. 둥글게 위의 각을 줄인 것도 있고, 폭을 줄인 것, 네모 반듯한 것도 있다. 천자의 것은 모가 반듯하고, 공후의 것은 위아래 사각의 귀를 죽였고, 대부의 것은 위는 네모지고 아래는 각을 죽였으며, 사는 위아래가 바르다. 필은 아래 폭은 2척, 윗폭은 1척, 길이는 3척이다. 그 중앙의 윗목은 5촌이고, 양쪽에 댄 견(肩)과 혁대의 너비는 모두 2촌이다"고 한 것이 이것이다. 손염은 "위(褘)는 세건(帨巾 : 수건)이다"고 하였다. 곽박은 "즉 지금의 향영(香纓)이다. 비스듬히 교차해서 허리띠까지 늘어뜨려 몸에 묶는 것이므로 위(褘)라 부른다. 유(縭)는 계(繫)이다"고 하였다. 이것은 여자가 시집간 후에 착용하는 것으로 타인에게 묶여 예속되었음을 보이는 것이다. 뜻은 『예기』에 보인다. 『예기』「곡례(曲禮)」에 "딸은 시집감이 허락되면 끈을 묶는다"이라 하였고, 『예기』「내칙(內則)」에 "금영(衿纓 : 끈을 매어준다)"[88]이라 한 것이 이것이다. 『시경』「빈풍(豳風)」「동산(東山)」에 "직접 그 주머니를 매어 준다"라 하였다. 어머니가 딸을 전송하면서 딸이 묶어 착용하는 것을 곁으로 매어 주면서 거듭 타이르는 것이다. 손염이 위(褘)를 세건(帨巾)이라 한 것은 잘못이다. 주에서 말한 "삭쇄기폭, 심의지상(削殺其幅, 深衣之裳)"은 살피건대, 「심의(深衣)」의 목록(目錄)[89]에 "심의(深衣)라고 일컫는 것은 심의를 제외한 나머지 옷은 위는 의(衣)와 아래는 상(裳)으로 서로 이어지지 않아서이다. 여기서의 심의는 의상(衣裳 : 상의 · 하의)이 서로 연결되고 몸을 감싼 것이 깊숙하고 그윽하므로 심의라고 한 것이다"고 하였다. 살피건대, 『예기』「심의(深衣)」에 "12폭을 만들어 12월에 응하게 했다"고 하였는데, 정현의 주에 "아래 치마는 6폭인데, 폭을 쪼개어 위아래가 줄어

88) 끈을 매어준다 : 鄭玄의 注에는 "衿猶結也. 婦人有纓, 示繫屬也"라 하였다.
89) 目錄 : 『禮記集說』「深衣」篇 序에 "孔氏曰, 按鄭目錄云"이라 하여 鄭氏의 目錄으로 나타난다. 그리고 深衣篇 序의 내용은 대본의 "…… 不相連"까지가 아니라 "…… 故謂之深衣"까지이다.

들게 하였다"고 하였다. 그러므로 "삭쇄기폭, 심의지상(削殺其幅, 深衣之裳)"고 한 것이다. 심의(深衣)에 대한 제도는 『예기』에 갖추어져 있다.

經文 輿革前謂之鞎.

수레 앞을 가죽으로 덮은 것을 흔(鞎 : 수레 앞 가리개)이라 한다.

爾雅注 以韋靶車軾.

가죽으로 수레의 식(軾 : 수레 앞에 가로 댄 나무)을 덮은 것이다.

經文 後謂之笰.

수레 뒤를 가죽으로 덮은 것을 불(笰 : 수레 뒤 가리개)이라 한다.

爾雅注 以韋靶後戶.

가죽으로 수레 뒷문을 덮은 것이다.

經文 竹前謂之禦.

수레 앞을 대자리로 덮은 것을 어(禦 : 수레 앞 대자리 덮개)라 한다.

爾雅注 以簟衣軾.

대자리로 식(軾)을 덮은 것이다.

經文 後謂之蔽.

수레 뒤를 대나무로 덮은 것을 폐(蔽 : 수레 뒤 대자리 덮개)라 한다.

爾雅注 以簟衣後戶.

대자리로 수레 뒷문을 덮은 것이다.

經文 環謂之捐.

환(環)[90]을 연(捐 : 말 등 위에 있는 둥근 고리)이라 한다.

爾雅注 著車衆環.

수레에 붙인 여러 둥근 고리이다.

經文 鑣謂之钀.

표(鑣)를 알(钀 : 재갈)이라 한다.

爾雅注 馬勒旁鐵.

말 재갈 옆의 철이다.

經文 載轡謂之轙.

재비(載轡)를 의(轙 : 고삐 고리)라 한다.

---

90) 環 : 말을 통제하기 위해 만든 가죽으로 만든 둥근 고리. 말 등 위에 있다. 여기에 고삐를 매어 말의 속도를 조절한다. 『詩經』 「秦風」 「小戎」 '游環脅驅'의 毛傳에 "游環, 靷環也. 游在背上, 所以禦出也"라 하였다.

爾雅注 車軛上環, 轡所貫也.

수레 멍에 위의 고리로 고삐가 관통하는 곳이다.

經文 轡首謂之革.

비수(轡首)를 혁(革 : 고삐 끝)이라 한다.

爾雅注 轡, 靶勒. 見『詩』.

비(轡)는 파륵(靶勒 : 고삐)이다. 『시경』에 보인다.

爾雅音義 輿, 音余. 革, 姑麥反. 韗, 胡根反. 靶, 音覇. 『字林』云 : "轡革也." 本或作鞔, 亡安反, 次句同. 車, 音居. 軾, 音式. 茀, 音弗. 禦, 魚呂反. 衣, 於旣反, 下皆同. 捐, 呂沈因絹反, 顧辭玄反, 郭與專反. 著, 直略反. 鑣, 表驕反. 钀, 郭魚謁反, 沈魚桀反. 鐵, 他結反. 轡, 音秘. 轙, 郭音儀, 施音蟻. 軛, 於革反. 首, 本或作古𩠐字.

여(輿)는 음이 여(余)이다. 혁(革)은 고(姑)와 맥(麥)의 반절이다. 흔(韗)은 호(胡)와 근(根)의 반절이다. 파(靶)는 음이 패(覇)이다. 『자림』에 "비혁(轡革 : 고삐)이다"고 하였다. 본에 따라 만(鞔)으로도 되어 있는데, 망(亡)과 안(安)의 반절이고 다음 구에서도 같다. 거(車)는 음이 거(居)이다. 식(軾)은 음이 식

(式)이다. 불(第)은 음이 불(弗)이다. 어(禦)는 어(魚)와 려(呂)의 반절이다. 의(衣)는[91] 어(於)와 기(旣)의 반절이고 이하 모두 같다. 연(捐)에 대하여 여침은 인(因)과 견(絹)의 반절이라 하였고, 고야왕은 사(辭)와 현(玄)의 반절이라 하였고, 곽박은 여(與)와 전(專)의 반절이라 하였다. 착(著)은 직(直)과 략(略)의 반절이다. 표(鑣)는 표(表)와 교(驕)의 반절이다. 알(钀)에 대하여 곽박은 어(魚)와 알(謁)의 반절이라 하였고, 심선은 어(魚)와 걸(桀)의 반절이라 하였다. 철(鐵)은 타(他)와 결(結)의 반절이다. 비(轡)는 음이 비(秘)이다. 의(轙)에 대하여 곽박은 음이 의(儀)라 하였고, 시건은 음이 의(蟻)라 하였다. 액(軛)은 어(於)와 혁(革)의 반절이다. 수(首)는 본에 따라 고자(古字)인 수(𩠐)로 되어 있다.

爾雅疏 此辨車馬之飾名也. 云"輿革前謂之鞎"者, 李巡曰:"輿革前謂輿前, 以革爲車飾曰鞎." 郭云:"以韋靶車軾." 靶謂輓也. 軾, 車上橫木. 『毛詩』傳云:"諸侯之路車, 有朱革之質而羽飾." 謂以皮革爲本質, 其上又以翟羽爲之飾. 『詩』「齊風」云:"簟茀朱鞹." 是也. "後謂之第"者, 李巡曰:"第, 車後戶名也." 郭云:"以韋靶後戶." 云"竹前謂之禦"者, 李巡曰:"竹前謂編竹當車前以擁蔽, 名之曰禦. 禦, 止也." 孫炎曰:"禦, 以簟爲車飾也." 郭云:"以簟衣軾." 『詩』傳云:"簟, 方文席也." 云"後謂之蔽"者, 郭云:"以簟衣後戶." 卽『詩』所謂簟茀也. 云"環謂之捐", 謂著車衆環名捐. 云"鑣謂之钀"者, 鑣, 馬勒旁鐵, 一名钀. 云"載轡謂之轙"者, 轡者, 御馬之具也. 古者乘車駕駟馬, 凡八轡, 轅端之木名衡, 衡卽軛, 軛上著環以貫轡, 此卽載轡之環, 名轙. 故郭云:"車軛上環, 轡所貫也." 云"轡首謂之革"者, 轡首名革也. 『詩』「大雅」云:"鞗革金厄" 是也. 郭云:"轡, 靶勒. 見『詩』." 『字林』云:"靶, 轡革也."

---

91) 衣: 衣는 名詞로 쓰이면 平聲, 동사로 쓰이면 去聲인데, 여기의 반절은 去聲 즉 동사임을 나타낸 것이다.

여기서는 거마(車馬)를 장식한 명칭을 구별하였다. "여혁전위지흔(輿革前謂之䩬)"이라 한 것에 대하여 이순은 "여혁전(輿革前)은 수레 앞을 말하고, 가죽으로 수레를 장식한 것을 흔(䩬)이라 한다"고 하였으며, 곽박은 "가죽으로 수레의 식(軾)을 덮은 것이다"고 하였다. 파(靶)는 만(鞔 : 덮다. 겉에 씌우다)을 말한다. 식(軾)은 수레 위의 횡목(橫木)이다. 『모시』전은 「제풍(齊風)」「재구(載驅)」에서 "제후의 노거(路車)[92]는, 바탕이 붉은 칠을 한 가죽이며 깃으로 장식되었다"고 하였다. 가죽을 본 바탕으로 하여 그 위에 꿩깃으로 장식한 것을 말한다. 『시경』「제풍」「재구」에 "점불주곽(簟茀朱鞹 : 수레 뒤를 대자리로 덮었는데 바탕은 붉게 칠한 가죽이다)"이라 한 것이 이것이다. "후위지불(後謂之茀)"이라 한 것에 대하여 이순은 "불(茀)은 수레 뒷문 명칭이다"고 하였으며, 곽박은 "가죽으로 수레 뒷문을 덮었다"고 하였다. "죽전위지어(竹前謂之禦)"라 한 것에 대하여 이순은 "죽전(竹前)은 대나무를 엮어 수레 앞에 두어서 가려 막은 것으로, 어(禦)라 한다. 어(禦)는 지(止 : 그치다)이다"고 하였고, 손염은 "어(禦)는 대자리로 수레를 장식한 것이다"고 하였고, 곽박은 "대자리로 식(軾)을 덮은 것이다"고 하였다. 모전은 "점(簟)은 네모 반듯하고 장식을 넣은 대자리[93]이다"고 하였다. "후위지폐(後謂之蔽)"라 한 것에 대하여 곽박은 "대자리로 수레 뒷문을 덮은 것이다"고 하였으니, 「제풍(齊風)」「재구(載驅)」에서 말한 점불(簟茀)이다. "환위지연(環謂之捐)"이라 한 것에 대하여 곽박은 "수레에 붙은 여러 둥근 고리를 연(捐)이라 한다"고 하였다. "표위지알(鑣謂之钀)"이라 한 것에서 표(鑣)는 말 재갈 옆의 쇠붙이로, 일명 알(钀)이다. "재비위지의(載轡謂之轙)"라 한 것에서 비(轡)는 말을 제어하는 도구이다. 옛날의 수레는 네 필의 말을 멍에 씌워 몰았는데 고삐가 여덟 개이다. 끌채 끝의 나무를 형(衡)이라 하는데 형은 즉 액(軛)이다. 액 위에 고리를 붙여 고삐를 꿰는데, 이것이 즉 고삐를 얹는 고리로 의(轙)라 한다. 그러므로 곽박이 "수레 멍에 위의 고리로 고삐

92) 路車 : 諸侯가 타는 수레. 天子는 大路, 大夫는 大車, 士는 飾車이다.
93) 대자리 : 「載驅」 "簟茀朱鞹"의 簟에 대한 毛氏의 주석이다.

가 관통하는 곳이다"고 하였다. "비수위지혁(轡首謂之革)"이라 한 것에서 비수(轡首)를 혁(革)이라 부르는 것이다.[94] 『시경』「대아」「한혁(韓奕)」에 "고삐 끝을 황금 고리에 매도다"[95]라 한 것이 이것이다. 곽박은 "비(轡)는 비륵(靶勒)이다. 『시경』에 보인다"고 하였다. 『자림』에 "파(靶)는 비혁(轡革 : 고삐)이다"고 하였다.

經文 餀謂之餯.

해(餀)를 홰(餯 : 음식물이 부패해서 나는 냄새)라 한다.

爾雅注 說物臭也.

음식물의 냄새를 말하였다.

經文 食饐謂之餲.

밥이 쉰 것을 애(餲 : 밥이 쉰 것)라 한다.

---

94) 革 : 「小雅」「蓼蕭」의 "鞗革沖沖"에 대하여 모전은 "鞗, 轡也. 革, 轡首也"라 하였으며, 집전은 "鞗, 轡也. 革, 轡首也. 馬轡所把之外, 有餘而垂者也"라 하여, '고삐 끝'으로 풀이하였다.

95) 鞗革金厄 : 鄭玄은 "鞗革謂轡也. 以金爲小環, 往往纏搤之"라 하였다.

爾雅注 飯饐臭. 見『論語』.

밥이 쉬어 냄새가 나는 것이다. 『논어』에 보인다.

經文 摶者謂之糷.

단자(摶者 : 뭉친 것)를 란(糷 : 엉겨 붙은 것)이라 한다.

爾雅注 飯相著.

밥이 서로 붙어 있는 것이다.

經文 米者謂之檗.

미자(米者 : 쌀이 있는 것)를 벽(檗 : 선밥)이라 한다.

爾雅注 飯中有腥.

밥 속에 익지 않은 쌀이 있는 것이다.

經文 肉謂之敗.

육(肉)을 패(敗 : 상한 고기)라 한다.

爾雅注 臭壞.

냄새나고 문드러진 것이다.

經文 魚謂之餒.

어(魚)를 뇌(餒 : 상한 물고기)라 한다.

爾雅注 內爛.

속이 문드러진 것이다.

爾雅音義 餀, 呼蓋苦蓋二反. 『字林』火刈反, 郭呼帶反. 餯, 許穢反. 李云 : "餀·餯皆穢臭也." 臭, 昌乂反. 饐, 於器反. 葛洪音懿, 釋云 : "饐, 餿臭也. 餿, 色留反." 『字林』云 : "飯傷熱濕也. 央例央冀二反." 餲, 於介反. 『字林』 : "乙例反, 一音於葛反, 食敗也." 飯, 扶萬反. 餯, 於吠反. 『說文』云 : "飯傷熱也." 『字林』乙大反. 『蒼頡篇』云 : "食臭敗也." 摶, 徒端反. 糷, 郭音輦, 謝力丹反, 沈力旦反. 『字林』力但反. 李云: "糷, 飯淖糜相著也." 著, 直略反. 檗, 郭普厄反, 施孚八反. 李云: "米飯半腥半熟名檗." 腥, 音星. 餧, 奴罪反. 『說文』云: "魚敗曰餧." 字書作鮾, 同.

해(餀)는 호(呼)와 개(蓋), 고(苦)와 개(蓋) 두 가지의 반절이다. 『자림』에는 화(火)와 예(刈)의 반절이라 하였고, 곽박은 호(呼)와 대(帶)의 반절이라 하였다. 홰(餯)는 허(許)와 예(穢)의 반절이다. 이순은 "해(餀)와 홰(餯)는 모두 더러운 냄새이다"고 하였다. 취(臭)는 창(昌)과 우(又)의 반절이다. 의(饐)는 어(於)와 기(器)의 반절이다. 갈홍(葛洪)[96]은 음을 의(懿)라 하고 풀이하기를 "의(饐)는 밥이 변질되어 신 냄새가 나는 것이다. 수(餿)는 색(色)과 류(留)의 반절이다"고 하였으며, 『자림』에는 "밥이 열기와 습기에 상한 것이다. 앙(央)과 례(例), 앙(央)과 기(冀) 두 가지의 반절이다"고 하였다. 애(餲)는 어(於)와 개(介)의 반절이다. 『자림』에는 "을(乙)과 예(例)의 반절로, 일음(一音)은 어(於)와 갈(葛)의 반절이고, 밥이 부패한 것이다"고 하였다. 반(飯)은 부(扶)와 만(萬)의 반절이다. 예(餲)는 어(於)와 폐(吠)의 반절이다. 『설문』은 예(餲)에 대하여 "밥이 더운 김에 상한 것이다"고 하였고, 『자림』에는 을(乙)과 대(大)의 반절이라고 하였다. 『창힐편(蒼頡篇)』에 "밥이 냄새나고 상한 것이다"고 하였다. 단(摶)은 도(徒)와 단(端)의 반절이다. 란(糷)에 대하여 곽박은 음을 련(輦)이라 하였고, 사교는 력(力)과 단(丹)의 반절이라 하였으며, 심선은 력(力)과 단(旦)의 반절이라 하였는데, 『자림』에는 력(力)과 단(但)의 반절이라 하였다. 이순은 "란(糷)은 밥이 곤죽되어 서로 붙은 것이다"고 하였다. 착(著)은 직(直)과 략(略)의 반절이다. 벽(檗)에 대하여 곽박은 보(普)와 액(厄)의 반절, 시건은 부(孚)와 팔(八)의 반절이라 하였다. 이순은 "쌀밥이 반은 설고 반은 익은 것을 벽(檗)이라 한다"고 하였다. 성(腥)은 음이 성(星)이다. 뇌(餧)는 노(奴)와 죄(罪)의 반절이다. 『설문』은 뇌(餧)에 대하여 "고

96) 葛洪 : 281?-341. 晉 句容人. 字는 稚川, 自號는 抱朴子. 저서에 『抱朴子』와 『金匱藥方』 100권과 『肘後備急方』 4권이 있다. 『晉書』에 傳이 있다.

기가 썩은 것을 뇌(餒)라 한다"고 하였다. 자서(字書)에는 뇌(鯘)로 썼으나 음의가 같다.

爾雅疏 此別物臭惡之異名也. 李巡云 : "餀・餯皆穢臭也." 食, 飯也. 饐, 飯臭也, 一名餲. 飯摶相著者名䊑. 李巡云 : "䊑, 飯淖糜相著也." 飯中有腥米者, 名檗. 李巡曰 : "米飯半腥半熟名檗" 卽『論語』云"失飪不食." 肉臭壞曰敗, 魚內爛曰餒. 卽『論語』云"魚餒而肉敗不食." 是也. 云"飯穢臭"者, 『說文』云 : "饖, 飯傷熱." 『蒼頡篇』云 : "食臭敗也." 云"見『論語』"者, 「鄕黨」篇云 : "食饐而餲." 孔曰 : "饐・餲, 臭味變." 是也. 云"內爛"者, 案『春秋』僖十九年云"梁亡." 『公羊傳』曰 : "此未有伐者, 其言梁亡何? 自亡也. 其自亡奈何? 魚爛而亡也." 何休云 : "梁君隆刑峻法, 百姓一旦相率俱去, 狀若魚爛. 魚爛從內發, 故云爾." 然則魚之敗壞, 先自內始, 故云內爛. 是郭用『公羊』爲說. 今本"內"作"肉", 恐誤.

여기서는 악취가 나는 음식물의 다른 명칭을 구별하였다. 이순은 "해(餀)와 훼(餯)는 모두 더러운 냄새이다"고 하였다. 사(食)는 반(飯 : 밥)이다. 의(饐)는 밥이 쉬어 나는 냄새인데, 일명 애(餲)라 한다. 밥이 찰져 달라붙은 것을 란(䊑)이라 한다. 이순은 "밥이 뭉쳐 달라붙은 것이다"고 하였다. 밥 속에 익지 않은 쌀이 있는 것을 벽(檗)이라 한다. 이순은 "쌀밥이 반은 설고 반은 익은 것을 벽(檗)이라 한다"고 하였다. 곧 『논어』 「향당(鄕黨)」의 "익지 않은 음식을 먹지 않는다"고 하였다. 고기가 냄새나고 문드러진 것을 패(敗)라 하고, 물고기가 속이 문드러진 것을 뇌(餒)라 한다. 즉 『논어』 「향당」에 "물고기가 상하고 고기가 부패한 것을 먹지 않는다"고 한 것이 이것이다. 주에서 말한 "반예취(飯穢臭)"는 『설문』에 "예(饖)란 밥이 더운 김에 상한 것이다"고 하였고, 『창힐편』에 "밥이 냄새나고 상한 것이다"고 하였다. "현『논어』(見『論語』)"라 한 것은 「향당(鄕黨)」편에 "밥이 상하여 쉬었다"고 하였는데, 공안국(孔安國)이 "의(饐)와 애(餲)는 냄새와 맛이 변질된 것이다"고 한 것이 이것이다. 주에서 말한 "내란(內爛)"은 살피건대, 『춘추』 희공 19년에 "양(梁)나라가 망하였다"에 대하여 『공양전』에 "양나라를 정벌하는 자는 있지 않았는데 양나라가 망했다고 말함은 무엇 때문인가? 스스로 망했기 때문이다. 양나라가 스스로 망했다는 것은 무엇인가? 물고기가 문드러져 죽은 것과 같은 것이다"고 하였다. 하휴(何休)는 "양나라의 군주가 형법을 엄하게 하니, 백성들이 하루아침에 서로 이끌고 함께 떠나가는데, 그 모습이 마치 물고기가 문드러지는 것과 같았다. 물고기가 문드러짐은 안으로부터 일어나기 때문에 그렇게 말한 것이다"고 하였다. 그렇다면 물고기가 부패하여 문드러짐은 먼저 안으로부터 시작되기 때문에 내란(內爛)이라 한 것이다. 이것은 곽박이 『공양전(公羊傳)』으로써 설명한 것이다. 금본(今本)에는 "내(內)"자가 "육(肉)"자로 되어 있으나 잘못인 듯하다.

經文 肉曰脫之,

고기는 탈지(脫之 : 가죽을 벗기다)라 하고,

爾雅注 剝其皮也. 今江東呼麋鹿之屬通爲肉.

그 가죽을 벗기는 것이다. 지금 강동에서는 사슴 종류를 부를 때 통틀어 육(肉)이라 한다.

經文 魚曰斮之.

물고기는 착지(斮之 : 비늘을 제거하다)라 한다.

爾雅注 謂削鱗也.

비늘을 깎아냄을 말한다.

爾雅音義 脫, 吐奪反. 麋, 音眉. 斮, 莊畧牀畧二反. 『字林』云 : "斬也."

탈(脫)은 토(吐)와 탈(奪)의 반절이다. 미(麋)는 음이 미(眉)이다. 착(斮)은 장(莊)과 략(畧), 상(牀)과 략(畧) 두 가지의 반절이다. 『자림』에 "참(斬 : 베다)이다"고 하였다.

爾雅疏 此論治擇魚肉之名也. 肉剝去其皮, 因名脫之. 李巡云 : "肉去其骨曰脫." 皇侃云 : "治肉除其筋膜, 取好者." 郭氏以與"魚曰斮之"文連, 斮謂斬削其鱗, 則脫是脫剝其皮也. 嫌羊豕有不剝其皮者, 故又云 : "今江東呼麋鹿之屬通爲肉." 案『禮記』「內則」及李巡『爾雅』本皆云"魚曰作之."[97] 皇侃云 : "作謂搖動也. 凡取魚, 搖動之, 視其鮮餒, 餒者不食." 李巡云 : "作之, 魚骨小, 無所去." 今本作斮. 郭云 : "謂削鱗也."

---

97) 魚曰作之 : 여기서부터 끝까지는 『禮記』「內則」의 "魚曰作之"에 대한 孔穎達의 疏를 邢昺이 引用한 것이다. 孔穎達의 『禮記正義』 권28-3에 상세하다.

여기서는 고기와 물고기를 손질하고 고르는 명칭을 논변(論辨)하였다. 고기는 그 가죽을 벗겨 제거하므로 '탈지(脫之)'라 이름 붙인 것이다. 이순은 "고기는 그 뼈를 빼므로 탈(脫)이라 한다"고 하였다. 황간(皇侃)[98]은 "고기를 다듬는데 그 힘줄과 얇은 막을 제거하고 좋은 것을 취한다"고 하였다. 곽박은 '육왈탈지(肉曰脫之)'가 '어왈착지(魚曰斮之)'와 글이 연결되어, 착(斮)을 물고기의 비늘을 깎아 없애는 것이라 하였으니, 탈(脫)은 고기의 가죽을 벗기는 것이라고 하였다. 양과 돼지는 그 가죽을 벗기지 않는 것이 있다고 혐의되기 때문에 또 "금강동호미록지속통위육(今江東呼麋鹿之屬通爲肉)"이라 한 것이다. 살피건대, 『예기』「내칙(內則)」과 이순본 『이아(爾雅)』에는 모두 "어왈작지(魚曰作之)"라 하였다. 황간은 "작(作)이란 흔듦을 말한다. 물고기를 잡아서 흔들어 싱싱한지 상했는지를 살펴서 상한 것은 먹지 않는다"고 하였다. 이순은 "작지(作之)[99]는 물고기 뼈가 작아서 버릴 것이 없어서이다"고 하였다. 금본(今本)에는 착(斮)으로 되어 있다. 곽박은 "비늘을 깎아냄을 말한다"고 하였다.

經文 冰, 脂也.

빙(冰)은 지(脂 : 기름)이다.

98) 皇侃 : 488-545. 南朝 梁 吳郡人. 音韻에 통달하였으며, 저서에 『論語義疏』가 있는데 南宋 때 일실되었고, 또한 『禮記講疏』·『禮記義疏』·『孝經義疏』가 있는데 일실되었다. 淸 馬國翰의 『玉函山房輯佚書』에 모아 실은 것이 남아 있어 세상에 전한다. 『南史』「梁書」「儒林傳」에 傳이 있다.

99) 作之 : '作'은 '斮'과 통한다. 『禮記』「內則」의 "魚曰作之"의 疏에 "郭氏爾雅今本作斮之, 注云, 謂削鱗之"라고 하였다.

爾雅注 『莊子』云 : "肌膚若冰雪." 冰雪, 脂膏也.

『장자(莊子)』에 "살갗이 빙설(氷雪)과 같다"고 하였는데, 빙설은 지고(脂膏)이다.

爾雅音義 冰, 彼凌反. 『說文』云 : "冰堅也." 孫本作 : "凝, 牛烝反, 膏凝曰脂."

빙(冰)은 피(彼)와 릉(凌)의 반절이다. 『설문』에 빙(冰)에 대해 "물이 굳은 것이다"고 하였다. 손염 본에는 "응(凝 : 엉기다)이니, 우(牛)와 증(烝)의 반절이고, 기름(膏)이 응고된 것을 지(脂)라 한다"고 하였다.

爾雅疏 脂, 膏也, 一名冰. "『莊子』云 : 肌膚若冰雪"者, 此「內篇」「逍遙」之言也. 案彼云 : "藐姑射之山, 有神人居焉. 肌膚若冰雪, 綽約若處子." 引之者, 證冰爲脂也. 云"脂膏也"者, 孫炎曰 : "膏凝曰脂." 則似脂, 與膏異. 而云"脂膏"者, 以脂有凝有釋. 對例卽「內則」注云"脂, 肥凝者, 釋者曰膏", 散文則脂·膏皆總名也.

지(脂)는 기름이며, 일명 빙(冰)이다. 『장자』에서 인용한 "기부약빙설(肌膚若冰雪)"은 「내편(內篇)」 「소요유(逍遙遊)」의 글이다. 살피건대, 「소요유」에 "막고야산에 신인(神人)이 살고 있다. 살갗이 빙설(冰雪) 같고 얌전하기가 처자(處子) 같다"고 하였다. 이 글을 인용하여 빙(氷)을 지(脂)라고 증명한 것이다. 주에서 말한 "지고야(脂膏也)"에 대하여 손염은 "기름이 응고된 것을 지(脂)라 한다"고 하였으니, 지(脂)와 흡사하나 고(膏)와는 다르다. 그런데 "지고(脂膏)"라 한 것은 지(脂)에는 응고된 것도 있고 녹은 것도 있기 때문이다. 용례를 대비하면 즉 「내칙(內則)」의 정현 주에 "지(脂)는 기름이 응고된 것이고, 녹은 것을 고(膏)라 한다"고 하였는데, 합하여 말한다면 지(脂)와 고(膏)는 모두 전체적인 명칭이다.

經文 肉謂之羹.

육(肉)을 갱(羹 : 고깃국)이라 한다.

爾雅注 肉臛也. 『廣雅』曰 : "湆." 見『左傳』.

고깃국이다. 『광아』에 "읍(湆 : 고깃국)이다"고 하였다. 『좌전』에 보인다.

經文 魚謂之鮨.

어(魚)를 지(鮨 : 젓갈)라 한다.

爾雅注 鮨, 鮓屬也. 見「公食大夫禮」.

지(鮨)는 직(鮓 : 젓갈) 종류이다. 『의례』 「공사대부례(公食大夫禮)」에 보인다.

經文 肉謂之醢.

육(肉)을 해(醢 : 고기로 만든 젓갈)라 한다.

爾雅注 肉醬.

고기로 만든 젓갈이다.

經文 有骨者謂之臡.

뼈가 있는 것을 나(臡 : 뼈가 들어 있는 젓갈)라 한다.

爾雅注 雜骨醬. 見『周禮』.

뼈가 섞인 젓갈이다. 『주례』에 보인다.

爾雅音義 羹, 又作羹, 同, 古衡下庚二反. 臛, 火各火沃二反. 『字林』云 : "肉羹也." 湆, 丘及反, 汁也. 鮨, 巨伊反. 『字林』止尸反. 鮓, 側下反. 食, 音嗣, 又作飤, 音同. 醢, 虎改反. 臡, 本又作䐪, 同, 奴黎反. 『字林』作腝, 音人兮反, 謂有骨醢也.

갱(羹)은 또한 갱(臡)으로도 쓰는데, 음의가 같으며, 고(古)와 형(衡), 하(下)와 경(庚)으로 반절이 둘이다. 학(臛)은 화(火)와 각(各), 화(火)와 옥(沃)으로 반절이 둘이다. 『자림』에 "육갱(肉羹 : 고깃국)이다"고 하였다. 읍(湆)은 구(丘)와 급(及)의 반절인데, 즙(汁 : 액즙)이다. 지(鮨)는 거(巨)와 이(伊)의 반절이다. 『자림』에는 "지(止)와 시(尸)의 반절이다"고 하였다. 자(鮓 : 젓갈)는 측(側)과 하(下)의 반절이다. 사(食)는 음이 사(嗣)이며, 또 사(飤)로도 쓰는데 음의가 같다. 해(醢)는 호(虎)와 개(改)의 반절이다. 나(臡)는 본에 따라 나(臡)로 되어 있는데 음의가 같고, 노(奴)와 려(黎)의 반절이다. 『자림』에는 이(腝)로 되어 있는데 음은 인(人)과 혜(兮)의 반절이며, 뼈가 있는 젓갈을 말한다고 하였다.

爾雅疏 此別魚肉所作食味之名也. 肉之所作臛名羹, 魚所作鮓名鮨, 以肉作醬名醢, 有骨相雜者名臡. 云"肉臛也"者, 『儀禮』所謂"膷臐膮" 是也. 云"『廣雅』曰湆"者, 則彼云"羹謂之湆" 是也. 云"見『左傳』"者, 案隱元年, "鄭伯寘其母姜氏于城潁, 而誓之曰 : '不及黃泉, 無相見也.' 旣而悔之. 潁考叔爲潁谷封人, 聞之, 有獻于公. 公賜之食. 食舍肉, 公問之. 對曰 : '小人有母, 皆嘗小人之食矣, 未嘗君之羹. 請以遺之.'" 是謂肉爲羹也. 云"鮨, 鮓屬也", 案「公食大夫禮」云 : "牛炙南醢, 以西牛胾·醢·牛鮨." 鄭注云 : "肉則[100]謂鮨爲膾, 然則膾用鮨." 是也. 云"雜骨醬, 見『周禮』", 案「醢人職」云 : "掌四豆之實. 朝事之豆, 其實韭菹·醓醢·昌本·麋臡." 鄭注云 : "作醢及臡者, 必先膊乾其肉, 乃後莝之. 雜以粱麴及鹽, 漬以美酒, 塗置甀中, 百日則成矣." 是也.

여기서는 물고기와 고기로 만드는 음식물의 맛에 대한 명칭을 구별하였다. 고기로 만든 고깃국을 갱(羹), 물고기로 만든 젓갈을 지(鮨), 고기로 만든 젓갈을 해(醢), 뼈가 섞여 있는 것을 나(臡)라 한다. 주에서 말한 "육확

100) 肉則 : 대본에는 「內則」으로 되어 있으나 『儀禮』에 따라 肉則으로 고쳤다.

아(肉臛也)"는 『의례』「공사대부례(公食大夫禮)」에 "향(膷 : 쇠고깃국)·훈(臐 : 양고깃국)·효(膮 : 돼지고깃국)"라고 한 것이 이것이다. "광아왈읍(『廣雅』曰湆)"은 『광아』에 "갱위지읍(羹謂之湆 : 국을 읍이라 한다)"이라 한 것이 이것이다. "현좌전(見『左傳』)"은 살피건대, 은공(隱公) 원년에 "정백(莊公)이 그의 어머니 강씨(武姜)를 성영(城潁 : 정나라 지구)에 살게 하고 맹세하기를 '황천(黃泉)에 가지 않으면 서로 만나지 않는다'고 하였다. 얼마 지나지 않아 이를 후회했다. 영고숙(潁考叔)이 영곡(潁谷)의 봉인(封人)으로 있었는데, 이것을 듣고 장공(莊公 : 鄭伯)에게 물건을 헌납했다. 장공이 영고숙에게 음식을 하사했다. 밥을 먹으면서 육(肉)은 밀쳐두고 먹지 않으니, 장공이 까닭을 물었다. 영고숙이 대답하기를, '저에게 어머니가 있는데 항상 제가 먹는 음식만 먹었지 임금께서 드시는 갱(羹)은 맛본 적이 없습니다. 이것을 가져가 어머니에게 주기를 청합니다"고 하였는데 이것이 '육(肉)'을 말하여 '갱(羹)'으로 한 것이다. "지, 자속아(鮨, 鮓屬也)"는 살피건대, 『의례』「공사대부례(公食大夫禮)」에 "구운 쇠고기 남쪽에 젓갈을 진설하고, 젓갈 서쪽에 저민 고기·젓갈·쇠고기 회를 진설한다"고 하였는데, 정현의 주에 "육(肉)은 지(鮨)를 회(膾)라 하였는데, 그렇다면 회(膾)로는 지(鮨)를 사용한다"고 한 것이 이것이다. "잡골장, 현『주례』(雜骨醬. 見『周禮』)"는 살피건대, 『주례』「해인직(醢人職)」에 "사두(四豆 : 4개의 豆)에 채우는 것을 담당한다. 조정에서 예식을 거행할 때 쓰이는 두(豆)에는 구저(韭菹 : 부추김치)와 담혜(醓醢 : 고기 젓갈)·창본(昌本 : 창포뿌리로 만든 나물)·미나(麋臡 : 사슴고기로 만든 젓갈)를 채운다"고 하였는데, 정현의 주에 "해(醢)와 나(臡)를 만드는 방법은, 반드시 먼저 고기(肉)를 포를 떠서 말리고, 그 뒤에 이를 잘게 썬다. 기장 누룩과 소금을 섞고, 좋은 술을 적셔 항아리에 담아 두고 백일이 되면 이루어진다"고 한 것이 이것이다.

經文 康謂之蠱.

강(康)을 고(蠱 : 쌀겨)라 한다.

爾雅注 米皮.

강(康)은 쌀겨이다.

經文 澱謂之垽.

전(澱)을 은(垽 : 앙금. 찌꺼기)이라 한다.

爾雅注 滓, 澱也. 今江東呼垽.

재(滓)는 전(澱)이다. 지금 강동에서는 은(垽)이라 부른다.

爾雅音義 康, 『說文』作穅. 或省禾, 口郎反. 蠱, 音古. 澱, 徒薦反. 垽, 魚靳反. 滓, 側里反.

강(康)은 『설문』에 강(穅 : 겨)으로 되어 있다. 혹 화(禾)를 생략하며, 구(口)와 랑(郎)의 반절이다. 고(蠱)는 음이 고(古)이다. 전(澱)은 도(徒)와 천(薦)의 반절이다. 은(垽)은 어(魚)와 근(靳)의 반절이다. 재(滓)는 측(側)과 리(里)의 반절이다.

爾雅疏 康, 米皮也, 一名蠱. 『左傳』曰 : "穀之飛亦名[101]蠱." 是也. 澱, 滓泥也, 一名垽. 郭云 : "今江東呼垽."

강(康)은 쌀겨인데, 일명(一名) 고(蠱)이다. 『좌전』 소공(昭公) 원년에 "곡식에서 나는 것을 또한 고(蠱)라 한다"고 한 것이 이것이다.[102] 전(澱)은 앙금으로, 일명 은(垽)이다. 곽박은 "지금 강동에서는 은(垽)이라 부른다"고 하였다.

經文 鼎絶大謂之鼐,

정(鼎 : 솥) 중에서 가장 큰 것을 내(鼐 : 가장 큰 솥. 가마솥)라 한다.

爾雅注 最大者.

가장 큰 솥이다.

101) 名 : 『左傳』에는 '爲'자로 되어 있다.
102) 穀之飛亦名蠱 : 杜預는 '穀久積則變爲飛蟲, 名曰蠱'라 하여, 벌레가 생기는 것으로 설명하였다.

經文 圜弇上謂之鼒,

몸체가 둥글고 좁아져 올라온 아가리가 좁은 솥을 자(鼒 : 옹달솥)라 한다.

爾雅注 鼎斂上而小口.

솥이 오므라져서 아가리가 작은 것이다.

經文 附耳外謂之釴,

귀가 바깥쪽에 붙은 솥을 익(釴 : 귀 달린 솥)이라 한다.

爾雅注 鼎耳在表.

솥의 귀가 바깥쪽에 있다.

經文 款足者謂之鬲.

다리 사이 간격이 벌어진 솥을 력(鬲 : 다리 간격이 넓은 솥)이라 한다.

爾雅注 鼎曲脚也.

솥의 다리가 굽은 것이다.

爾雅音義 鼐, 沈奴戴反, 郭音乃. 圜, 音員. 弇, 古奄字, 於檢反. 鼒, 音咨, 施音災, 郭音才. 『字林』音載. 釴, 音弋. 款, 本或作窾, 苦管反, 濶也. 鬲, 力的反. 脚, 居畧反.

내(鼐)에 대하여 심선은 노(奴)와 대(戴)의 반절이라 하였고, 곽박은 음을 내(乃)라 하였다. 원(圜)은 음이 원(員)이다. 엄(弇)은 엄(奄)의 고자(古字)이며, 어(於)와 검(檢)의 반절이다. 자(鼒)는 음이 자(咨)인데 시건은 음을 재(災)라 하였고, 곽박은 음을 재(才)라 하였으며, 『자림』에는 음을 재(載)라 하였다. 익(釴)은 음이 익(弋)이다. 관(款)은 본에 따라 관(窾)으로 되어 있으며 고(苦)와 관(管)의 반절이고 활(闊 : 넓다)이다. 력(鬲)은 력(力)과 적(的)의 반절이다. 각(脚)은 거(居)와 략(畧)의 반절이다.

爾雅疏 此別鼎名也. 鼎最大者名鼐, 體圓歛上而小口者名鼒. 『詩』「周頌」云: "鼐鼎及鼒." 附耳在鼎表者名釴. 款, 濶也. 謂鼎足相去疎濶者名鬲.

여기서는 솥의 명칭을 구별하였다. 솥 가운데 가장 큰 솥을 내(鼐)라 한다. 솥의 몸체가 둥글고 위로 좁아들면서 아가리가 작은 솥을 자(鼒 : 옹솥)라 한다. 『시경』「주송」「사의(絲衣)」에 "가마솥과 옹달솥"이라 하였다. 솥의 외면에 귀가 달려 있는 솥을 익(釴)이라 한다. 관(款)은 활(濶 : 넓다)이다. 솥의 다리 사이가 넓게 떨어져 있는 것을 력(鬲)이라 함을 말한다.

經文 䰝謂之鬵.

증(䰝)을 심(鬵 : 용가마, 또는 시루)이라 한다.

爾雅注 『詩』曰 : "漑之釜鬵."

『시경』에 "시루를 씻는다"라 하였다.

經文 鬵, 鉹也.

심(鬵)은 치(鉹 : 용가마)이다.

爾雅注 涼州呼鉹.

양주(涼州)에서는 치(鉹)라고 부른다.

爾雅音義 䰝, 本或作甑, 卽凌反, 又子孕反. 鬵, 徐林反, 又嗣廉反, 郭財金反. 漑, 古代反. 釜, 音父. 鉹, 昌紙反.

증(䰝)은 본에 따라 증(甑)으로 되어 있고, 즉(卽)과 릉(凌)의 반절, 또는 자(子)와 잉(孕)의 반절이다. 심(鬵)은 서(徐)와 림(林)의 반절, 또는 사(嗣)와 렴(廉)의 반절이다. 곽박은 재(財)와 금(金)의 반절이라 하였다. 개(漑)는 고(古)와 대(代)의 반절이다. 부(釜)는 음이 부(父)이다. 치(鉹)는 창(昌)과 지(紙)의 반절이다.

爾雅疏 䰝一名鬵, 涼州名鉹. 『方言』云: "甑, 自關而東或謂之甗, 或謂之鬵, 或謂之酢餾." 是也. 注"『詩』曰: 漑之釜鬵", 「檜風」「匪風」篇文也.

증(䰝)은 일명 심(鬵)이며, 양주(涼州)에서는 치(鉹)라고 부른다. 『방언』에 "증(甑)을 함곡관 동쪽에서는 혹 언(甗), 혹 심(鬵), 혹 초류(酢餾)라 한다"103) 고 한 것이 이것이다. 주에서 말한 『시경』의 "개지부심(漑之釜鬵)"은 「회풍(檜風)」 「비풍(匪風)」편의 글이다.

經文 璲, 瑞也.

수(璲)는 서(瑞: 몸에 차는 옥)이다.

爾雅注 『詩』曰: "鞙鞙佩璲." 璲者玉瑞.

『시경』에 "차고 있는 옥이 이름답다"라 하였다. 수(璲)는 옥서(玉瑞: 패옥)이다.

---

103) 甑을 …… 酢餾라 한다: 『방언』 권5-1에 나온다.

經文 玉十謂之區.

옥(玉) 열 개를 구(區 : 열 개 옥)라 한다.

爾雅注 雙玉曰㲉, 五㲉爲區.

쌍옥(雙玉 : 두개 옥)을 각(㲉)이라 하며, 오각(五㲉)을 구(區)라 한다.

爾雅音義 璲, 音遂. 鞙, 胡犬反, 又作琄, 同. 區, 羌于反, 又烏侯反. 㲉, 本或作珏, 古學反. 『說文』云 : "二玉相合爲珏."

수(璲)는 음이 수(遂)이다. 현(鞙)은 호(胡)와 견(犬)의 반절, 또는 현(琄)으로도 쓰는데 음의가 같다. 구(區)는 강(羌)과 우(于)의 반절, 또는 오(烏)와 후(侯)의 반절이다. 각(㲉)은 본에 따라 각(珏)으로 되어 있으며 고(古)와 학(學)의 반절이다. 『설문』에 "옥 두 개를 합한 것을 각(珏)이라 한다"고 하였다.

爾雅疏 璲者, 瑞玉名也. 玉十名區. 云"『詩』曰 : 鞙鞙佩璲"者, 「小雅」「大東」篇文也. 毛傳云 : "鞙鞙, 玉貌. 璲, 瑞也." 鄭箋云 : "佩璲者, 以瑞玉爲佩, 佩之鞙鞙然." 是也. 注"雙玉曰㲉, 五㲉爲區", 襄十八年『左傳』云 : "晉侯伐齊, 將濟河. 獻子以朱絲繫玉二㲉." 杜注云 : "雙玉曰㲉." 是先儒之相傳爲然也. 五㲉則十玉也.

수(璲)는 몸에 차는 옥(玉)의 명칭이다. 옥(玉) 열 개를 구(區)라고 부른다. 주에서 말한 『시경』의 "현현패수(鞙鞙佩璲)"는 「소아」「대동(大東)」편의 글이다. 모전(毛傳)에 "현현(鞙鞙)은 옥의 모양이며, 수(璲)는 서(瑞)이다"고 하였고, 정전(鄭箋)에 "패수(佩璲)란 옥을 차는 것이며, 차고 있는 모양이 아름다운 것이다"고 한 것이 이것이다. 주에서 말한 "쌍옥왈각, 오각위구(雙玉曰㲄, 五㲄爲區)"는 『좌전』 양공(襄公) 18년에 "진(晉)나라 임금이 제(齊)를 치려고 황하를 건너려는데, 헌자(獻子)가 붉은 실에 옥 이각(二㲄)을 매달았다"고 하였는데, 두예의 주에 "쌍옥(雙玉)을 각(㲄)이라 한다"고 하였다. 이는 선유(先儒)들이 서로 전하여 그렇게 된 것이다. 오각(五㲄)은 옥이 열 개이다.

經文 羽本謂之翮.

깃의 근간(根幹 : 밑뿌리)을 핵(翮 : 깃촉)이라 한다.

爾雅注 鳥羽根也.

새 깃의 근간 부분이다.

經文 一羽謂之箴, 十羽謂之縛, 百羽謂之緷.

깃 한 개를 잠(箴), 깃 열 개를 전(縛), 깃 백 개를 곤(緷)이라 한다.

爾雅注 別羽數多少之名.

깃 수량의 다소를 구별하는 명칭이다.

爾雅音義 翮, 戶革反, 羽本. 箴, 章諶反. 縳, 音篆, 又竹眷反. 緷, 古本反, 又戶本苦本二反. 『埤蒼』云: "大束也." 別, 彼列反.

핵(翮)은 호(戶)와 혁(革)의 반절로 깃촉이다. 잠(箴)은 장(章)과 심(諶)의 반절이다. 전(縳)은 음이 전(篆), 또는 죽(竹)과 권(眷)의 반절이다. 곤(緷)은 고(古)와 본(本)의 반절, 또는 호(戶)와 본(本), 고(苦)와 본(本) 두 가지의 반절이다. 『비창(埤蒼)』에 "큰 묶음이다"고 하였다. 별(別)은 피(彼)와 렬(列)의 반절이다.

爾雅疏 此別羽數多少之名也. 本, 根也. 鳥羽根名翮. 一羽名箴, 十羽名縳, 百羽名緷. 案『周禮』「地官」「羽人職」云: "掌以時徵羽翮之政[104]于山澤之農, 以當邦賦之政令. 凡受羽, 十羽爲審, 百羽爲摶, 十摶爲縳." 鄭注云: "審・摶・縳, 羽數束名也. 『爾雅』云: '一羽謂之箴, 十羽謂之縳, 百羽謂之緷.' 其名音相近也. 一羽則有名, 蓋失之矣." 鄭意以爲箴與審・縳與摶・緷與縳名數聲音皆相近也. 一羽不合有名, 爾雅一羽則有名[105] 疑一羽當爲十羽也. 郭意以爲凡物無不從一爲始, 以『爾雅』不失, 『周官』未爲得也.

여기서는 깃 수량의 다소에 따른 명칭을 구별하였다. 본(本)은 근(根: 뿌

104) 政: 대본에는 '材'로 되어 있으나 十三經注疏本『周禮』와『이아고림』「邢疏」에 따라 고쳤다.

105) 爾雅一羽則有名: 대본에는 없으나『이아고림』「邢疏」에 따라 보충하였다.

리)이다. 새 깃의 뿌리를 핵(翮)이라 한다. 깃 한 개를 잠(箴), 깃 열 개를 전(縳), 깃 백 개를 곤(緷)이라 한다. 살피건대 『주례』「지관(地官)」「우인직(羽人職)」에 "산림이나 못 가에서 농사짓는 사람들에게 때에 맞추어 우핵(羽翮 : 깃촉)을 징수하는 행정을 맡아, 나라 세금의 행정 명령을 담당한다. 대체로 깃을 받을 때, 깃 열 개를 심(審), 깃 백 개를 단(摶), 열 개의 단(摶)을 전(縳)이라 한다"고 하였다. 정현의 주에 "심(審) · 단(摶) · 전(縳)은 깃 수를 묶은 명칭이다. 『이아』에 '깃 한 개를 잠(箴), 깃 열 개를 전(縳), 깃 백 개를 곤(緷)이다'고 하였는데, 그 명칭과 음이 서로 비슷하다. 깃 한 개에 명칭이 있음은 잘못인 듯하다"고 하였다. 정현의 생각은 잠(箴)과 심(審), 전(縳)과 단(摶), 곤(緷)과 전(縳)의 명칭과 성음이 서로 비슷하다고 여긴 것이다. 깃 한 개에 명칭이 있음은 합당하지 않지만, 『이아』에 한 개의 깃에도 명칭이 있으니, 의심컨대 일우(一羽)는 마땅히 십우(十羽)가 되어야 할 것 같다. 곽박의 생각은 모든 사물은 하나에서 시작되지 않는 것이 없으므로, 『이아』가 잘못되지 않고, 『주례』가 타당하지 않다고 여긴 것이다.

經文 木謂之虡.

〈종과 경쇠를 매다는〉 목(木)을 거(虡 : 종이나 경쇠를 거는 악기틀)라 한다.

爾雅注 縣鐘磬之木, 植者名虡.

종과 경쇠를 매다는 나무로, 세로로 세운 것을 거(虡)라 부른다.

爾雅音義 虡, 音巨. 縣, 音玄. 植, 直吏反.

거(虡)는 음이 거(巨)이다. 현(縣)은 음이 현(玄)이다. 치(植)는 직(直)과 리(吏)의 반절이다.

爾雅疏 郭云 : "縣鐘磬之木, 植者名虡." 「考工記」云 : "梓人爲筍虡." 鄭注云 : "樂器所懸, 橫曰筍, 植曰虡." 然則縣鐘磬者兩端有植木, 其上有橫木. 謂直立者爲虡, 謂橫牽者爲栒. 栒上加大版爲之飾, 名業. 『詩』「大雅」云 : "虡業維樅."

곽박이 "현종경지목, 치자명거(縣鐘磬之木, 植者名虡)"라 한 것은 『주례』「고공기」「재인(梓人)」에 "재인(梓人 : 목수)이 순(筍)과 거(虡)를 만든다"고 하였는데, 정현의 주에 "악기를 매다는 나무로 가로지른 나무를 순(筍), 세운 것을 거(虡)라 한다"고 하였다. 그렇다면 종과 경쇠를 매다는 것 중에 양쪽 끝에 세운 나무가 있고 그 위에 가로로 댄 나무가 있는데, 직립(直立)한 것을 거(虡)라 하고, 가로로 댄 나무를 순(栒)이라 하며, 순(栒) 위에 큰 널빤지를 대어 이를 장식한 것을 업(業)이라 한다. 『시경』「대아」「영대(靈臺)」에 "거(虡)와 업(業)을 종(樅)에 건다"고 하였다.

經文 旄謂之藣.

모(旄)를 피(藣 : 소꼬리)라 한다.

爾雅注 旄牛尾也.

모우(旄牛 : 털이 긴 소)의 꼬리이다.

爾雅音義 旄, 音毛. 氂, 方皮方賜二反.

모(旄)는 음이 모(毛)이다. 피(氂)는 방(方)과 피(皮), 방(方)과 사(賜)로 반절이 둘이다.

爾雅疏 郭云 : "旄牛尾." 一名氂, 舞者所執也.

곽박이 "모우(旄牛)의 꼬리이다"고 하였다. 일명 피(氂)이며, 춤추는 자가 잡는 것이다.

經文 菜謂之蔌.

채(菜)를 속(蔌 : 채소)이라 한다.

爾雅注 蔌者, 菜茹之總名. 見『詩』.

속(蔌)이란 채소의 총칭이다. 『시경』에 보인다.

爾雅音義 蔌, 速藪二音. 『詩』云: "其蔌維何, 維筍及蒲." 茹, 如庶反.

속(蔌)은 속(速)과 수(藪)로 음이 둘이다. 『시경』「대아」「한혁(韓奕)」에 "그 채소는 무엇인가? 죽순과 창포이다"라 하였다. 여(茹)는 여(如)와 서(庶)의 반절이다.

爾雅疏 菜茹名蔌. 郭云"蔌者, 菜茹之總名. 見『詩』"者, 案『大雅』「韓奕」云: "其蔌維何? 維筍及蒲." 毛傳云: "蔌, 菜殽也." 是矣.

채여(菜茹 : 채소)를 속(蔌)이라 한다. 곽박이 "속자, 채여지총명, 현『시』(蔌者菜茹之總名, 見『詩』)"라 한 것은 살피건대, 「대아」「한혁(韓奕)」에 "기속유하, 유순급포(其蔌維何, 維筍及蒲)"라 하였는데, 모전에 "속(蔌)은 채소 안주이다"고 한 것이 이것이다.

經文 白蓋謂之苫.

백합(白蓋)을 점(苫 : 흰 띠로 만든 거적)이라 한다.

爾雅注 白茅苫也. 今江東呼爲蓋.

흰 띠로 만든 거적이다. 지금 강동에서는 합(蓋)이라 한다.

爾雅音義 蓋, 音盍. 苫, 失占反.

합(蓋)은 음이 합(盍)이다. 점(苫)은 실(失)과 점(占)의 반절이다.

爾雅疏 孫炎云："白蓋, 茅苫也." 郭云："白茅苫也. 今江東呼爲蓋." 然則蓋卽苫也, 以白茅爲之, 故曰白蓋. 襄十四年『左傳』："晉將執戎子駒支, 范宣子親數諸朝, 曰：'乃祖吾離被苫蓋.'" 杜注云："蓋, 苫之別名." 是也.

손염은 "백합(白蓋)은 띠로 만든 거적이다"고 하였다. 곽박은 "흰 띠로 만든 거적이다. 지금 강동에서는 합(蓋)이라 한다"고 하였다. 그렇다면 합(蓋)이란 곧 거적이며, 흰 띠로 만들기 때문에 백합(白蓋)이라고 한 것이다. 『좌전』 양공 14년에 "진(晉)이 융(戎)의 임금인 구지(駒支)를 구금하고, 범선자(范宣子)가 조정에서 직접 조목조목 꾸짖어 말하기를 '너의 할아버지인 오리(吾離)가 거적을 걸쳤다'"고 하였는데, 두예의 주에 "합(蓋)은 점(苫)의 다른 명칭이다"고 한 것이 이것이다.

經文 黃金謂之璗, 其美者謂之鏐. 白金謂之銀, 其美者謂之鐐.

황금(黃金)을 탕(璗：황금)이라 하고, 그 중에 질이 좋은 것을 류(鏐：상등 황금)라 한다. 백금(白金)을 은(銀：백금)이라 하고, 그 중에 질이 좋은 것을 료(鐐 : 상등 백금)라 한다.

爾雅注 此皆道金·銀之別名及精者. 鏐, 卽紫磨金.

여기서는 모두 금(金)과 은(銀)에 대한 별명(別名)과 정미(精美)한 것을 말하였다. 류(鏐)는 곧 자마금(紫磨金)이다.

經文 鉼金謂之鈑.

병금(鉼金)을 판(鈑 : 금덩이)이라 한다.

爾雅注 『周禮』曰 : "祭五帝, 卽供金鈑." 是也.

『주례』에 "오제(五帝)에 제사할 때 곧 금덩이를 바친다"고 한 것이 이것이다.

經文 錫謂之鈏.

석(錫)을 인(鈏 : 주석)이라 한다.

爾雅注 白鑞.

백랍(白鑞)이다.

爾雅音義 盪, 徒黨反. 『說文』云: "金與玉同色也."106) 鏐, 力107)幽其幽力幼三反. 鐐, 力彫反. 『說文』云: "白金也." 『字林』力召反, 云: "美金也." 磨, 莫佐反. 鉼, 必領反. 鈑, 音版, 本亦作版. 釼, 余緊弋刃常刃三反. 鑞, 力盍反. 『周禮』「職方氏」: "揚州之利金錫." 鄭注云: "錫, 鑞也." 字或作鑞.

탕(盪)은 도(徒)와 당(黨)의 반절이다. 『설문』에 "금이 옥과 같은 색의 것이다"고 하였다. 류(鏐)는 력(力)과 유(幽), 기(其)와 유(幽), 력(力)과 유(幼) 세 가지의 반절이다. 료(鐐)는 력(力)과 조(彫)의 반절이다. 『설문』에 "백금(白金)이다"고 하였다. 『자림』에는 력(力)과 소(召)의 반절로 "질이 좋은 금이다"고 하였다. 마(磨)는 막(莫)과 좌(佐)의 반절이다. 병(鉼)은 필(必)과 령(領)의 반절이다. 판(鈑)은 음이 판(版)인데 본에 따라 판(版)으로 되어 있다. 인(釼)은 여(余)와 긴(緊), 익(弋)과 인(刃), 상(常)과 인(刃) 세 가지의 반절이다. 랍(鑞)은 력(力)과 합(盍)의 반절이다. 『주례』「하관」「직방씨(職方氏)」에 "양주(揚州)의 이익은 금과 주석(朱錫)이다"고 하였는데, 정현 주에 "석(錫)은 랍(鑞)이다"고 하였다. 글자를 혹은 갈(鐍)로도 쓴다.

爾雅疏 此別金·錫之異名也. 黃金一名盪, 其精美者名鏐. 白金名銀, 其精美者名鐐. 郭云: "此皆道金·銀之別名及精者. 鏐, 卽紫磨金."

---

106) 金與玉同色也: 段玉裁의 『說文解字』에는 "盪, 金之美者. 與玉同色. 從玉湯聲"이라 되어 있다.

107) 力: 대본에 '方'으로 되어 있으나 『爾雅詁林』「陸音義」에 따라 고쳤다.

『詩』傳云 : “天子玉琫而珧珌, 諸侯璗琫而鏐珌, 大夫鐐琫而鏐珌, 士珕琫而珕珌.” 鉼金名鈑. 錫, 今白鑞也, 一名鈏. 『周禮』「職方氏」云 : “揚州其利金錫.” 是也. 注云“『周禮』曰 : 祭五帝卽供金鈑”者, 案「秋官」「司金職」云 : “旅于上帝, 則供其金版.” 此云“祭五帝”者, 旅則祭也, 上帝則五帝也. 郭氏以義言之, 故文異耳. 彼注云 : “鉼金謂之版, 此版所施未聞.”

여기서는 금(金)과 석(錫)에 대한 이명(異名)을 구별하였다. 황금(黃金)을 일명 탕(璗)이라 하는데, 정미(精美)한 것을 류(鏐)라 한다. 백금(白金)을 은(銀)이라 하는데, 정미한 것을 료(鐐)라 한다. 곽박은 “여기서는 모두 금(金)과 은(銀)에 대한 별명(別名)과 정미(精美)한 것을 말하였다. 류(鏐)는 곧 자마금(紫磨金)이다”고 하였다. 『시경』 「소아」 「첨피낙의(瞻彼洛矣)」의 모전(毛傳)에 “천자(天子)는 옥봉(玉琫 : 칼집 윗부분의 옥 장식)에 요필(珧珌 : 칼집 아랫부분의 자개 장식)이고, 제후(諸侯)는 탕봉(璗琫 : 칼집 윗부분의 황금 장식)에 류필(鏐珌 : 칼집 아랫부분의 정미한 황금 장식)이며, 대부(大夫)는 료봉(鐐琫 : 칼집 윗부분의 정미한 백금 장식)에 류필(鏐珌)이고, 사(士)는 려봉(珕琫 : 칼집 윗부분의 자개 장식)에 려필(珕珌 : 칼집 아랫부분의 자개 장식)이다”고 하였다. 병금(鉼金)을 판(鈑)이라 한다. 석(錫)은 지금의 백랍(白鑞)으로 일명 인(鈏)이라 한다. 『주례』 「하관」 「직방씨(職方氏)」에 “양주(揚州)의 이익은 금과 주석이다”고 한 것이 이것이다. 주에서 말한 『주례』의 “제오제, 즉공금판(祭五帝, 卽供金鈑)”은 살피건대, 『주례』 「추관」 「사금직(司金職)」에 “상제에게 여(旅)제사(祭祀)를 지낼 때는 금덩이를 바친다”고 하였다. 여기서 “제오제(祭五帝)”라 한 것에서 려(旅)는 제(祭)이고, 상제(上帝)는 오제(五帝)이다. 곽박이 의미상으로 말하였기 때문에 글이 다를 뿐이다. 『주례』의 정현 주에는 “병금(鉼金)을 판(版 : 금덩이)이라 하는데, 이 판(版)이 쓰였지는 들어보지 못하였다”고 하였다.

經文 象謂之鵠, 角謂之觷, 犀謂之剒, 木謂之剫, 玉謂之雕.

상아를 다듬는 것을 곡(鵠 : 상아를 다루다)이라 하고, 뿔을 다듬는 것을 학(觷 : 뿔을 다루다)이라 하고, 무소뿔을 다듬는 것을 착(剒 : 무소뿔을 다루다)이라 하고, 나무를 깎는 것을 탁(剫 : 나무를 다루다)이라 하고, 옥을 다듬는 것을 조(雕 : 옥을 다루다)라 한다.

爾雅注 『左傳』曰 : "山有木, 工則剫之." 五者皆治樸之名.

『좌전』 은공(隱公) 11년에 "산에 나무가 있는데, 목수가 나무를 깎는다"고 하였다. 다섯 가지는 모두 원재료(原材料)를 다듬는 명칭이다.

爾雅音義 鵠, 胡酷古毒二反, 白也. 本亦作𪊺, 同. 『廣雅』作䶜. 觷, 五角反, 沈音學. 犀, 蘇齎反. 剒, 本或作厝, 同, 七各反. 剫, 徒各反. 雕, 丁腰反.

곡(鵠)은 호(胡)와 혹(酷), 고(古)와 독(毒) 두 가지의 반절이이며, 백(白 : 희다)이다. 본에 따라 곡(𪊺)으로 되어 있으나 음의가 같다. 『광아』에는 곡(䶜)으로 되어 있다. 학(觷)은 오(五)와 각(角)의 반절인데, 심선(沈旋)은 음을 학(學)이라 하였다. 서(犀)는 소(蘇)와 재(齎)의 반절이다. 착(斮)은 본에 따라 착(厝)으로 되어 있는데, 음의가 같고 칠(七)과 각(各)의 반절이다. 탁(剫)은 도(徒)와 각(各)의 반절이다. 조(雕)는 정(丁)과 요(腰)의 반절이다.

爾雅疏 郭云："五者皆治樸之名." 謂治其樸, 俱未成器, 有此五名也. 注"『左傳』: 山有木, 工則度之", 隱十一年傳文也.

곽박이 "오자개치박지명(五者皆治樸之名)"이라 한 것은, 그 원재료를 다듬는 것을 말하니, 모두 기물을 이루기 이전에 다섯 가지 명칭이 있음을 말한 것이다. 주에서 말한 『좌전』의 "산유목, 공즉탁지(山有木, 工則度之)"는 은공(隱公) 11년의 글이다.

經文 金謂之鏤, 木謂之刻, 骨謂之切, 象謂之磋, 玉謂之琢, 石謂之磨.

금을 가공하는 것을 루(鏤 : 금을 새기다)라 하고, 나무를 가공하는 것을 각(刻 : 나무를 새기다)이라 하고, 뼈를 가공하는 것을 절(切 : 뼈를 자르다)이라 하고, 상아를 가공하는 것을 차(磋 : 상아를 갈다)이라 하고, 옥을 가공하는 것을 탁(琢 : 옥을 쪼다)이라 하고, 돌을 가공하는 것을 마(磨 : 돌을 갈다)라 한다.

爾雅注 六者皆治器之名.

여섯 가지는 모두 기물(器物)을 가공하는 명칭이다.

爾雅音義 鏤, 字又作鎪, 音漏. 切, 本或作齧, 同, 千結反. 磋, 七何反. 琢, 丁角反.

루(鏤)는 글자를 또 루(鎪)로도 쓰며, 음은 루(漏)이다. 절(切)은 본에 따라

절(齛)로 되어 있는데, 음의가 같고 천(千)과 결(結)의 반절이다. 차(磋)는 칠(七)과 하(何)의 반절이다. 탁(琢)은 정(丁)과 각(角)의 반절이다.

爾雅疏 郭云 : "六者皆治器之名也." 則此謂治器加工而成之名也. 故『論語』注云 : "切磋琢磨, 以成寶器." 是也.

곽박이 "육자개치기지명야(六者皆治器之名也)"이라 한 것은 곧 이것이 기물(器物)을 다룰 때 가공하여 완성하는 명칭을 말한다. 때문에 『논어』「학이(學而)」의 주에 "절차탁마(切磋琢磨 : 자르고 갈고 쪼고 갈다)하여 보기(寶器 : 보배로운 기물)를 이룬다"고 하였다.

經文 璆·琳, 玉也.

구(璆)·림(琳)은 옥(玉 : 옥)이다.

爾雅注 璆·琳, 美玉名.

구(璆)와 림(琳)은 미옥(美玉)의 명칭이다.

爾雅音義 璆, 音虯, 本或作球字, 渠周反.

구(璆)는 음이 규(虯)이며 본에 따라 구(球)로 되어 있는데, 거(渠)와 주(周)

의 반절이다.

爾雅疏 郭云 : "璆·琳, 美玉名." 「禹貢」 梁州云 : "厥貢, 璆鐵銀鏤." 又雍州云 : "球琳琅玕." 是也.

곽박은 "구(璆)·림(琳)은 미옥(美玉)의 명칭이다"고 하였다. 『서경』 「우공」 양주(梁州)에 "그 공물은 구(璆)와 철(鐵)과 은(銀)과 루(鏤)이다"고 하였으며, 또 옹주(雍州)에 "바치는 공물은 구(球)와 림(琳)과 낭간(琅玕)이다"고 한 것이 이것이다.

經文 簡謂之畢.

간(簡)을 필(畢 : 대쪽 글판)이라 한다.

爾雅注 今簡札也.

지금의 간찰(簡札 : 글씨 쓰는 대쪽)이다.

爾雅音義 畢, 如字. 『禮記』云 : "呻其佔畢." 謂呻吟佔視簡畢之文也. 李本作篳, 同.

필(畢)은 여자(如字)이다. 『예기』에 "죽간에 쓰여진 글을 보고 읊는다"이라 하니, 죽간(竹簡)에 쓰여진 글을 보면서 읊는 것을 말한다. 이순본에는 필(箪)로 되어 있는데 음의가 같다.

爾雅疏 簡, 竹簡也. 古未有紙, 載文于簡, 謂之簡札. 一名箪.『禮記』「學記」云 : "呻其佔畢." 謂但吟誦所視簡之文, 是謂簡爲畢也.

간(簡)은 죽간(竹簡)이다. 옛날에는 종이가 없어서 죽간(竹簡)에 글을 기재하여 이를 간찰(簡札)이라 하였다. 일명 필(箪)이다.『예기』「학기」에 "신기점필(呻其佔畢)"이라 하였다. 다만 살펴본 죽간의 글만 읊는 것을 말하는 것으로, 이는 간(簡)이 필(畢)임을 말한다.

經文 不律謂之筆.

불률(不律)을 필(筆 : 붓)이라고 한다.

爾雅注 蜀人呼筆爲不律也, 語之變轉.

촉인(蜀人)은 필(筆)을 불률(不律)이라고 부르니, 말이 변전(變轉)된 것이다.

爾雅音義 不律,『說文』云 : "吳謂筆爲不律."

불률(不律)에 대하여『설문』에는 "오(吳)에서는 필(筆)을 불률(不律)이라 한다"고 하였다.

爾雅疏 筆一名不律. 許愼云:"楚謂之聿, 吳人謂之不律, 燕謂之弗, 秦謂之筆." 郭云:"蜀人呼筆爲不律也, 語之變轉."

필(筆)은 일명 불률(不律)이다. 허신(許愼)은 "붓을 초(楚)에서는 률(聿)이라 하고, 오인(吳人)은 불률(不律)이라 하고, 연(燕)에서는 불(弗)이라 하고, 진(秦)에서는 필(筆)이라 한다"고 하였다. 곽박은 "촉인(蜀人)은 필(筆)을 불률(不律)이라고 부르니, 말이 변전(變轉)된 것이다"고 하였다.

經文 滅謂之點.

멸(滅)을 점(點:글자를 지우다)이라 한다.

爾雅注 以筆滅字爲點.

붓으로 새까맣게 칠해 글자를 지운 것을 점(點)이라 한다.

爾雅音義 點, 丁簟丁念二反, 李本作沾, 孫本作玷.

점(點)은 정(丁)과 점(簟), 정(丁)과 념(念) 두 가지의 반절이다. 이순본에는 첨(沾)으로, 손염본에는 점(玷)으로 되어 있다.

爾雅疏 郭云："以筆滅字爲點." 今猶然.

곽박은 "붓으로 새까맣게 칠해 글자를 지운 것을 점(點)이라 한다"고 하였는데, 지금도 여전히 그렇다.

經文 絶澤謂之銑.

절택(絶澤 : 절묘하게 광택나는 것)을 선(銑 : 광택이 나는 좋은 금)이라고 한다.

爾雅注 銑卽美金, 言最有光澤也. 『國語』曰："玦之以金銑者", 謂此也.

선(銑)은 곧 질이 좋은 금(金)으로 가장 광택이 남을 말한다. 『국어』「진어(晉語)」에 "금선(金鐥)을 달아 주었다"라 한 것은 이를 말한다.

爾雅音義 銑, 蘇典反. 決, 作玦反.

선(銑)은 소(蘇)와 전(典)의 반절이다. 결(決)은 작(作)과 결(玦)의 반절이다.

爾雅疏 金之最有光澤者名銑. 注"『國語』曰 : 玦之以金鐥"案「晉語」："獻公108)使太子申生伐東山, 佩之金玦. 狐突歎曰：'以厖衣純, 而玦

---

108) 案晉語獻公 : 대본에는 없으나 『이아고림』「邢疏」에 따라 보충하였다.

之以金銑者, 寒甚矣.'" 說『國語』者, 以"銑"玉屬, 與郭異也.

금 중에 가장 광택 나는 것을 선(銑)이라 한다. 주에서 말한 "『국어』왈 : 결지이금선(『國語』曰 : 玦之以金鐥)"은 살피건대, 『국어』「진어(晉語)」에 "헌공(獻公)이 태자 신생(申生)에게 동산(東山)을 치게 하면서 금결(金玦)을 달아 주었다. 호돌(狐突)이 탄식하며 말하기를 '태자에게 얼룩덜룩한 옷을 입히고 금선(金銑)을 달아 주었으니 한심하다"[109]고 하였는데, 『국어』를 풀이한 자가 선(銑)을 옥(玉)에 속하는 종류라고 하였으니, 미금(美金)이라고 한 곽박과는 다르다.

經文 金鏃翦羽謂之鍭,

쇠로 된 화살촉에 깃털을 자른 것을 후(鍭 : 쇠 살촉)라 한다.

爾雅注 今之錍箭, 是也.

지금의 비전(錍箭 : 쇠 화살촉)이 이것이다.

109) 태자에게 …… 한심하다 : 『國語』 韋昭注의 "雜色曰尨. 純, 純德, 謂太子也. 玦, 猶離也. 銑, 猶灑灑寒也. 言於太子無溫潤也"를 따랐다. 玦은 한쪽이 터진 둥근 玉으로 이별을 나타내고, 銑은 차가움으로 太子에게 온정이 없어 한심스럽게 된다고 설명한 것이다.

經文 骨鏃不翦羽謂之志.

뼈 화살촉에 깃털을 자르지 않은 것을 지(志 : 뼈 화살촉)라고 한다.

爾雅注 今之骨骲, 是也.

지금의 골박(骨骲 : 뼈 화살촉)이 이것이다.

經文 弓有緣者謂之弓,

궁(弓 : 활)에 연(緣 : 활 실)이 있는 것을 궁(弓 : 주살)이라고 한다.

爾雅注 緣者, 繳纏之, 卽今宛轉也.

연(緣)은 명주실로 묶는 것이니, 즉 지금의 완전(宛轉 : 활 실)이다.

經文 無緣者謂之弭.

연(緣)이 없는 것을 미(弭 : 실이 없는 활)라고 한다.

爾雅注 今之角弓也. 『左傳』曰 : "左執鞭弭."

지금의 각궁(角弓 : 뿔 장식 활)이다. 『좌전』에 "좌집편미(左執鞭弭 : 왼손으로 채찍과 각궁을 잡는다)"라 하였다.

經文 以金者謂之銑, 以蜃者謂之珧, 以玉者謂之珪.

활의 양쪽 끝을 금으로 장식한 선(銑 : 금장식 활)이라 하고, 조개로 장식한 것을 요(珧 : 조개 장식 활)라 하고, 옥(玉)으로 장식한 것을 규(珪 : 옥 장식 활)라 한다.

爾雅注 用金·蚌·玉飾弓兩頭, 因取其類以爲名. 珧, 小蚌.

금·조개·옥으로 활의 양쪽 끝을 장식하는데, 그 장식한 종류를 따라서 명칭으로 삼았다. 요(珧)는 작은 조개이다.

爾雅音義 鏃, 作木反. 鍭, 侯候二音. 錍, 匹迷反. 『方言』云 : "箭廣長而薄廉者, 謂之錍." 骲, 火交反. 『埤蒼』云 : "骨鏃也." 沈五爪反, 顧浦交反. 緣, 悅絹反, 下同. 繳, 章弱反. 『字林』云 : "生絲縷也." 纏, 直連反. 宛, 於阮反. 弭, 亡婢反. 鞭, 卑緜反. 銑, 蘇典反. 蜃, 市忍反. 珧, 余招反, 蜯屬也. 案以蜯飾弓弭. 蚌, 本作蜯, 又蒲項反.

족(鏃)은 작(作)과 목(木)의 반절이다. 후(鍭)는 후(侯)와 후(候)로 음이 둘이다. 비(錍)는 필(匹)과 미(迷)의 반절이다. 『방언』에 "넓고 길며 얇고 모난 화살을 비(錍)라 한다"고 하였다. 박(骲)은 화(火)와 교(交)의 반절이다. 『비창(埤蒼)』에 "뼈로 만든 화살촉이다"고 하였다. 심선(沈旋)은 "오(五)와 조(爪)의 반절이다"고 하였다. 고야왕(顧野王)은 "포(浦)와 교(交)의 반절이다"고 하였다. 연(緣)은 열(悅)과 견(絹)의 반절이며 아래도 같다. 작(繳)은 장(章)과 약(弱)의 반절이다. 『자림』에는 "생사(生絲)로 된 실이다"고 하였다. 전(纏)은 직(直)과 련(連)의 반절이다. 완(宛)은 어(於)와 완(阮)의 반절이다. 미(弭)는 망(亡)과 비(婢)의 반절이다. 편(鞭)은 비(卑)와 면(緜)의 반절이다. 선(銑)은 소(蘇)와 전(典)의 반절이다. 신(蜃)은 시(市)와 인(忍)의 반절이다. 요(珧)는 여(余)와 초(招)의 반절인데 방(蚌 : 조개)의 종류이다. 살피건대 방(蚌)으로 궁미(弓弭 : 활고자)를 장식한 것이다. 방(蚌)은 본에 따라 방(蜯)으로 되어 있으며, 또 포(蒲)와 항(項)의 반절이다.

爾雅疏 辨弓箭之名也. 鏃, 箭頭也. 翦, 齊也. 以金爲鏃, 齊羽者, 名鍭. 孫炎云 : "金鏑斷羽, 使前重也." 郭云 : "今之錍翦是也." 以骨爲鏃, 不齊其羽者, 名志. 郭云 : "今之骨骲是也." 此二者, 郭氏皆以今曉古. 案『方言』云 : "箭, 自關而東謂之矢, 江淮之間謂之鍭, 關西曰箭. 箭鏃, 胡合嬴者四鐮, 或曰鉤[110]腸, 三鐮者謂之羊頭, 其廣長而薄鐮謂之錍, 或謂之鈀(音葩). 其小而長 · 中穿二孔者, 謂之鉀鑪(嗑廬二音)." 亦謂錍箭也. 弓者, 『說文』云 : "以近窮遠, 象形. 古者倕[111]作弓. 『周禮』六弓 : 王弓 · 弧弓, 以射甲革椹質; 夾弓 · 庾弓以射豻侯鳥獸; 唐弓 · 大弓以授學射者." 此弓之類. 有緣者名弓, 無緣者名弭. 李巡曰 : "骨飾兩頭曰弓, 不以骨飾兩頭曰弭." 孫炎云 : "緣謂繳束而漆之, 弭謂不以繳束骨飾兩頭者也." 郭云 : "緣者, 繳纏之, 卽今宛轉也. 弭, 今之角弓也." 然則郭意與孫

110) 鉤 : 대본에는 '拘'로 되었으나 『方言』에 따라 고쳤다.
111) 倕 : 『說文』에는 '揮'로 되어 있다.

同也. 當時謂繳束爲宛轉, 若飾弓兩頭以金者名銑, 以蜃者名珧, 以玉者名珪也. ○注"『左傳』曰 : 左執鞭弭." 此僖二十三年傳文也. 案彼晉公子重耳 "及楚, 楚子饗之, 曰 : '公子若反晉國, 何以報我?' 對曰 : '其左執鞭弭, 右屬櫜鞬, 以與君周旋.'" 是也. 云"用金蚌飾弓兩頭"者, 以與上弭連文, 故知然也. 蚌卽蜃也. 「月令」: "孟冬, 雉入大水爲蜃.[112]" 是也. 銑卽金絶澤者, 珧卽蜃小者, 珪卽玉成器者. 以此名弓, 故云"因取其類以爲名"也. 云"珧, 小蚌"者, 卽「釋魚」云"蜃, 小者珧" 是也.

활과 화살의 명칭을 분별하였다. 족(鏃 : 살촉)은 화살 끝이다. 전(翦)은 잘라서 가지런히 한 것이다. 쇠로 살촉을 만들고 깃털을 잘라 가지런히 한 것을 후(鍭)라고 한다. 손염은 "쇠로 된 촉과 깃털을 잘라서 앞을 무겁게 한 것이다"고 하였다. 곽박은 "지금의 비전(錍翦)이 이것이다"고 하였다. 뼈로 살촉을 만들고 깃털을 가지런하지 않게 한 것을 지(志)라고 한다. 곽박은 "지금의 골박(骨骲)이 이것이다"고 하였다. 이 두 가지는 곽박이 모두 지금의 것으로 옛 것을 밝힌 것이다. 살피건대 『방언』에 "전(箭)을 함곡관 동쪽에서는 시(矢), 강수(江水)와 회수(淮水) 사이에서는 후(鍭), 관서(關西)에서는 전(箭)이라 한다. 살촉의 아래에 가장자리 변과 합쳐서[113] 모서리가 넷인 것을 혹 구장(鉤腸), 모서리가 셋인 것을 양두(羊頭), 넓고 길며 얇고 모난 것을 비(錍) 혹은 파(鈀 : 音은 葩)라고 한다. 화살촉에서 작고 길면서 가운데 두 구멍이 있는 것을 갑로(鉀鑪 : 嗑盧로 음이 둘이다)라 한다"[114]고 하였으니, 역시 화살촉을 말한다. 궁(弓)에 대하여 『설문』에 "가까이에서 멀리 가는 것이다. 상형(象形)이다. 옛날에 황제의 신하인 수(倕)가 궁(弓)을 만들었다. 『주례』에 육궁(六弓) 중에서 왕궁(王弓)과 호궁(弧弓)으로 갑혁(甲革 : 가죽으로 된 과녁)과 심질(椹質 : 나무로 된 과녁)을 쏘았으며, 협궁(夾弓)과 유궁(庾弓)으로 간

112) 雉入大水爲蜃 : 鄭玄은 大水를 淮水, 大蛤을 蜃이라 하였다.
113) 살촉이 …… 합쳐서 : 『방언』 주의 "胡鏑在於喉下. 嬴, 邊也"를 따랐다.
114) 箭을 …… 鉀鑪라 한다 : 『방언』 권9-3과 권9-7에 나온다.

후(豻侯)[115]와 조수(鳥獸)를 쏘았으며, 당궁(唐弓)과 대궁(大弓)으로 활쏘기를 배우는 사람에게 가르쳐 주었다"고 하였다. 이것이 궁(弓)의 종류이다. 연(緣)이 있는 것을 궁(弓)이라 하고, 연(緣)이 없는 것을 미(弭)라 한다. 이순은 "뼈로 양쪽 끝을 장식한 것이 궁(弓)이고, 뼈로 양쪽 끝을 장식하지 않은 것이 미(弭)이다"고 하였다. 손염은 "연(緣)은 작속(繳束 : 명주실로 매다)하고 칠을 한 것이며, 미(弭)는 명주실로 얽거나 뼈로 양끝을 장식하지 않은 것이다"고 하였다. 곽박은 "연(緣)은 실로 얽어 맨 것이니 지금의 완전(宛轉)이다. 미(弭)는 지금의 각궁(角弓)이다"고 하였다. 그렇다면 곽박의 뜻은 손염의 뜻과 같다. 당시에는 작속(繳束)을 완전(宛轉)이라고 하였는데, 만약 궁의 양쪽 끝을 금으로 장식한 것이면 선(銑)이라 하고, 조개로 한 것이면 요(珧)라 하고, 옥으로 한 것이면 규(珪)라고 하였다. ○주에서 말한 『좌전』의 "좌집편미(左執鞭弭)"는 희공(僖公) 23년의 글이다. 살피건대, 진(晋)의 공자(公子) 중이(重耳)가 "초(楚)나라로 갔는데 초나라 임금이 잔치를 베풀어주면서 '공자(公子)가 만약 진(晋)나라로 돌아가면 어떻게 나에게 보답하겠습니까?'라고 하였다. 대답하기를 '왼손으로 채찍과 활을 잡고, 오른손으로 고(櫜 : 화살 집)와 건(鞬 : 활집)을 잡고서 임금과 싸우겠습니다"[116]고 한 것이 이것이다. 주에서 "금과 조개로 궁(弓)의 양쪽 끝을 장식한다"고 하였는데, 윗글의 미(弭)와 이어진 문장이므로 그러함을 안 것이다. 방(蚌)은 곧 신(蜃 : 조개)이다. 『예기』「월령」에 "초겨울에 꿩이 큰물에 들어가면 조개가 된다"고 한 것이 이것이다. 선(銑)은 곧 금이 매우 빛나는 것, 요(珧)는 곧 조개 중의 작은 것, 규(珪)는 곧 옥으로 만들어진 기물이다. 이러한 것들로 활의 명칭을 붙였으므로, 〈곽박은〉 "그 장식한 종류를 따라서 명칭으로 삼았다"고 하였다. "요(珧)는 작은 조개이다"고 한 것은 곧 「석어(釋魚)」에서 "조개 중의 작은 것이 요(珧)이다"고 한 것이 이것이다.

115) 豻侯 : 豻이라는 개의 가죽으로 만든 화살 표적.

116) 오른손으로 …… 싸우겠습니다 : 『좌전』 杜預注의 "屬, 著也. 周旋, 相追逐也"를 따랐다.

經文 珪大尺二寸謂之玠,

규(珪)의 길이가 1척(尺) 2촌(寸)인 것을 개(玠 : 한 자 두 치 규옥)라 한다.

爾雅注 『詩』曰 : "錫爾玠珪."[117)]

『시경』에 "너에게 개규(玠珪)를 준다"고 하였다.

經文 璋大八寸謂之琡,

장(璋)의 길이가 8촌인 것을 숙(琡 : 여덟 치 장옥)이라 하고,

爾雅注 璋, 半珪也.

장(璋)은 반규(半珪)이다.

經文 璧大六寸謂之宣.

117) 錫爾玠珪 : 정전은 玠珪를 길이 1尺 1寸이며 諸侯의 규가 아니며, 제후의 규는 9寸 이하라고 하였다. 집전은 제후의 규라 하여 차이가 있다.

벽(璧 : 가운데 둥근 구멍이 난 옥)의 길이가 6촌(寸)인 것을 선(宣 : 여섯 치 벽옥)이라고 한다.

爾雅注 『漢書』所云"瑄玉" 是也.

『한서』에서 말한 "선옥(瑄玉)"이 이것이다.

經文 肉倍好謂之璧,

육(肉 : 바깥 변의 두께)이 호(好 : 가운데 난 구멍)보다 큰 것을 벽(璧 : 가장자리 살이 두꺼운 고리 옥)이라고 한다.

爾雅注 肉, 邊也. 好, 孔也.

육(肉)은 변(邊 : 고리옥의 가변 두께)이다. 호(好)는 공(孔 : 고리옥의 가운데 구멍)이다.

經文 好倍肉謂之瑗,

호(好)가 육(肉)의 배인 것을 원(瑗 : 가장자리 살이 얇은 고리옥)이라고 한다.

爾雅注 孔大而於邊小也.

가운데 구멍이 크고 바깥 변이 작다.

經文 肉好若一謂之環.

육(肉)과 호(好)가 같은 것을 환(環 : 살과 구멍이 대등한 고리옥)이라고 한다.

爾雅注 邊孔適等.

바깥 변과 가운데 구멍이 똑같다.

爾雅音義 玠, 音介. 琡, 昌育常育二反. 宣, 如字, 本或作瑄, 音同. 肉, 如字, 又如授反,[118] 璧邊也, 注及下同. 好, 如字, 又音耗, 璧孔也, 注及下同. 瑗, 爲眷反. 『蒼頡篇』云 : "玉佩名."

개(玠)는 음이 개(介)이다. 숙(琡)은 창(昌)과 육(育), 상(常)과 육(育) 두 가지의 반절이다. 선(宣)은 여자(如字)인데 본에 따라 선(瑄)으로 되어 있으며 음이 같다. 육(肉)은 여자(如字), 또는 여(如)와 수(授)의 반절로 벽(璧)의 변(邊)이며 주와 아래도 같다. 호(好)는 여자(如字), 또는 음이 모(耗)인데 벽(璧)의 가운데 구멍이며 주와 아래도 같다. 원(瑗)은 위(爲)와 권(眷)의 반절이다.

118) 肉, 如字, 又如授反 : 후세에는 '如授反' 즉 '유'를 따른다.

『창힐편(蒼頡篇)』에 "옥패(玉佩)의 명칭이다"고 하였다.

爾雅疏 此別珪璧之屬也. 圭者玉器, 執以爲瑞者也. 大, 長也. 珪長尺二寸者名玠. 璋, 半珪也. 大八寸者名琡. 璧亦玉器, 子男所執者也, 大六寸者名宣, 因說璧之制. 肉, 邊也. 好, 孔也. 邊大倍于孔者名璧, 孔大而邊小者名瑗, 邊·孔適等若一者名環. 『左傳』昭十六年 : "宣子有環, 其一在鄭商." 是也. 注"『詩』曰 : 錫爾玠珪", 此『大雅』「崧高」篇文也. 注"璋, 半珪也", 知者以「典瑞」云 : "四圭有邸以祀天, 兩圭有邸以祀地, 圭璧以祀日月, 璋邸射[119]以祀山川." 自上而下降殺以半. 故知"璋, 半珪也." 注"『漢書』所云'瑄玉' 是也." 『郊祀志』云 : "公卿言皇帝始郊, 見泰一雲陽, 有司奉瑄玉嘉牲薦饗." 是也.

여기서는 규(珪)와 벽(璧)의 종류를 구별하였다. 규(圭)는 옥(玉)으로 된 기물(器物)로, 잡으면 상서롭다고 하는 것이다. 대(大)는 길이이다. 규(珪)의 길이가 1척(尺) 2촌(寸)인 것을 개(玠)라고 한다. 장(璋)은 반규(半珪)이다. 길이가 8촌인 것을 숙(琡)이라고 한다. 벽(璧) 역시 옥으로 된 기물인데 자작(子爵)과 남작(男爵)이 잡는 것이다. 벽(璧)의 길이가 6촌(寸)인 것을 선(宣)이라고 하는데, 그것을 근거로 벽(璧)의 제도를 설명하였다. 육(肉)은 벽의 바깥 변(邊)이며, 호(好)는 가운데 구멍이다. 변(邊)의 두께가 호(好)의 배(倍)인 것을 벽(璧), 공(孔)이 크고 변(邊)이 작은 것을 원(瑗), 변(邊)과 공(孔)이 똑같아 한결같은 것을 환(環)이라고 한다. 『좌전』 소공 16년에 "선자(宣子)가 환(環)을 가지고 있었는데 그 중 하나는 정상(鄭商)에게 있다"고 한 것이 이것이다. 주에서 말한 "『시』왈 : 석이개규(『詩』: 錫爾玠珪)"는 「대아」「숭고(崧高)」편의 글이다. "장(璋)은 반규(半珪)이다"고 한 것에 대하여 아는 자는 『주례』「춘관(春官)」「전서(典瑞)」에 "사방에 돌출된 부분이 있는 벽(璧)으

---

119) 射 : 『주례』의 鄭玄 注에 "射, 剡也. 食亦反"이라 하여, '깎을 석'으로 독해된다.

로 하늘에 제사를 지내고, 위아래 돌출된 부분이 있는 벽(璧)으로 지구에 제사를 지내고, 위만 돌출된 부분이 있는 벽(璧)으로 일월(日月)에 제사지내고, 돌출된 부분이 없는 벽(璧)으로 산천에 제사를 지낸다"고 하였다. 위에서 아래로 돌출된 부분이 반으로 줄어든다. 그러므로 "장(璋)은 반규(半珪)이다"고 한 것을 아는 것이다. 주에서 "『한서』소운'선옥'시야(『漢書』所云'瑄玉'是也)"라 하였는데, 『한서』「교사지(郊祀志)」에 "공경(公卿)이 말하기를 황제(皇帝)께서 처음 교제사를 지낼 때 운양(雲陽)에서 태일(泰一 : 가장 존귀한 天神)을 알현하였는데, 유사(有司)가 선옥(瑄玉)과 좋은 희생(犧牲)을 받들어 제사하였다"고 한 것이 이것이다.

經文 縌, 綬也.

수(縌)는 수(綬 : 옥을 매는 끈)이다.

爾雅注 卽佩玉之組. 所以連繫瑞玉者, 因通謂之縌也.

곧 패옥(佩玉)의 끈이다. 서옥(瑞玉)을 매는 것이므로 일반적으로 수(縌)라고 한다.

爾雅音義 縌, 音遂. 綬, 音受. 組, 音祖.

수(縌)는 음이 수(遂)이다. 수(綬)는 음이 수(受)이다. 조(組)는 음이 조(祖)이다.

爾雅疏

所佩之玉名璲, 繫玉之組名綬. 以其連繫璲玉, 因名其綬曰繸. 故郭云"卽佩玉之組, 所以連繫瑞玉者, 因通謂之繸也.

차고 있는 옥을 수(繸)라고 하며, 옥을 매다는 끈을 수(綬)라고 한다. 수옥(璲玉)을 이어매므로, 그 수(綬)를 수(繸)라고 한다. 그러므로 곽박은 "곧 패옥(佩玉)의 끈이다. 서옥(瑞玉)을 매는 것이므로 일반적으로 수(繸)라고 한다"고 하였다.

經文

一染謂之縓,

한 번 염색(染色)한 것을 전(縓 : 분홍색)이라 한다.

爾雅注

今之紅也.

지금의 홍색(紅色)이다.

經文

再染謂之赬,

두 번 염색한 것을 정(赬 : 엷은 적색)이라고 한다.

爾雅注 淺赤.

엷은 적색이다.

經文 三染謂之纁.

세 번 염색한 것을 훈(纁 : 진한 분홍색)이라고 한다.

爾雅注 纁, 絳也.

훈(纁)은 강(絳 : 진한 분홍색)이다.

經文 青謂之葱,

푸른색을 총(葱 : 엷은 푸른색)이라 한다.

爾雅注 淺青.

엷은 푸른색이다.

經文 黑謂之黝,

흑색을 유(黝 : 흑색)라 한다.

爾雅注 黝, 黑貌. 『周禮』曰 : "陰祀用黝牲."

유(黝)는 검은 모양이다. 『주례』에 "음사(陰祀)에는 검은빛 희생을 사용한다"고 하였다.

經文 斧謂之黼.

부(斧)를 보(黼 : 도끼 문양)라고 한다.

爾雅注 黼文畫斧形, 因名云.

보(黼)의 문양은 부(斧)의 형상을 그렸으므로 보(黼)라고 한다.

爾雅音義 染, 如琰反, 下同. 縓, 七絹反. 『說文』云 : "帛黃赤色." 赬, 恥貞反. 纁, 詩云反. 『說文』云 : "淺絳也." 『字林』同. 葱, 七公反. 黝, 於糾反.

염(染)은 여(如)와 염(琰)의 반절이며 아래도 같다. 전(縓)은 칠(七)과 견(絹)의 반절이다. 『설문』에 "비단의 황적색(黃赤色)이다"고 하였다. 정(赬)은 치(恥)와 정(貞)의 반절이다. 훈(纁)은 시(詩)와 운(云)의 반절이다. 『설문』에 "엷은 붉은 빛의 비단이다"고 하였다. 『자림』에도 같다. 총(葱)은 칠(七)과 공(公)의 반절이다. 유(黝)는 어(於)와 규(糾)의 반절이다.

爾雅疏 別衆色之名也. "一染謂之縓"者, 此述染絳法也. 一染一入色名縓, 今之紅也. 『說文』云: "帛黃赤色." 「喪服記」云: "公子爲其母, 練冠, 麻衣縓緣." 是也. 再染名赬, 卽淺赤也. 三染名纁. 李巡云: "三染其色已成爲絳. 纁·絳一名也." 「考工記」云: "三入爲纁." 鄭玄云: "染纁者三入而成." 「禹貢」云: "厥篚玄纁." 是也. 淺青一名葱. 「玉藻」云: "三命赤韍葱衡." 是也. 黑色名黝, 以白黑二色畫之爲斧形, 名黼. 「考工記」云: "白與黑謂之黼." 『書』云: "黼黻絺繡." 是也. 注"『周禮』曰: 陰祀用黝牲", 此「地官」「牧人職」文也. 鄭注云: "陰祀, 祭地北郊及社稷也."

여러 색깔의 명칭을 구별하였다. "일염위지전(一染謂之縓)"은 강색(絳色)을 염색하는 법을 말한 것이다. 한 번 염색하여 한 번 색을 물들인 것을 전(縓)이라고 하는데, 지금의 홍색(紅色)이다. 『설문』에 "비단의 황적색(黃赤色)이다"고 하였다. 『의례』 「상복(喪服記)」에 "공자(公子)[120]는 그 어머니 상을 당했을 때는 연관(練冠)을 하고 마의(麻衣)[121]를 입고 옷 가선을 홍색으로 한다"고 한 것이 이것이다. 재염(再染)을 정(赬)이라 하는데 곧 엷은 적색이다. 삼염(三染)을 훈(纁)이라고 한다. 이순은 "그 색을 세 번 염색하면 이미 완성되어 강(絳)이 된다"고 하였다. 훈(纁)과 강(絳)은 동일한 명칭이다"고 하였다. 『주례』 「고공기(考工記)」 「종씨(鍾氏)」에 "세 번 물들이면 훈(纁)이 된다"고 하였다. 정현은 "훈(纁)을 물들이는 것은 세 번 물을 들여서

120) 公子 : 임금의 庶子를 말한다.
121) 麻衣 : 白色의 深衣를 말한다.

완성된다"고 하였다. 『서경』 「우공(禹貢)」에 "광주리에 담은 공물은 검은 비단과 진분홍빛 비단이다"라 한 것이 이것이다. 엷은 푸른색을 일명 총(葱)이라고 한다. 『예기』 「옥조(玉藻)」에 "삼명(三命)[122]은 붉은 슬갑에 푸른 형(衡)[123]을 한다"고 한 것이 이것이다. 흑색을 유(黝)라고 하는데, 백색과 흑색 두 가지로 그려서 도끼 형태를 그린 것을 보(黼)라고 한다. 『주례』 「고공기」 「화회(畵繢)」에 "백색과 흑색을 보(黼)라고 한다"고 하였다. 『서경』 「익직(益稷)」에 "보(黼)와 불(黻)을 가는 칡베에 수놓았다"[124]라 한 것이 이것이다. 주에서 말한 『주례』의 "음사용유생(陰祀用黝牲)"은 「지관」 「목인직(牧人職)」의 글이다. 정현의 주에 "음사(陰祀)는 땅의 북교(北郊)와 사직(社稷)에 지내는 제사이다"고 하였다.

經文 邸謂之柢.

저(邸)를 저(柢 : 밑동. 바탕)라 한다.

爾雅注 根柢, 皆物之邸. 邸卽底, 通語也.

근저(根柢)이니, 모두 사물의 바탕이다. 저(邸)는 곧 저(底 : 바닥)이니, 통용되는 말이다.

---

122) 三命 : 公・侯・伯의 卿을 말한다.
123) 衡 : 佩玉의 아래 중앙에 있는 옥을 말한다.
124) 黼와 …… 수놓았다 : 『상서』 孔安國 傳의 "葛之精者曰絺, 五色備曰繡"를 따랐다.

爾雅音義 邸, 丁以反. 柢, 丁計反.

저(邸)는 정(丁)과 이(以)의 반절이다. 저(柢)는 정(丁)과 계(計)의 반절이다.

爾雅疏 根柢名邸. 邸, 本也. 郭云: "根柢, 皆物之邸. 邸卽底, 通語也." 言凡物之柢必在底下, 因名云也. 卽『周禮』「典瑞」云: "四圭有邸以祀天, 兩圭有邸以祀地." 皆謂邸爲本柢也.

근저(根柢)를 저(邸)라고 한다. 저(邸)는 본(本: 밑둥)이다. 곽박은 "근저(根柢)이니, 모두 사물의 바탕이다. 저(邸)는 곧 저(底)이니, 통용되는 말이다"고 하였다. 모든 물건의 바탕은 반드시 아래에 있으므로 저(邸)라고 이르게 됨을 말한 것이다. 즉『주례』「춘관」「전서(典瑞)」에 "사규유저(四圭有邸)[125]로 하늘에 제사를 지내고, 양규유저(兩圭有邸)[126]로 땅에 제사를 지낸다"고 하였으니, 모두 저(邸)가 본저(本柢: 근본)가 됨을 말한다.

經文 雕謂之琢.

조(雕)를 탁(琢: 옥을 다듬다)이라고 한다.

爾雅注 治玉名也.

---

125) 四圭有邸: 사방에 돌출된 부분이 있는 璧.
126) 兩圭有邸: 위아래 돌출된 부분이 있는 璧.

옥을 다듬는 명칭이다.

爾雅疏 案上文治玉璞名雕, 治玉器名琢, 彼對例耳. 散文則雕·琢通. 謂治玉名, 不分璞與器也.

살피건대, 위 글에서 옥박(玉璞 : 玉 原石)을 다루는 것을 조(雕)라 하고 옥기(玉器)를 다루는 것을 탁(琢)이라 하였는데, 그 문장은 조(雕)와 탁(琢)을 따로 따로 대립시켜 말한 예이다. 함께 말한다면 조(雕)와 탁(琢)은 통용되는 말이다. 옥을 다듬는 명칭은 옥박(玉璞)과 옥기(玉器)를 구분하지 않는다.

經文 蓐謂之茲.[127]

욕(蓐)을 자(茲 : 풀로 만든 깔개)라고 한다.

爾雅注 『公羊傳』曰 : "屬負茲."[128] 茲者, 蓐席也.

『공양전』에 "병든 몸이라고 핑계 대다"고 하였다. 자(茲)는 욕석(蓐席)이다.

爾雅音義 蓐, 音辱. 茲, 子斯反. 屬, 之欲反.

---

127) 茲 : 위가 艹(艸)이다. 玄이 둘로 된 玆(자)와는 同音異義이다(正字通).

128) 負茲 : 제후의 병. 일설에는 '요를 등에 대어 자고 있다'로 풀이하고, 일설에는 '부담할 일이 많아 병에 들었다'고 풀이한다.

욕(蓐)은 음이 욕(辱)이다. 자(茲)는 자(子)와 사(斯)의 반절이다. 촉(屬)은 지(之)와 욕(欲)의 반절이다.

爾雅疏 蓐一名茲. 郭云：“茲者, 蓐席也.” 言草蓐之席也. 宣十二年『左傳』：“軍行：右轅, 左追蓐.”129) ○注“『公羊傳』曰：屬負茲”, 此桓十六年傳文也. 案彼“衛侯朔出奔齊.” 傳云：“何以名? 絶. 曷爲絶之? 得罪於天子也. 其得罪於天子奈何? 見使守衛朔, 而不能使衛小衆, 越在岱陰齊, 屬負茲舍, 不卽罪爾.” 何休云：“屬, 託也. 天子有疾稱不豫, 諸侯稱負茲, 大夫稱犬馬, 士稱負薪. 舍, 止也. 託疾止, 不就罪.” 是也. 引之以證茲爲蓐也.

욕(蓐)은 일명 자(茲)이다. 곽박이 “자(茲)는 욕석(蓐席)이다”고 한 것은 풀로 만든 깔개를 말한다. 『좌전』 선공(宣公) 12년에 “군대가 행진할 때 우측 병사는 수레를 따라 가서 싸움에 대비하고, 좌측 병사는 풀을 구하여 숙영(宿營)에 대비한다”고 하였다. ○주에서 말한 『공양전』의 “촉부자(屬負茲)”는 환공(桓公) 16년 전(傳)의 글이다. 살피건대, 『춘추』에 “위(衛)나라 임금인 삭(朔)이 제(齊)나라로 도망갔다”고 하였는데, 『공양전』에 “무엇 때문에 위(衛)나라 임금을 삭(朔)이라고 이름을 썼는가? 그가 임금이라는 자리를 단절시켰기 때문이다. 어찌하여 임금이라는 자리를 단절시켰는가? 천자에게 죄를 지었기 때문이다. 그가 천자에게 죄를 지은 것은 무엇인가? 위나라의 곡삭(告朔)을 지키게 함을 당하였으나, 위나라의 작은 무리를 부리지 못하고, 도망하여 태산(泰山)의 북쪽에 있는 제(齊)나라로 달아났으며,130) 촉부자(屬負茲：병이 났다고 핑계 대다)하고 제나라에 머물고서는 천자

---

129) 右轅, 左追蓐：싸움용 수레 한 대에 甲士 3명과 步兵 72명이 소속되어 있다. 甲士는 수레에 타고 步卒은 좌우로 각각 36명씩 나누어서 좌측 병사는 수레를 따라 행군하고 우측 군사는 宿營에 대비하고자 풀을 구한다.

130) 위나라 …… 달아났으며：『공양전』 何休解詁의 “朔, 十二月朔政事也. 月所以朝廟告朔是也. 時天子使發小衆, 不能使行. 越, 猶走也. 岱, 岱宗, 泰山也. 山北曰陰”을

가 내리는 벌을 받지도 않았기 때문이다"고 하였다. 하휴(何休)는 "촉(屬)은 탁(託 : 핑계 대다)이다. 천자(天子)가 병이 있으면 불예(不豫), 제후는 부자(負茲), 대부는 견마(犬馬), 사(士)는 부신(負薪)이라 일컫는다. 사(舍)는 지(止 : 머물다)이다. 병이라 핑계 대고 〈제나라에〉 머물러 죄 값을 치르지 않았다"고 한 것이 이것이다. 『공양전』의 "촉부자(屬負茲)"를 인용하여 자(茲)가 욕(蓐)임을 증명하였다.

經文 竿謂之箷.

간(竿)을 이(箷 : 횃대. 옷걸이)라고 한다.

爾雅注 衣架.

옷을 거는 시렁이다.

爾雅音義 竿, 乾幹二音. 箷, 李本作箟, 同, 羊支反. 『字林』上支反. 架, 音駕.

간(竿)은 건(乾)과 간(幹)으로 음이 둘이다. 이(箷)에 대하여 이순 본에는 이(箟)로 되어 있는데 음의가 같으며 양(羊)과 지(支)의 반절이다. 『자림』에는 상(上)과 지(支)의 반절이라고 하였다. 가(架)는 음이 가(駕)이다.

따랐다.

爾雅疏 凡以竿爲衣架者, 名箷. 「曲禮」曰 : "男女不同椸枷" 謂此也.

간(竿)으로 옷걸이를 만든 것을 이(箷)라 한다. 『예기』 「곡례(曲禮)」에 "남녀가 옷걸이를 같이 쓰지 않는다"고 한 것이 이를 말한다.

經文 簀謂之笫.

책(簀)을 자(笫 : 대나무 조각으로 만든 자리)라고 한다.

爾雅注 床版.

침상에 까는 판이다.

爾雅音義 簀, 音責. 笫, 側士[131]反.

책(簀)은 음이 책(責)이다. 자(笫)는 측(側)과 사(士)의 반절이다.

爾雅疏 簀, 床版也, 一名笫. 「檀弓」曰 : "華而睆, 大夫之簀與?" 『左傳』 曰 : "床笫之言不逾閾." 『方言』云 : "齊魯之間謂之簀, 陳楚之間或謂之笫." 是也.

131) 士 : 『경전석문』에는 '子'로 되어 있으나 『이아고림』 「音義攷證」에 따라 고쳤다.

책(簀)은 상판(床版 : 침상의 판)이며, 일명 자(笫)이다. 『예기』 「단궁(檀弓)」에 "그림 그리고 밝은 것이 대부의 자리인가?"[132]라 하였다. 『좌전』 양공(襄公) 28년에 "침상 자리의 말은 문지방을 넘어서는 안 된다"고 하였다. 『방언』에 "제(齊)나라 노(魯)나라 지역에서는 책(簀), 진(陳)나라 초(楚)나라 지역에서는 혹 자(笫)라고 한다"[133]고 한 것이 이것이다.

經文 革中絶謂之辨.

가죽 가운데가 잘라진 것을 변(辨 : 잘린 가죽)이라고 한다.

爾雅注 中斷皮也.

가운데가 끊어진 가죽이다.

經文 革中辨謂之韏.

가죽 가운데가 다시 끊어진 것을 권(韏 : 거듭 잘린 가죽)이라고 한다.

---

132) 그림 그리고 …… 자리인가? : 『예기』 鄭玄 注의 "華, 畵也. 睆, 明貌"를 따랐다.
133) 齊나라 …… 笫라고 한다 : 『방언』 권5-12에 나온다.

爾雅注 復分半也.

다시 반으로 나눈 것이다.

爾雅音義 辨, 郭普遍反, 下同, 孫蒲莧反, 釋云: "辨, 半分也." 斷, 都管半. 鲞, 音眷, 又九萬反. 復, 扶又反.

변(辨)에 대하여 곽박은 보(普)와 편(遍)의 반절이라고 하였으며 아래도 같다. 손염은 포(蒲)와 현(莧)의 반절이라 하고 풀이하기를 "변(辨)은 반으로 나눈 것이다"고 하였다. 단(斷)은 도(都)와 관(管)의 반절이다. 권(鲞)은 음이 권(眷), 또는 구(九)와 만(萬)의 반절이다. 부(復)는 부(扶)와 우(又)의 반절이다.

爾雅疏 皮去毛曰革. 此別分斷之名也. 中斷之名辨, 復中分其辨名鲞也.

털을 제거한 가죽을 혁(革: 털 뺀 가죽)이라고 한다. 여기서는 나누어 자른 것의 명칭을 구별하였다. 가운데를 자른 것을 변(辨)이라 하고, 다시 그 변(辨)의 중간을 나눈 것을 권(鲞)이라고 한다.

經文 鏤, 鎪也.

루(鏤)는 수(鎪: 물건에 새기다)이다.

爾雅注 刻鏤物爲鎪.

물건에 새기는 것을 수(鎪)라고 한다.

爾雅音義 鏤, 音漏. 鎄, 字又作鎪, 同, 蘇婁反, 又色留反. 『字書』云: "鎪, 鏉也. 鏉, 音速.

루(鏤)는 음이 루(漏)이다. 수(鎄)는 글자를 또 수(鎪)로도 쓰는데 음의가 같으며 소(蘇)와 루(婁)의 반절, 또는 색(色)과 류(留)의 반절이다. 『자서』에 "수(鎪)는 속(鏉)이다"고 하였다. 속(鏉)은 음이 속(速)이다.

爾雅疏 別二名也. 郭云: "刻鏤物爲鎪. 『詩』云: "鉤膺鏤鍚."

두 가지 명칭을 구별하였다. 곽박은 "물건에 새기는 것을 수(鎪)라 한다"고 하였다. 『시경』「대아」「한혁(韓奕)」에 "말의 띠와 가슴걸이와 조각한 머리 장식이다"[134]고 하였다.

經文 卣, 中尊也.

유(卣)는 중간 크기의 술동이이다.

134) 말의 …… 장식이다: 鄭箋의 "鉤膺, 樊纓也. 眉上曰鍚, 刻金飾之, 今當盧也"에 의거하였다.

爾雅注 不大不小者.

크지도 않고 작지도 않은 것이다.

爾雅音義 卣, 酉由二音.

유(卣)는 유(酉)와 유(由)로 음이 둘이다.

爾雅疏 釋在上.[135]

풀이가 앞에 있다.

석악(釋樂) 제7(第七)

爾雅音義 樂, 五角反. 『說文』云: "揔五聲八音之名, 象鼓鞞之形, 木, 其虡也."[136] 『周禮』有大司樂職, 掌六代之樂. 『尙書』云: "帝曰: 夔, 命汝典樂." 是也.

135) 釋在上: 「釋器」의 "彝·卣·罍, 器"에 자세한 설명이 있다는 말이다.
136) 總五聲 …… 木其虡也: 段注本 『설문』에는 "五聲八音總名, 象鼓鞞, 木, 虡也"로 되어 있다.

악(樂)은 오(五)와 각(角)의 반절이다. 『설문』에 "오성(五聲)과 팔음(八音)을 총괄하는 명칭으로 고비(鼓鞞 : 북)의 모양을 본떴는데, 목(木)은 거(虡 : 북걸이)이다"고 하였다. 『주례』에 대사악직(大司樂職)이 있는데 육대(六代)의 악(樂)[137]을 관장한다. 『상서』 「순전」에 "순 임금이 말하기를, 기(夔)야! 너에게 명하나니, 악(樂)을 맡아라"고 한 것이 이것이다.

爾雅疏 案「樂記」云 : "樂者, 樂也, 君子樂得其道, 小人樂得其欲也." 『說文』云 : "樂, 五聲八音之總名. 象鼓鞞之形. 木, 虡也. 白, 歌[138]也. 又象鍾磬也." 五聲者, 商·角·宮·徵·羽也. 「律歷志」云 : "商之爲言章也, 物成孰可章度. 角, 觸也, 物觸地而出, 戴芒角也. 宮, 中也, 居中央, 暢四方, 唱始施生, 爲四聲綱也. 徵, 祉也. 物盛大而繁祉也. 羽, 宇也, 物聚藏宇覆之也." 又云 : "八音 : 土曰塤, 匏曰笙, 皮曰鼓, 竹曰管, 絲曰絃, 石曰磬, 金曰鍾, 木曰柷." 此篇總釋五聲之名及八音之器, 故名"釋樂"也.

살피건대, 『예기』 「악기」에 "악(樂)은 락(樂 : 즐거워하다)이다. 군자는 도(道)를 얻기를 즐거워하고, 소인은 그 욕망을 채우기를 즐거워한다"고 하였다. 『설문』에는 "악(樂)은 오성(五聲)과 팔음(八音)을 총체적인 명칭으로 고비(鼓鞞)의 모양을 본떴는데, 목(木)은 거(虡 : 북걸이)이다. 백(白)은 가(歌)이다. 또 종경(鍾磬)을 본떴다"고 하였다. 오성(五聲)은 상(商)·각(角)·궁(宮)·

137) 六代의 樂 : 黃帝·堯·舜·禹·湯·武王의 樂을 말한다. 『周禮』 「春官」 「大司樂」에 "以樂舞敎國子. 舞雲門, 大卷, 大咸, 大磬, 大夏, 大濩, 大舞"라 하였다. 보통 黃帝의 樂은 雲門, 堯의 樂은 咸池, 舜이 아은 大韶, 禹의 樂은 大夏, 殷의 樂은 大濩, 周의 樂을 大武라고도 한다.

138) 白, 歌也 : 歌가 謌로 된 판본이 있다. 이에 대하여 견해가 분분하다. 『說文詁林』 「繫傳統論」에는 "白, 象鼓形"이라 하여, '白'을 북 모양으로 처리했고, 『설문고림』 「段注」에는 "象鼓鞞, 謂丝也"라 하여, '丝'를 북 모양으로 처리했다. 그러나 『설문고림』 「句讀」에는 '以白爲謌, 似千古無徵'이라 하여, '白'을 '謌'로 풀이한 것을 인정하지 않았다.

치(徵)·우(羽)이다. 『한서』「율력지」에는 "상(商)이라는 말은 장(章 : 법)이다. 사물이 성숙하면 장도(章度 : 제도 규칙)가 될 수 있다. 각(角)은 촉(觸 : 닿다)이니, 사물이 땅에 접촉하여 나오면서 까끄라기를 이고 나온다. 궁(宮)은 중(中)이니, 중앙에 있으면서 사방에 퍼지고, 소리가 처음으로 퍼져 나서 사성(四聲 : 商·角·徵·羽)의 벼리가 된다. 치(徵)는 지(祉 : 복)이다. 사물이 성대하여 번성하고 복이 된다. 우(羽)는 우(宇 : 집)이니, 사물이 집에 모여 저장되고 뒤덮히는 것이다"고 하였다. 또 이르기를 "팔음(八音)은 토(土 : 흙 악기)는 훈(塤), 포(匏 : 박 악기)는 생(笙), 피(皮 : 가죽 악기)는 고(鼓), 죽(竹 : 대나무 악기)은 관(管), 사(絲 : 줄 악기)는 현(絃), 석(石 : 돌 악기)은 경(磬), 금(金 : 금속 악기)은 종(鍾), 목(木 : 나무 악기)은 축(柷)이다"고 하였다. 이 편에서는 오성(五聲)의 명칭과 팔음(八音)의 악기를 총체적으로 풀이하였기 때문에 석악(釋樂)이라 이름한 것이다.

經文 宮謂之重, 商謂之敏, 角謂之經, 徵謂之迭, 羽謂之柳.

궁(宮)을 중(重), 상(商)을 민(敏), 각(角)을 경(經), 치(徵)를 질(迭), 우(羽)를 류(柳)라 한다.

爾雅注 皆五音之別名. 其義未詳.

모두 오음(五音)의 별명이다. 그 뜻은 미상이다.

爾雅音義 重, 直冢反. 劉歆云: "宮, 中也, 居中央, 暢四方, 唱始施生, 爲四聲綱也." 孫云: "宮, 音濁而遲, 故曰重也." 敏, 亡謹反, 疾也, 成也, 審也, 達也. 劉歆云: "商, 章也, 物成孰可章度也." 『白虎通』云: "商, 彊也." 案, 商爲臣而佐君成政, 故曰敏. 敏, 成也, 經, 常也. 劉歆云: "角, 觸也, 物觸地而出, 戴芒角也." 徵, 知里反. 迭, 大結反. 劉歆云: "徵, 祉也. 物盛大而繁祉也." 『白虎通』云: "徵, 止也." 劉歆云: "羽, 宇也, 物聚藏宇覆之也." 『白虎通』云: "羽, 舒也." 鄭注『禮』云: "柳, 聚也."

중(重)은 직(直)과 총(冢)의 반절이다. 유흠은 "궁(宮)은 중(中 : 중앙)이니, 중앙에 있으면서 사방에 퍼지고 처음으로 소리가 퍼져 사성(四聲)의 벼리가 된다"고 하였다. 손염은 "궁(宮)은 음이 탁하면서 느리기 때문에 중(重 : 무겁다)이라 한다"고 하였다. 민(敏)은 망(亡)과 근(謹)의 반절로 질(疾 : 빠르다), 성(成 : 이루다), 심(審 : 살피다), 달(達 : 통달하다)의 뜻이다. 유흠은 "상(商)은 장(章)이니, 사물이 성숙하면 장도(章度)가 될 수 있다"고 하였다. 『백호통』에는 "상(商)은 강(彊 : 강하다)이다"고 하였다. 살피건대, 상(商)은 신하가 되어 임금을 도와서 정사를 완성하기 때문에 민(敏 : 이루다)이라 한다. 민(敏)은 성(成 : 이루다)이고 경(經)은 상(常 : 일정하다)이다. 유흠은 "각(角)은 촉(觸)이니, 사물이 지구에 접촉하여 나오면서 까끄라기를 이고 나온다"고 하였다. 치(徵)는 지(知)와 리(里)의 반절이다. 질(迭)은 대(大)와 결(結)의 반절이다. 유흠은 "치(徵)는 지(祉 : 복)이다. 사물이 성대하여 번성하고 복이 된다"고 하였다. 『백호통』에 "치(徵)는 지(止 : 그치다)이다"고 하였다. 유흠은 "우(羽)는 우(宇 : 집)이다. 사물이 모여 저장되고 뒤덮이는 것이다"고 하였다. 『백호통』에 "우(羽)는 서(舒 : 펴다)이다"고 하였다. 정현의 『주례』 주에는 "유(柳)는 취(聚 : 모이다)이다"고 하였다.

爾雅疏 案此文則宮一名重, 商一名敏, 角一名經, 徵一名迭, 羽一名柳. 但未見義所出也. ○注云"皆五音"者, 案鄭玄注「樂記」云: "雜比曰音”, 謂宮・商・角・徵・羽淸濁相染和比謂之音. “單出曰聲”, 謂五聲之內唯單有一聲, 更無餘聲相雜也. 然則初發口單出者謂之聲, 衆聲和合成章謂之音, 金・石・干・戚・羽・旄謂之樂, 則聲爲初, 音爲中, 樂爲末. 此云五音者, 擧中而言也. 云“之別名”者, 謂重・敏・經・迭・柳是宮・商・角・徵・羽之別名也. 云“其義未詳”者, 以『爾雅』之作以釋六藝, 今經典之中無此五名, 或在亡逸中, 不可得而知其義, 故云未詳. 案孫淑然云 : “宮濁而遲, 故曰重也.” 孫氏雖有此說, 更無經據, 故不取也.

살피건대, 이 문장은 궁(宮)은 일명 중(重), 상(商)은 일명 민(敏), 각(角)은 일명 경(經), 치(徵)는 일명 질(迭), 우(羽)는 일명 류(柳)인데, 다만 뜻이 나온 곳을 알지 못한다. ○주에서 “개오음(皆五音)”이라 한 것은, 살피건대, 정현의 「악기(樂記)」 주에 “섞여서 화합하는 것을 음(音)이라 한다”고 하였으니, 궁(宮)・상(商)・각(角)・치(徵)・우(羽)가 청탁이 서로 섞이고 화합하는 것을 음이라 함을 말한다. “단독으로 나오는 것을 성(聲)이라 한다”고 하였는데, 오성(五聲) 안에 단지 일성(一聲)만이 있고 다시 다른 성과 서로 섞임이 없는 것을 말한다. 그렇다면 최초로 입에서 단독으로 나오는 것을 성(聲)이라 하고, 여러 성(聲)이 화합하여 장(章)을 이루는 것을 음이라 하니, 금(金 : 종)・석(石 : 경쇠)・간(干 : 방패)・척(戚 : 도끼)・우(羽 : 깃)・모(旄 : 소꼬리 기)를 악(樂)이라 한다면 성(聲)은 최초이고, 음(音)은 중간이고, 악(樂)은 마지막이다.139) 여기서 말한 오음(五音)은 중간을 들어서 말한 것이다. 주에서 말한 “지별명(之別名 : 의 다른 이름)”은 중(重)・민(敏)・경(經)・질(迭)・류(柳)가 궁(宮)・상(商)・각(角)・치(徵)・우(羽)의 별명임을 말한다. “기의미상(其義未詳)”이라 한 것은 『이아』라는 저작은 육예(六藝)를 해석한 것인데, 지금 경전(經典) 중에는 이 다섯 명칭이 없고140) 혹 없어진 것 중에 있어

139) 宮・商・角 …… 마지막이다 : 鄭玄의 注에 대하여 邢昺이 부연 설명한 것으로 되어 있으나 『禮記正義』에 나오는 孔穎達의 疏를 그대로 轉載한 것이다.
140) 『이아』라는 …… 없고 : 『이아고림』 「注疏參義」에 “爾雅以釋六藝, 而六藝中無此五

서 그 뜻을 알지 못하기 때문에 미상(未詳)이라 한 것이다. 살피건대, 손숙연은 "궁(宮)은 소리가 탁하고 느리기 때문에 중(重)이라 한다"고 하였는데, 손씨가 비록 이런 주장을 하였으나 경전에 근거가 없기 때문에 취하지 않았다.

經文 大瑟謂之灑.

대슬(大瑟)을 쇄(灑 : 큰 슬)라고 한다.

爾雅注 長八尺一寸, 廣一尺八寸, 二十七絃.

길이는 8척 1촌, 너비는 1척 8촌으로 27현이다.

爾雅音義 瑟, 『字林』云 : "庖羲作瑟." 灑, 所蟹所綺二反, 又所買反. 孫云 : "音多變布出如灑也." 長, 直亮反, 又如字, 下放此. 廣, 古曠反.

슬(瑟)은 『자림』에 "포희(庖羲)가 슬(瑟)을 만들었다"고 하였다. 쇄(灑)는 소(所)와 해(蟹), 소(所)와 기(綺) 두 가지의 반절, 또는 소(所)와 매(買)의 반절이다. 손염은 "음이 다양하게 변화하여 쇄(灑 : 물 뿌리다)와 같이 퍼져 나오는 것이다"고 하였다. 장(長)은 직(直)과 량(亮)이 반절, 또는 여자(如字)인데 아래도 이와 같다. 광(廣)은 고(古)와 광(曠)의 반절이다.

名"이라 하여, 六藝(禮 · 樂 · 射 · 御 · 書 · 數)에 宮 · 商 · 角 · 徵 · 羽의 五名이 없다고 설명하였다.

爾雅疏 瑟者, 登歌所用之樂器也, 故先釋之.『世本』曰 : "庖犧作五十絃. 黃帝使素女鼓瑟, 哀不自勝, 乃破爲二十五絃, 具二均聲."「禮圖」舊云 : "雅瑟長八尺一寸, 廣一尺八寸, 二十三絃. 其常用者十九絃, 其餘四絃謂之番. 番, 贏也. 頌瑟長七尺二寸, 廣尺八寸, 二十五絃, 盡用之." 熊氏云 : "瑟兩頭有孔, 其在底下者名越."「鄕飮酒禮」云 : "二人皆左何瑟, 後首, 挎越." 注云 : "越, 瑟底孔也."「燕禮」云 : "小臣左何瑟, 面鼓, 執越." 注云 : "越, 瑟下孔也. 若用之祭祀, 則練其絃, 疏其越."「樂記」云 : "「淸廟」之瑟, 朱絃而疏越." 鄭注云 : "朱絃, 練朱絃, 練則聲濁. 越, 瑟底孔也. 畫疏之, 使聲遲也." 以其不練則體勁而聲淸, 練則絲熟而聲濁也. 疏, 通也, 使兩頭孔相連而通也. 孔小則聲急, 孔大則聲遲故也. 其大者別名灑. 孫叔然云 : "音多變, 布出如灑也." 郭云 : "二十七絃", 未見所出.

슬(瑟)은 등가(登歌 : 당에 올라가 부르는 노래)에 사용하는 악기이기 때문에 먼저 풀이하였다.『세본』에는 "복희씨가 50현을 만들었다. 황제가 소녀(素女)로 하여금 슬(瑟)을 타게 하였는데, 슬픔을 스스로 견디지 못하여 부수어 25현을 만들었다. 둘 다 고른 소리를 갖추었다"고 하였다.「예도」에 과거부터 말하기를 "아슬(雅瑟)은 길이가 8척 1촌, 넓이 1척 8촌, 23현이다. 항상 사용하는 것은 19현이며, 그 나머지 4현을 번(番)이라 한다. 번(番)은 영(贏 : 나머지)이다. 송슬(頌瑟)은 길이 7척 2촌, 넓이 1척 8촌으로 25현이며, 모두 사용한다"고 하였다. 웅씨(熊氏)[141]는 "슬(瑟) 양쪽 끝에 구멍이 있는데 그 아래쪽에 있는 것을 월(越 : 슬의 아래쪽 구멍)이라 한다"고 하였다.『의례』「향음주례(鄕飮酒禮)」에 "두 사람 모두 좌측에 슬을 메고 슬의 머리를 뒤로 하고 손가락으로 슬 아래의 구멍을 쥔다"고 하였는데, 정현의 주에 "월은 슬 아래 구멍이다"고 하였다.『의례』「연례(燕禮)」에 "소신(小臣 : 낮은 신하)이 좌측에 슬을 메고, 고수는 앞에 있으면서, 슬의 구멍을 잡는다"고

141) 熊氏 : 唐以前의 학자로 추측되나 누구인지는 확실하지 않다. 孔穎達의『正義』에 인용되어 있는데 北周의 經學者인 熊安生으로 추측된다.

하였는데, 정현의 주에 "월(越)은 슬 아래 구멍이다. 만약 제사 때 사용할 것 같으면 그 현을 련(練 : 누이다)하고, 그 월(越)을 통하게 한다"고 하였다. 『예기』 「악기(樂記)」에 "「청묘(淸廟)」에 연주하는 슬(瑟)은 누인 주현(朱絃)이고 월(越)을 통하게 한다"고 하였는데, 정현의 주에 "주현(朱絃)은 주현을 누인 것이니, 누이면 소리가 탁해진다. 월(越)은 슬 아래의 구멍이다. 소통(疏通)시켜 소리가 늘어지도록 하는 것이다"[142]고 하였다. 누이지 않으면 현이 팽팽하여 소리가 맑고, 누이면 실이 익어 소리가 탁하기 때문이다. 소(疏)는 통(通 : 통하다)이다. 양쪽 머리 구멍을 서로 연결시켜 통하게 하는 것이다. 구멍이 작으면 소리가 빠르고 구멍이 크면 소리가 느리기 때문이다.[143] 그 큰 것은 다른 명칭이 쇄(灑)이다. 손숙연은 "음이 다양하게 변화하여 쇄(灑)와 같이 퍼져 나오는 것이다"고 하였다. 곽박이 말한 27현은 그 출전을 보지 못하겠다.

經文 大琴謂之離.

대금(大琴)을 리(離 : 큰 금)라 한다.

爾雅注 或曰琴大者二十七絃, 未詳長短. 『廣雅』曰 : "琴長三尺六寸六分, 五絃."

혹자는 금(琴)중에서 큰 것은 27현이나 장단(長短)은 자세하지 않다고 하였다. 『광아』에 "금(琴)은 길이가 3척(尺) 6촌(寸) 6분(分)으로 5현(絃)이다"고

142) 朱絃은 …… 하는 것이다 : 이에 대하여 孔穎達은 "案, 虞書傳云 : 古者帝王升歌淸廟之樂, 大瑟練弦. 此云朱弦者, 明練之可知也"라 하여 누인 것을 밝혔다.

143) 누이지 …… 때문이다 : 형병의 말로 되어 있으나 孔穎達의 疏를 그대로 전재한 것이다.

하였다.

爾雅音義 琴,『字林』云:“神農作琴.”

금(琴)은 『자림』에 “신농씨가 금을 만들었다”고 하였다.

爾雅疏 『琴操』曰:“伏羲作琴.”『世本』云:“神農作琴.”『白虎通』曰:“琴者, 禁也, 禁止於邪, 以正人心也.” 琴之大者別名離也. 孫叔然云:“音多變, 聲流離也.” 云“或曰琴大者二十七絃, 未詳長短”者, 或人言琴有二十七絃, 是琴之大者也, 但未詳其長短耳. 云“『廣雅』曰:琴長三尺六寸六分, 五絃”者, 此常用之琴也, 象三百六十六日, 五絃象五行, 大絃爲君, 小絃爲臣, 文王·武王加二絃, 以合君臣之恩也. 又五絃第一絃爲宮, 其次商·角·徵·羽, 文·武二絃爲少宮·少商. 又『琴操』曰:“廣六寸, 象六合也.” 又上曰池, 言其平. 下曰濱, 言其服. 前廣後狹, 象尊卑, 上圓下方, 法天地. 然琴爲樂器, 通見『詩』·『書』, 故此釋之也.

『금조(琴操)』144)에 “복희씨(伏羲氏)가 금(琴)을 만들었다”고 하였다. 『세본』에는 “신농씨(神農氏)가 금을 만들었다”고 하였다. 『백호통』「예악」에 “금(琴)은 금(禁:금지하다)이다. 사악한 것을 막아 인심을 바르게 하는 것이다”고 하였다. 금(琴) 가운데 큰 것의 별명은 리(離)이다. 손숙연은 “음(音)이 다양하게 변하여 성(聲)이 흩어지는 것이다”고 하였다. 주에서 “혹자는 금(琴)중에서 큰 것은 27현이나 장단(長短)은 자세하지 않다고 하였다”고 한 것은 어떤 사람이 금(琴)에는 27현이 있는데, 이것은 금(琴) 가운데 큰 것이나, 다만 그 장단이 상세하지 않다는 것을 말한 것이다. 주에서 “『광아』에

---

144) 『琴操』: 書名. 2권. 漢代 蔡邕의 저작이라고는 하나 확실하지 않다.

'금(琴)은 길이가 3척(尺) 6(寸) 6분(分)으로 5현(絃)이다'고 하였다"고 하였는데, 이것은 일상적으로 사용하는 금(琴)으로 366일을 본떴다. 5현(絃)은 오행(五行)을 본뜬 것이니, 대현(大絃)은 임금이고, 소현(小絃)은 신하인데, 문왕·무왕이 이현(二絃)을 더하여 군신간의 은혜를 부합시켰다. 또 오현(五絃)에서 제 1현은 궁(宮)이고, 그 다음이 상(商)·각(角)·치(徵)·우(羽)이다. 문왕·무왕의 이현(二絃)은 소궁(少宮)·소상(少商)이다. 또 『금조』에 "너비가 6촌인 것은 육합(六合 : 上下·四方)을 본뜬 것이다"고 하였다. 또 위를 지(池)라 함은 그 공평함을 말함이고, 아래를 빈(濱)이라 함을 그 복종함을 말함이고, 앞이 넓고 뒤가 좁은 것은 존비(尊卑)를 본뜬 것이고, 위가 둥글고 아래가 네모난 것은 천지(天地)를 본받은 것이다. 그러나 금(琴)은 악기이며 『시경』·『서경』에 두루 보이기 때문에 여기에 풀이한 것이다.

經文 大鼓謂之鼖,

대고(大鼓 : 큰 북)을 분(鼖)이라 하고,

爾雅注 鼖長八尺.

분(鼖)은 길이가 8척이다.

經文 小者謂之應.

소고(小鼓)를 응(應 : 작은 북)이라 한다.

爾雅注 『詩』曰 : "應𣏾縣鼓." 在大鼓側.

『시경』에 "응(應)·인(𣏾)·현고(縣鼓)이다"고 하였으니, 큰 북 옆에 있다.

爾雅音義 鼖, 扶云反. 應, 音譍, 注同. 李云 : "小者音聲相承, 故曰應. 應, 承也." 孫云 : "和應大鼓也." 𣏾, 余刃反. 『詩』云 : "應𣏾縣鼓." 是也. 案𣏾, 引也, 謂擊小鼓引樂聲. 縣, 音玄.

분(鼖)은 부(扶)와 운(云)의 반절이다. 응(應)은 음이 응(譍)이며, 주에서도 같다. 이순은 "작은북은 음성(音聲)이 서로 이어지므로 응(應)이라 한다. 응(應)은 승(承 : 잇다)이다"고 하였다. 손염은 "큰북에 화답하여 응하는 것이다"고 하였다. 인(𣏾)은 여(余)와 인(刃)의 반절이다. 『시경』의 "응인현고(應𣏾縣鼓)"라 한 것이 이것이다. 살피건대, 인(𣏾)은 인(引 : 이끌다)으로 작은 북을 쳐 소리를 이끄는 것을 말한다. 현(縣)은 음이 현(玄)이다.

爾雅疏 別鼓大小之名也. 鼓之大者名鼖. 『周禮』「鼓人職」曰 : "以鼖鼓鼓軍事." 是也. 其小者名應, 言聲應于大鼓也. 李巡云 : "小者音聲相承, 故曰應也." 孫炎云 : "和應大鼓也." ○注"鼖長八尺"者, 知者[145]案「考工記」韗人爲鼓, "長八尺, 鼓四尺, 中圍加三之一, 謂之鼖." 後鄭注云 : "中圍加三之一者, 加於面之圍以三分之一也. 面四尺, 其圍十二尺, 加以三分之一, 四尺, 則中圍十六尺, 徑五尺三寸三分寸之一也. 今亦合二十版, 則版穹六寸三分寸之二耳. 大鼓謂之鼖, 以鼖鼓鼓軍事. 鄭士農云

145) 知者 : 衍文으로 보인다.

鼓四尺, 謂革所蒙者廣四尺." "應朄縣鼓", 「周頌」「有瞽」篇文也. 鄭箋云 : "朄, 小鼓, 在大鼓旁. 應, 鼙之屬也." 案朄, 引也, 謂擊小鼓引樂聲.

북의 대소에 따라 명칭을 구별하였다. 큰 북을 분(鼖)이라 한다. 『주례』「고인직(鼓人職)」에 "큰 북으로 군대의 사기를 일으킨다"고 한 것이 이것이다. 작은 것을 응(應)이라 하니, 소리가 큰 북에 응하는 것을 말한다. 이순은 "작은 것은 음성(音聲)이 서로 이어지므로 응(應)이라 한다"고 하였다. 손염은 "큰 북에 화답하여 응하는 것이다"고 하였다. ○ 주에서 "분장팔척(鼖長八尺)"이라 하였다. 살피건대, 『주례』「고공기」에 운인(韗人)이 고(鼓)를 만드는데 "길이가 8척이고 고(鼓)는 4척인데 가운데 둘레를 3분의 1을 더한 것을 분(鼖)이라 한다"고 하였다. 정현은 "중위가삼지일(中圍加三之一)은 면의 둘레에 3분의 1을 더하는 것이다. 면이 4척이면 그 둘레는 12척인데, 3분의 1인 4척을 더하면 중위(中圍)는 16척이다. 지름은 5척 3촌 3분 1촌의 1이다. 지금 역시 20판(版)을 결합시키니, 판의 궁(穹 : 아치형)은 6촌 3분 1촌의 2이다.[146] 대고(大鼓)를 분(鼖)이라 하는데, 분(鼖)으로 군대의 일에 친다. 정사농은 고(鼓) 4척(尺)이란 혁(革 : 가죽)이 덮어씌운 것이 너비가 4척임을 말한다"고 하였다. "응인현고(應朄縣鼓)는 『주송』「유고(有瞽)」의 글인데, 『정전』에 "인(朄)은 소고(小鼓)로 대고(大鼓) 옆에 있고, 응(應)은 비(鼙 : 馬上 북)의 종류이다"고 하였다. 살피건대, 인(朄)은 인(引)으로, 작은북을 쳐 악성(樂聲)을 이끄는 것을 말한다.

經文 大磬謂之毊.

146) 지금 역시 …… 1촌의 2이다 : 가운데의 더해진 부분의 반지름 숫자이다. 4척에서 5척 3촌 3분 1촌의 1로 늘어난 수를 빼내면 1척 3촌 3분 1촌이 되고, 이를 둘로 나누면 6촌 3분 1촌의 2가된다.

대경(大磬 : 경쇠. 큰 경쇠)을 효(毊)라 한다.

爾雅注 毊形似犁錧, 以玉石爲之.

효(毊)는 형상이 여관(犁錧 : 쟁기)과 비슷한데 옥돌로 만든다.

爾雅音義 磬, 口定反. 毊, 虛嬌反, 又音喬. 孫云 : "毊, 喬也, 喬, 高也, 謂其聲高也." 李云 : "大磬, 聲淸燥也, 故曰毊. 毊, 燥也." 犁, 郭奚反. 錧, 古緩反, 沈, 古亂反, 『字林』云 : "田器也. 江南人呼犁刃[147]爲錧." 本亦作貫, 同.

경(磬)은 구(口)와 정(定)의 반절이다. 효(毊)는 허(虛)와 교(嬌)의 반절, 또는 음이 교(喬)이다. 손염은 "효(毊)는 교(喬 : 높다)이고, 교(喬)는 고(高)이다. 그 소리가 높은 것을 말한다"고 하였다. 이순은 "대경(大磬)은 소리가 맑고 건조하기 때문에 효(毊)라 한다. 효(毊)는 조(燥 : 메마르다)이다"고 하였다. 려(犁)는 곽(郭)과 해(奚)의 반절이다. 관(錧)은 고(古)와 완(緩)의 반절인데, 심선은 고(古)와 란(亂)의 반절이라 하였다. 『자림』은 "밭을 가는 기구이다. 강남 사람은 여인(犁刃)을 관(錧)이라 부른다"고 하였다. 본에 따라 역시 관(貫)으로 되어 있으나 음의가 같다.

爾雅疏 磬, 樂器名也, 以玉石爲之. 『世本』曰 : "無句作磬." 『釋名』云 : "磬, 罄也. 聲堅罄罄然." 「考工記」曰 : "磬氏爲磬, 倨句一矩有半, 其博爲一, 股爲二, 鼓爲三. 參分其股博, 去一以爲鼓博. 參分其鼓博, 以其一爲之厚. 已上則磨其旁, 已下則磨其耑." 是其制也. 大者名毊. 孫

147) 刃 : 『경전석문』에는 '刀'로 되어 있으나 『이아고림』「音義攷證」에 따라 고쳤다.

炎云：“韽, 喬也. 喬, 高也. 謂其聲高也.” 李巡云：“大磬, 聲淸燥也, 故曰韽. 韽, 燥也.”『字林』云：“錧, 田器也.” 自江而南呼犁刃爲錧, 此韽形似犁錧, 但大爾. 云“以玉石爲之”者,『左傳』云：“玉磬紀甗.”148) 又八音謂磬爲石. 故知“以玉石爲之”也.

경(磬)은 악기의 명칭인데 옥돌로 만든다.『세본』에 “무구(無句)가 경(磬)을 만들었다”고 하였다.『석명』에 “경(磬)은 경(罄：비다)이다. 소리가 딱딱하여 땡땡 소리가 난다”고 하였다.『주례』「고공기」에는 “경씨(磬氏)가 경(磬)을 만들었는데 거구(倨句)149)는 1구(矩：曲尺) 반이며, 박(博)은 하나이고,150) 고(股)는 둘이고 고(鼓)는 셋이다.151) 고(股)의 박(博)을 셋으로 나누어 하나를 제거하여 고(鼓)의 박(博)으로 만든다. 그 고(鼓)의 박(博)을 3등분하여 그 하나로 후(厚：두께)를 만든다. 이상이면 그 방(旁：곁)을 갈고 이하면 그 단(耑：끝)을 간다”고 한 것이 그 제도이다. 큰 것은 명칭이 효(韽)이다. 손염은 “효(韽)는 교(喬)이다. 교(喬)는 고(高)이다. 그 소리가 높은 것을 말한다”고 하였다. 이순은 “대경(大磬)은 소리가 맑고 건조하기 때문에 효(韽)라 한다. 효(韽)는 조(燥)이다”고 하였다.『자림』에 “관(錧)은 밭가는 기구이다”고 하였다. 양자강 이남에서는 여인(犁刃)을 관(錧)이라 부르는데, 이는 이것은 효(韽)의 형체가 여관(犁錧)과 비슷하되 다만 클 뿐이다. 주에서 “옥돌로 만든다”고 한 것은『좌전』성공(成公) 2년에 “옥경(玉磬：옥경쇠)과 기(紀)나라의 시루”라 하였고, 또 팔음(八音)에서 경(磬)을 말하여 석(石：돌)이라고 하였기 때문에 “옥돌로 만든다”는 것을 알 수 있다.

148) 玉磬紀甗：『좌전』에는 ‘紀甗玉磬’으로 되어 있다.
149) 倨句：‘ㄱ’자의 긴 부분을 ‘倨’라 하고, 짧은 부분을 ‘句’라 한다.
150) 博은 하나이고：博은 ‘股博’인데, ‘廣(너비)’을 말한다. 하나(一)는 비율이 1로, 이하 2·3 숫자는 비율이 1에 2·3배임을 말한다.
151) 股는 …… 셋이다：股는『주례』鄭玄 注에 “股, 磬之上大者”라 하여 ‘경쇠의 上外側 부분’이고, 鼓는『주례』鄭玄 注에 “鼓, 其下小者, 所當擊者也”라 하였다.

經文 大笙謂之巢.

대생(大笙)을 소(巢 : 큰 생황)라 한다.

爾雅注 列管瓠中, 施簧管端, 大者十九簧.

호(瓠) 속에 관(管)이 나열되고, 황(簧 : 떨림판)을 관 끝에 끼우는데 큰 것은 19황이다.

經文 小者謂之和.

작은 생황을 화(和 : 작은 생황)라 한다.

爾雅注 十三簧者. 「鄕謝記」曰 : "三簧一和而成聲."

13황은 「향사기(鄕射記)」에 "삼황일화이성성(三簧一和而成聲 : 세 사람이 簧을 불고 한 사람이 和를 불어 소리를 이룬다)"이라 하였다.

爾雅音義 笙, 『世本』云 : "隨作笙." 巢, 孫顧竝仕交莊交二反. 孫又徂交反. 巢, 高也, 言其聲高. 瓠, 胡故反. 簧, 音黃. 和, 胡戈反, 下同. 李云 : "小者聲小, 音相和也." 郭引『儀禮』云 : "三笙一和而成聲." 鄭注云 :

"三人吹笙, 一人吹和." 又胡臥反. 孫云 : "應和於笙."

생(笙)은 『세본』에는 "수(隨)[152]가 생을 만들었다"고 하였다. 소(巢)는 손염과 고야왕 모두 사(仕)와 교(交), 장(莊)과 교(交) 두 가지의 반절이라 하였다. 손염은 또 "조(徂)와 교(交)의 반절이다. 소(巢)는 고(高 : 높다)로 그 소리가 높음을 말한다"고 하였다. 호(瓠)는 호(胡)와 고(故)의 반절이다. 황(簧)은 음이 황(黃)이다. 화(和)는 호(胡)와 과(戈)의 반절인데 아래에서도 같다. 이순은 "작은 것은 소리가 작으며, 음이 서로 조화롭다"고 하였다. 곽박은 『의례』 「향사례」를 인용하여 "삼황일화이성성(三簧一和而成聲)"이라 하였는데, 정현의 주에 "세 사람이 생(笙)을 불고, 한 사람이 화(和)를 분다"고 하였다. 또 호(胡)와 와(臥)의 반절이다. 손염은 "응(應 : 작은북)이 생(笙)과 조화를 이룬다"고 하였다.

爾雅疏 『世本』云 : "隨作笙." 『禮記』曰 : "女媧之笙簧." 『釋名』曰 : "笙, 生也. 象物貫地而生." 『說文』云 : "笙, 正月之音. 物生, 故謂之笙. 有十三簧, 象鳳之身." 其大者名巢. 巢, 高也, 言其聲高. 小者名和. 李巡云 : "小者聲少, 音相和也." 孫炎云 : "應和於笙." 瓠, 匏也, 以匏爲底, 故八音謂笙爲匏. 簧者, 笙管之中金薄鍱也. 笙管必有簧, 故或謂笙爲簧. 『詩』「王風」云 : "左執簧." 是也. 大者十九簧, 以時驗而言也. 云"十三簧"者, 鄭司農注『周禮』亦云"十三簧", 相傳爲然. 云"「鄉射記」曰 : 三笙一和而成聲"者, 彼鄭注云 : "三人吹笙, 一人吹和." 是也.

『세본』에 "수(隨)가 생(笙)을 만들었다"고 하였다. 『예기』 「명당위(明堂位)」에 "여와(女媧)의 생황(笙簧)이다"고 하였다. 『석명』에 "생(笙)은 생(生 : 나오다)이다. 만물이 땅을 뚫고 생성됨을 본뜬 것이다"고 하였다. 『설문』은 "생

152) 隨 : 上古時代의 사람. 상고시대의 임금인 女媧의 신하라고 전해진다. 女媧는 또 伏犧氏의 누이라고도 한다.

(笙)은 정월(正月)의 음이다. 만물이 생성되므로 생(笙)이라 한다. 황(簧)이 13개로 봉황의 몸을 본뜬 것이다"고 하였다. 큰 것을 소(巢)라 하는데 소(巢)는 고(高)로서 그 소리가 높음을 말한다. 작은 것을 화(和)라고 부른다. 이순은 "작은 것은 소리가 작으며, 음이 서로 조화롭다"고 하였으며, 손염은 "응(應 : 작은 북)이 생(笙)과 조화를 이룬다"고 하였다. 호(瓠)는 포(匏 : 바가지 악기)인데, 포(匏)로 밑바닥을 만들었으므로 팔음(八音)에서 생(笙)을 만들어 포(匏)라고 한다. 황(簧)은 생관(笙管) 속에 있는 쇠로 된 얇은 섭(鍱 : 얇은 철판)이다. 생관(笙管)은 반드시 황이 있기 때문에 혹자는 생(笙)을 황(簧)이라 한다. 『시경』「왕풍(王風)」「군자양양(君子陽陽)」에 "좌집황(左執簧 : 왼손에 황을 잡고)"이라 한 것이 이것이다. 큰 것은 19황이라 한 것은 당시의 증험으로 한 말이다. 주에서 "13황(簧)"이라 한 것은 정사농의 『주례』 주에 역시 "13황(簧)"이라 하였으니, 서로 전하여져 그렇게 된 것이다. 주에서 말한 「향사기」의 "삼생일화이성성(三笙一和而成聲)"은 정현의 주에 "삼인취생(三人吹笙), 일인취화(一人吹和)"라 한 것이 이것이다.

經文 大篪謂之沂.

대지(大篪)를 은(沂 : 큰 젓대)이라 한다.

爾雅注 篪以竹爲之, 長尺四寸, 圍三寸, 一孔上出, 一寸三分, 名翹, 橫吹之. 小者尺二寸. 『廣雅』云 : "八孔."

지(篪)는 대나무로 만드는데 길이가 1척 4촌, 둘레가 3촌이며 한 개의 구멍이 위쪽으로 나있는데 1촌 3분이고, 명칭은 교(翹)이며 가로로 분다.

작은 것은 1척 2촌인데, 『광아』에 "구멍이 8개이다"고 하였다.

爾雅音義 篪, 字又作䶵, 同, 直知反. 管有七孔. 『世本』云: "蘇成[153]公所作, 長一尺二寸." 沂, 郭魚斤反, 又魚靳反. 李孫云: "篪聲悲, 沂悲也." 或作齗, 又作箎, 音宜肌反. 翹, 巨遙反.

지(篪)는 글자를 또 지(䶵)로도 쓰는데 음의가 같으며 직(直)과 지(知)의 반절이다. 관에 일곱 개의 구멍이 있다. 『세본』에 "소성공(蘇成公)이 만든 것인데, 길이가 1척 2촌이다"고 하였다. 은(沂)에 대하여 곽박은 어(魚)와 근(斤)의 반절, 또는 어(魚)와 근(靳)의 반절이라 하였다. 이순과 손염은 "지(篪)는 소리가 구슬프다. 은(沂)은 비(悲 : 슬프다)이다"고 하였는데 혹 지(齗)로도 쓰며, 또 이(箎)로도 쓰는데 음은 의(宜)와 기(肌)의 반절이다. 교(翹)는 거(巨)와 요(遙)의 반절이다.

爾雅疏 李巡曰: "大篪其聲悲也." 孫炎曰: "篪聲悲. 沂, 悲也." 『釋名』曰: "篪, 啼也, 聲如嬰兒啼." 郭云: "篪以竹爲之, 長尺四寸, 圍三寸, 一孔上出寸三分, 名翹, 橫吹之. 小者尺二寸. 『廣雅』云: '八孔.'" 鄭司農注『周禮』云: "篪七孔." 蓋不數其上出者, 故七也.

이순은 "대지(大篪)는 그 소리가 구슬프다"고 하였으며, 손염은 "지(篪)는 소리가 구슬프다. 은(沂)은 비(悲)이다"고 하였다. 『석명』에 "지(篪)는 우는 소리가 나는데, 소리가 갓난아기가 우는 것 같다"고 하였다. 곽박은 "지(篪)는 대나무로 만드는데 길이가 1척 4촌, 둘레가 3촌이며 한 개의 구멍이 위쪽으로 나있는데 1촌 3분이고, 명칭은 교(翹)이며 가로로 분다. 작은 것은 1척 2촌인데, 『광아』에 '구멍이 8개이다'"고 하였다. 『주례』「생사(笙師)」의

---

153) 成 : 『이아고림』「육음의」에는 '辛'으로 되어 있다.

정사농의 주에 "지(篪)는 7개의 구멍이 있다"고 하였으니, 대개 그 위쪽으로 난 한 개의 구멍을 헤아리지 않았기 때문에 7개이다.

經文 大塤謂之嘂.

대훈(大塤)을 교(嘂 : 큰 질나팔)라 한다.

爾雅注 塤, 燒土爲之, 大如鵝子, 銳上, 平底, 形如秤錘, 六孔. 小者如雞子.

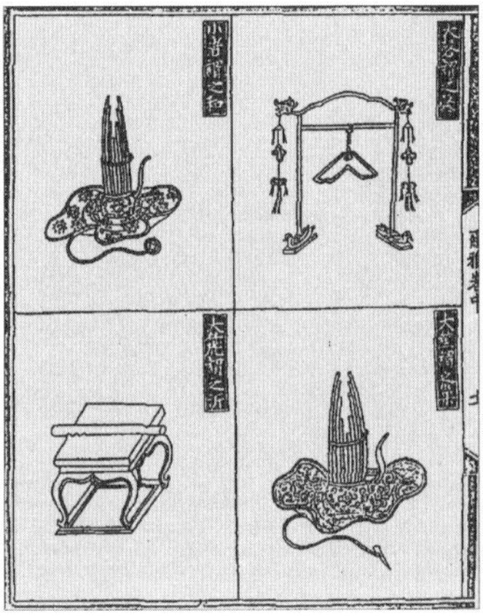

훈(塤)은 흙을 구워서 만드는데, 크기가 거위 알만하며 위쪽은 뾰족하고 아래쪽은 평평하다. 모양은 저울추와 같으며 6개의 구멍이 있다. 작은 것은 크기가 달걀만 하다.

爾雅音義 塤, 本或作壎, 字同, 許袁反. 『說文』云 : "壎, 樂器名, 從土熏聲." 『釋名』云 : "塤, 喧也, 聲濁喧喧然." 案『世本』云 : "暴辛公所作也." 圍五寸半, 長三寸半, 六孔也. 嘂, 本或作叫字, 同, 居弔反. 李云 : "大壎也." 鵝, 如字. 銳, 余祭反. 稱, 尺證反. 錘, 直危直僞二反. 『廣雅』云 : "錘謂之權."

훈(塤)은 본에 따라서 간혹 훈(壎)으로 되어 있으나 글자가 같으며, 허(許)와 원(袁)의 반절이다. 『설문』에 "훈(壎)은 악기의 이름으로, 토(土)를 따르고 훈(熏)이 성(聲)이다"고 하였다. 『석명』에 "훈(塤)은 훤(喧 : 떠들썩하다)인데, 소리가 탁하고 훤훤(喧喧 : 들레다)하다"고 하였다. 살피건대, 『세본』에 "포신공(暴辛公)이 만들었다"고 하였는데, 둘레는 5촌 반이고 길이는 3촌 반이며 6개의 구멍이 나 있다. 교(嘂)는 본에 따라 간혹 규(叫)자로 되어 있으나, 음의가 같으며 거(居)와 조(弔)의 반절이다. 이순은 "대훈(大塤)이다"고 하였다. 아(鵝)는 여자(如字)이다. 예(銳)는 여(余)와 제(祭)의 반절이다. 칭(稱)은 척(尺)과 증(證)의 반절이다. 추(錘)는 직(直)과 위(危), 직(直)과 위(僞) 두 가지의 반절이다. 『광아』에 "추(錘 : 저울추)를 권(權)이라 한다"고 하였다.

爾雅疏 『說文』云 : "壎, 樂器名. 從土熏聲." 塤·壎古今字. 『釋名』云 : "塤, 喧也, 聲濁喧喧然." 大塤名嘂. 孫炎曰 : "音大如叫呼聲." 郭云 : "塤, 燒土爲之, 大如鵝子. 銳上, 平底, 形如稱錘, 六孔. 小者如雞子." 『周禮』「小師」注云 : "塤, 燒土爲之, 大如鴈卵." 鄭司農亦云 : "六孔" 是相傳爲然也. 『世本』云 : "暴辛公作塤. 蘇成公作篪." 譙周『古史』云 : "古有塤篪, 尙矣. 周幽王時暴辛公善塤, 蘇成公善篪, 記者因以爲作, 謬矣." 『世本』之謬, 信如周言. 其云蘇公·暴公所善, 亦未知所出, 蓋以『詩』「小雅」云 : "伯氏吹壎, 仲氏吹篪." 蘇公刺暴公也, 故致斯謬.

『설문』에 "훈, 악기명, 종토훈성.(壎樂器名, 從土熏聲)"이라 하였는데, 훈(壎)과 훈(塤)은 고금자(古今字)이다. 『석명』에 "훈, 훤야, 성탁훤훤연(塤, 喧也. 聲濁喧喧然)"이라 하였다. 대훈(大塤)의 명칭은 교(嘂)이다. 손염은 "소리가 커서 외치는 소리와 같다"고 하였다. 곽박은 "훈(塤)은 흙을 구워서 만드는데, 크기가 거위 알만하며 위쪽은 뾰족하고 아래쪽은 평평하다. 모양은 저울추와 같으며 6개의 구멍이 있다. 작은 것은 크기가 달걀만 하다"고 하였다. 『주례』「소사(小師)」의 주에 "훈(塤)은 흙을 구워 만든다. 크기가 기러기 알만하다"고 하였다. 정사농 역시 "6개의 구멍이 나 있다"고 하여, 이것이 서로 전하여 그렇게 된 것이다. 『세본』에 "포신공이 훈(塤)을 만들었고, 소성공(蘇成公)은 지(篪)를 만들었다"고 하였다. 초주(譙周)[154]의 『고사』에 "고대에 훈(塤)과 지(篪)가 있었으니, 오래되었다. 주(周)나라 유왕(幽王) 때 포신공(暴辛公)이 훈(塤)을 잘 다루었고, 소성공(蘇成公)[155]은 지(篪)를 잘 다루었는데, 기록하는 자가 이에 근거하여 작(作성 : 만들다)이라고 하였으니 잘못이다"고 하였다. 『세본』의 잘못은 초주(譙周)의 말을 그대로 믿은 것이다. 초주가 말한 소공과 포공이 잘하였다는 것이 어디서 나왔는지를 알 수 없고, 대체로 『시경』「소아」「하인사(何人斯)」에 "형은 질나팔을 풀고 아우는 젓대를 분다"고 하였고, 소공(蘇公)이 포공(暴公)을 나무란 것이라고 하였기 때문에 이러한 잘못을 부른 것이다.

經文 大鍾謂之鏞.

대종(大鍾)을 용(鏞 : 큰 종)이라 한다.

爾雅注 『書』曰 : "笙鏞以間." 亦名鎛.

『서경』에 "생(笙 : 생황)과 용(鏞 : 큰 종)을 번갈아 연주하다"고 하였는데, 또한 명칭은 박(鎛)이다.

---

154) 譙周 : 201~270. 三國時代 蜀의 巴西 西充國人, 字는 允南, 蜀의 군주 劉禪에게 권하여 魏에 항복하도록 한 자이다. 저서에는 『法訓』·『五經論』·『古史考』 등이 있는데 모두 유실되었고 『古史考』 중에 「輯本」이 있다.

155) 蘇成公 : 周나라 平王 때의 諸侯.

經文 其中謂之剽, 小者謂之棧.

중간 크기의 종을 표(剽 : 중간 종)라 하고, 작은 종을 잔(棧 : 작은 종)이라 한다.

爾雅音義 鍾, 章容反. 『說文』作鐘, 云 : "樂器也." 『字林』同. 『世本』云 : "垂所作, 以此鍾爲酒器, 今經典通爲樂器." 鏞, 音容. 間, 間厠之間. 鎛, 音博, 『字林』云 : "匹各反, 又音薄." 『字書』云 : "大鍾也." 剽, 郭音瓢, 孫匹妙反, 釋云 : "剽者聲輕疾." 李云 : "其中微小, 故曰剽, 剽, 小也." 棧, 郭側簡反, 或助板反.

종(鍾)은 장(章)과 용(容)의 반절인데, 『설문』에는 종(鐘)으로 되어 있으며 "악기(樂器)이다"고 하였고, 『자림』에도 같다. 『세본』에 "수(垂)가 만든 것인데, 이 종으로 술그릇을 삼았다"고 하였는데, 지금 경전(經典)에는 일반적으로 "악기(樂器)라 한다"고 하였다. 용(鏞)은 음이 용(容)이다. 간(間)은 간측(間厠 : 섞이다)의 간(間)이다. 박(鎛)은 음이 박(博)이다. 『자림』에 "필(匹)과 각(各)의 반절, 또는 음이 박(薄)이다"고 하였다. 『자서(字書)』에 "큰 종이다"고 하였다. 표(剽)에 대하여 곽박은 음이 표(瓢)라 하였고, 손염은 필(匹)과 묘(妙)의 반절이라 하고 풀이하기를 "표(剽)라는 것은 소리가 가볍고 빠른 것이다"고 하였다. 이순은 "그 속이 작고 협소하기 때문에 표(剽)라 하였으니, 표(剽)는 소(小 : 작다)이다"고 하였다. 잔(棧)에 대하여 곽박은 측(側)과 간(簡)의 반절이라 하였는데, 혹은 조(助)와 판(板)의 반절이다.

爾雅疏 此別鍾大小之名也. 『說文』云 : "鍾, 樂器也." 『世本』云 : "垂作鍾." 「考工記」 : "鳧氏爲鍾." 『釋名』曰 : "鍾, 空也, 內空受氣多."

其大者名鏞. 李巡曰 : "大鍾, 音聲大. 鏞, 大也." 孫炎曰 : "鏞, 深長之聲." 又名鎛. 「大射禮」云 : "樂人宿縣于阼階東, 笙磬西面, 其南笙鍾, 其南鎛." 鄭云 : "鎛, 如鍾而大." 是也. 其不大不小者, 名剽. 孫炎曰 : "剽者, 聲輕疾也." 李巡云 : "其中微小, 故曰剽. 剽, 小也." 其小者名棧. 李巡云 : "棧, 淺也." 東晋元興元年, 會稽剡縣人家井中得一鍾, 長三寸, 口徑四寸, 上有銘古文, 云棧, 鍾之小者, 旣長三寸, 自然淺也. 注"『書』曰 : 笙鏞以間." 『尙書』「益稷」篇文也.

여기서는 종(鍾)의 대소에 따른 명칭을 구별하였다. 『설문』에 "종(鍾)은 악기(樂器)이다"고 하였고, 『세본』에 "수(垂)가 종을 만들었다"고 하였다. 『주례』「고공기」「부씨(鳧氏)」에 "부씨(鳧氏)가 종을 만들었다"고 하였고, 『석명』에 "종(鍾)은 공(空 : 비다)이다. 속이 비어 있어 기(氣 : 공기)를 많이 받는다"고 하였다. 큰 종을 이름하여 용(鏞)이라 한다. 이순은 "큰 종소리의 소리는 크며 용(鏞)은 대(大 : 크다)이다"고 하였고, 손염은 "용(鏞)은 깊고 긴 소리가 난다"고 하였다. 또 명칭이 박(鎛)인데, 『의례』「대사례(大射禮)」에 "악인(樂人)이 재계하고 동쪽 계단 동쪽에 악기를 매다는데, 생황과 경쇠를 서쪽으로 향하게 하고, 그 남쪽에 생황과 종을, 그 남쪽에 박(鎛 : 큰 종)을 설치한다"고 하였는데, 정현은 "박(鎛)은 종과 같은 것으로 큰 것이다"고 한 것이 이것이다. 그 크지도 않고 작지도 않은 종을 이름하여 표(剽)라 하는데, 손염은 "표(剽)란 소리가 가볍고 빠른 것이다"고 하였고, 이순은 "그 속이 작고 협소한 까닭에 표(剽)라 하는 것이며, 표(剽)는 작다(小)는 뜻이다"고 하였다. 작은 종을 이름하여 잔(棧)이라고 하는데, 이순은 "잔(棧)은 천(淺 : 얕다)이다"[156]고 하였다. 동진(東晋) 태흥(太興) 원년(元年 : 318)에 회계(會稽)의 섬현(剡縣) 사람이 집안 우물 속에서 종 한 개를 얻게 되었는데, 길이가 3촌이고 구경(口徑 : 종의 입 부분 지름)이 4촌이며, 위에 고문(古文)

156) 棧 : 棧은 얕다는 뜻이다 : 『玉函山房輯佚書』에는 孫炎의 注로 되어 있다.

을 새겨놓은 것이 있어, '잔(棧)'이라 하였고, 종 가운데 작은 것은 이미 길이가 3촌이어서 자연히 얕았던 것이다. 주에서 말한 『서경』의 "생용이간(笙鏞以間)"은 「익직(益稷)」편의 글이다.

經文 大簫謂之言.

대소(大簫)를 언(言 : 큰 퉁소)이라 한다.

爾雅注 編二十三管, 長尺四寸.

23개의 관(管)을 엮은 것이며, 길이는 1척 4촌이다.

經文 小者謂之筊.

작은 퉁소를 교(筊 : 작은 퉁소)라 한다.

爾雅注 十六管, 長尺二寸. 簫, 一名籟.

16개의 관(管)을 엮은 것이며, 길이는 1척 2촌이다. 소(簫)를 일명 뇌(籟 : 피리)라 한다.

爾雅音義 言, 如字, 本或作管, 音同. 編, 卑綿反, 又方千反, 或音步典反. 筊, 本或作筊字, 戶交反. 籟, 音賴.

언(言)은 여자(如字)인데, 본에 따라서는 언(管)으로 되어 있으며, 음은 같다. 편(編)은 비(卑)와 면(綿)의 반절, 또는 방(方)과 천(千)의 반절이며, 간혹 음을 보(步)와 전(典)의 반절로도 쓴다. 교(筊)는 본에 따라 혹 효(筊)로 되어 있는데 호(戶)와 교(交)의 반절이다. 뢰(籟)는 음이 뢰(賴)이다.

爾雅疏 此別簫大小之名也. 『風俗通』云: "舜作簫. 其形參差, 以象鳳翼. 十管, 長二尺." 『博雅』曰: "簫大者二十三管, 無底. 小者十六管, 有底." 其大者名言. 李巡曰: "大簫, 聲大者言言也." 郭云: "編二十三管, 長尺四寸." 其小者名筊. 李巡曰: "小者聲揚而小, 故言筊. 筊, 小也." 郭云: "十六管, 長尺二寸. 簫, 一名籟." 又『通卦驗』云: "簫長尺四寸," 其言管數·長短雖異, 要是編小竹管爲之耳.

여기서는 소(簫 : 퉁소)의 대소에 따른 명칭을 구별하였다. 『풍속통(風俗通)』[157]에 "순(舜)이 퉁소를 만들었는데, 그 형태는 들쭉날쭉하여 봉황의 날개를 본떴다. 관(管)이 10개이며 길이는 2척이다"고 하였다. 『박아(博雅)』에 "소(簫) 가운데서 큰 것은 관(管)이 23개이며 바닥이 없다. 작은 것은 관(管)이 16개이며, 바닥이 있다"고 하였다. 큰 것을 이름하여 언(言)이라 하는데, 이순은 "큰 퉁소 가운데 소리가 큰 것을 언(言)이라 한다"고 하였다. 곽박은 "23개의 관(管)을 엮었는데, 길이는 1척 4촌이다"고 하였다. 작은 퉁소를 이름하여 교(筊)라 하는데, 이순은 "작은 것은 소리가 높이 올라가면서도 크기가 작은 까닭에 교(筊)라 한다. 교(筊)는 소(小 : 작다)는 뜻이다"고 하였다. 곽박은 "교(筊)는 16개의 관(管)에 길이는 1척 2촌이다. 소(簫)를

157) 『風俗通』: 書名. 『風俗通義』의 약칭. 漢 應劭 撰. 풍속의 차이나는 것을 통하게 하는 내용 등으로 되어 있다.

일명 뇌(籟)라 한다"고 하였다. 또한 『통괘험』158)에 "퉁소는 길이가 1척 4촌이다"고 하였다. 관의 수와 장단을 말한 것은 비록 다르지만, 요컨대 작은 대나무 대롱을 묶어서 만든 것이다.

經文 大管謂之簥.

대관(大管)을 교(簥 : 큰 피리)라 한다.

爾雅注 管長尺, 圍寸, 併漆之, 有底. 賈氏以爲如篪, 六孔.

관(管)은 길이가 1척이고 둘레는 1촌이며, 모두 옻칠을 하였고 바닥이 있다. 가씨(賈氏)는 지(篪)와 같으면서 6개의 구멍이 있다고 하였다.

經文 其中謂之篞, 小者謂之篎.

중간 크기의 관(管)을 녈(篞 : 중간 피리)이라 하고, 작은 관(管)을 묘(篎 : 작은 피리)라 한다.

爾雅音義 簥, 九遙反. 併, 步頂反, 又并之去聲. 漆, 音七. 篞, 乃結反. 篎, 郭音妙, 又亡小反.

---

158) 『通卦驗』 : 『易緯通卦驗』의 약칭. 鄭玄이 注하였다. 『易緯』 8종 중에 다섯 번째이다.

교(簥)는 구(九)와 요(遙)의 반절이다. 병(併)은 보(步)와 정(頂)의 반절, 또는 병(幷)의 거성(去聲)[159]이다. 칠(漆)은 음이 칠(七)이다. 녈(篞)은 내(乃)와 결(結)의 반절이다. 묘(篎)에 대하여 곽박은 음을 묘(妙), 또는 망(亡)과 소(小)의 반절이라고 하였다.

爾雅疏 別管小大之名也. 大管名簥. 李巡云: "聲高大, 故曰簥. 簥, 高也." 郭云: "管長尺, 圍寸, 併漆之, 有底. 賈氏以爲如篪, 六孔." 「小師」注云: "管如笛, 形小, 併兩管而吹之. 今大予[160]樂官有之." 是也. 其中不大不小者, 名篞, 小者名篎.

관(管)의 대소에 따른 명칭을 구별하였다. 대관(大管)을 교(簥)라 하는데, 이순은 "소리가 높고 크기 때문에 교(簥)라 한다. 교(簥)는 고(高 : 높다)이다"고 하였다. 곽박은 "관(管)의 길이는 1척이고 둘레는 1촌이며, 모두 옻칠을 하며 바닥이 있다. 가씨(賈氏)는 지(篪)와 같으며 6개의 구멍이 있다고 하였다"고 하였다. 『주례』「소사(小師)」의 주에는 "관(管)은 적(笛 : 피리의 일종)과 같고 형태는 작으며 두 개의 관(管)을 나란히 하여 분다. 지금 대여악관(大予樂官)이 이를 가지고 있다"고 한 것이 이것이다. 관(管) 가운데 크지도 않고 작지도 않은 것을 녈(篞)이라 하며, 작은 것을 묘(篎)라 한다.

---

159) 幷의 去聲 : '併'이 '幷'의 去聲임. 直音을 변형한 표음 방법의 한 가지로서, 해당 한자의 '同類音이면서 성조가 다른 한자로 注音하는 방법'이다. 併은 上聲이고 幷은 去聲이므로, '併, 音幷'이라고만 한다면 부정확하므로, 幷의 성조를 바꾸어야 併의 음을 얻을 수 있다. 이는 직음의 어려운 글자를 피하여 常用字로 注音하는 진보된 모습을 보이는 것이지만, 이 역시 성조를 바꾸어야 한자의 音讀이 가능하게 된다는 결점이 있다.

160) 大予 : '大予'는 음악 이름, 또는 樂官 이름이다.

經文 大籥謂之產.

대약(大籥)을 산(產 : 큰 피리)이라 한다.

爾雅注 籥如笛, 三孔而短小.

약(籥)은 적(笛)과 같은데, 3개의 구멍이 나 있으나 짧고 작다.

經文 其中謂之仲, 小者謂之箹.

그 중간 크기의 약(籥)을 중(仲 : 중간 피리)이라 하고, 작은 것을 약(箹 : 작은 피리)이라 한다.

爾雅音義 籥, 羊灼反, 管三孔也, 本或作龠. 簅, 音產, 字又作產. 笛, 徒歷反, 字或作篴. 仲, 或作笜, 同. 箹, 烏角反, 又音約.

약(籥)은 양(羊)과 작(灼)의 반절인데, 관(管)에 3개의 구멍이 있다. 본에 따라 간혹 약(龠)으로 되어 있다. 산(簅)은 음이 산(產)인데, 글자를 또 산(產)으로도 쓴다. 적(笛)은 도(徒)와 력(歷)의 반절인데, 글자를 간혹 적(篴)으로도 쓴다. 중(仲)은 간혹 중(笜)으로도 쓰는데 음의가 같다. 약(箹)은 오(烏)와 각(角)의 반절, 또는 음이 약(約)이다.

爾雅疏 籥, 樂器名. 其大者名産, 其中者名仲, 小者名箹. 郭云 : "籥如笛, 三孔而短小." 『廣雅』云 : "七孔." 『周禮』 : "笙師掌敎吹籥." 鄭注云 : "籥如篴, 三空." 『詩』「邶風」云 : "左手執籥." 毛傳云 : "籥六孔." 所見異也.

약(籥)은 악기의 명칭인데, 큰 것을 산(産)이라 하며, 그 중간 것을 중(仲)이라 하고, 작은 것을 약(箹)이라 한다. 곽박은 "약(籥)은 적(笛)과 같은데, 3개의 구멍이 나 있으나 짧고 작다"고 하였다. 『광아』에 "7개의 구멍이 나 있다"고 하였으며, 『주례』「생사(笙師)」에 "생사(笙師)는 약(籥)을 부는 것을 관장하여 가르친다"고 하였는데, 정현의 주에 "약(籥)은 적(篴)과 같으며 3개의 구멍이 나 있다"고 하였다. 『시경』「패풍」「간혜(簡兮)」에 "좌측 손으로 약(籥)을 잡는다"고 하였는데, 모전에 "약(籥)은 6개의 구멍이 나 있다"고 하였으니, 본 것이 다르다.

經文 徒鼓瑟謂之步.

합주하지 않고 단지 슬(瑟)만 타는 것을 보(步 : 슬만 독주하다)라 한다.

爾雅注 獨作之.

단독으로 연주한다.

經文 徒吹謂之和, 徒歌謂之謠.

단지 불기만 하는 것을 화(和 : 독자로 불다)라 하며, 노래(歌)만 하는 것을 요(謠 : 독자로 노래하다)라 한다.

爾雅注 『詩』曰 : "我歌且謠."

『시경』에 "나는 반주에 맞추어 노래 부르고, 반주 없이 노래도 부른다"고 하였다.

經文 徒擊鼓謂之咢.

단지 북만 치는 것을 악(咢 : 북을 독주하다)이라 한다.

爾雅注 『詩』云 : "或歌或咢."

『시경』에 "노래도 부르고 북도 친다"고 하였다.

經文 徒鼓鍾謂之修, 徒鼓磬謂之寋.

단지 종(鍾)만 치는 것을 수(修 : 종만 독주하다)라 한다. 경쇠(磬)만 치는 것을 건(寋 : 경쇠만 독주하다)이라 한다.

爾雅注 未見義所出.

뜻이 나온 곳을 아직 알지 못하겠다.

爾雅音義 吹, 本或作龡字, 同, 昌睡反. 咢, 五各反, 『字林』或作噩, 又作鄂. 修, 如字, 本作脩字. 寋, 李云 : "置擊衆聲寋連也." 本或作謇字, 同, 紀展反. 或作蹇字, 非. 郭云 : "未見義所出." 未知李何所據. 上"重敏經疾柳." 郭云 : "皆五音別名, 其義未詳." 諸家或有音訓, 亦可爲義, 上下皆類此.

취(吹)는 본에 따라서는 혹 취(龡)로 되어 있으며, 음의가 같고, 창(昌)과 수(睡)의 반절이다. 악(咢)은 오(五)와 각(各)의 반절인데, 『자림』에는 간혹 악(噩)으로도 썼으며, 또 악(鄂)으로도 썼다. 수(修)는 여자(如字)인데, 본에 따라 수(脩)로 되어 있다. 건(寋)에 대하여 이순은 "여러 소리를 그치도록 쳐서 연속됨을 멈추는 것이다"161)고 하였다. 본에 따라 간혹 건(謇)자로 되어 있는데 음의가 같으며, 기(紀)와 전(展)의 반절이다. 혹 건(蹇)자로도 썼으나 잘못이다. 곽박은 "미견의소출(未見義所出)"이라 하였는데, 이순이 무엇을 근거로 했는지 모르겠다. 앞에서 "중 · 민 · 경 · 질 · 류(重 · 敏 · 經 · 疾 · 柳)"라 한 것에 대하여 곽박이 "모두 오음(五音)의 다른 명칭이다. 그 뜻은 자세하지 않다"고 한 것으로 볼 때, 제가(諸家)들 중에 혹 음(音)이나 훈(訓)이 있으면 또한 뜻으로 삼았으니, 앞에서와 다음이 모두 이와 같다.

---

161) 여러 소리를 …… 것이다 : 연주할 때, 金(鐘)이 맨 먼저 연주되고, 石(경쇠)이 맨 끝에 연주되어 모든 악기의 여운을 끝냄을 말한다.

爾雅疏 凡八音備作曰樂, 一音獨作, 不得樂名, 故此辨其異名也. 徒, 空也. 鄭注『周禮』「小師」云 : "出音曰鼓." 空作一器以出其音者, 謂之徒鼓. 故郭云 : "獨作之"也. 注"『詩』曰 : 我歌且謠" 此「魏風」「園有桃」篇文也. 毛傳云 : "曲合樂曰歌, 徒歌曰謠." 孫炎云 : "聲消搖也." 注"或歌或咢." 此「大雅」「行葦」篇文也. 毛傳云 : "歌者比於琴瑟也, 徒擊鼓曰咢." 孫炎云 : "聲驚咢也."

무릇 팔음(八音)을 구비하여 연주하는 것을 악(樂)이라 하는데, 한 가지 음(音)을 단독으로 연주하면 악(樂)이란 명칭을 얻지 못하기 때문에, 여기서는 그에 대한 다른 명칭을 구별하였다. 도(徒)는 공(空 : 다만. 없다. 맨)이다. 정현의 『주례』 「소사(小師)」 주에 "음(音)을 내는 것을 고(鼓 : 연주하다)라 한다"고 하였다. 단지 한 악기를 연주하여 음(音)을 내는 것을 도고(徒鼓 : 단독으로 연주하다)라 한다. 때문에 곽박이 "단독으로 연주한다"고 하였다. 주에서 말한 『시경』의 "아가차요(我歌且謠)"는 「위풍(魏風)」 「원유도(園有桃)」 편의 글이다. 모전에 "곡(曲)이 악(樂)과 합주되는 것을 가(歌)라 하고, 단지 가(歌)만 하는 것을 요(謠)라 한다"고 하였다. 손염은 "성(聲)은 약해지기도 하고 올라가기도 한다"고 하였다. 주에서 말한 "혹가혹악(或歌或咢)"은 「대아」 「행위(行葦)」편의 글이다. 모전에 "가(歌)란 금슬(琴瑟)에 화합하는 것이고, 단지 북만 치는 것을 악(咢)이라 한다"고 하였는데, 손염은 "성(聲)이 경악스럽다"고 하였다.

經文 所以鼓柷謂之止.

축(柷)을 치는 방망이를 지(止 : 축 공이)라 한다.

爾雅注 柷如漆桶, 方二尺四寸, 深二尺八寸, 中有椎柄, 連底挏之, 令左右擊. 止者, 其椎名.

축(柷)은 옻칠한 검은 통과 같은데, 사방이 각각 2척 4촌이며 깊이는 2척 8촌이다. 중간에 방망이 자루가 밑으로 연결되어 밀었다 당겼다 하여 좌우로 하여금 부딪치게 하는 것이다. 지(止)란 그 몽둥이의 명칭이다.

經文 所以鼓敔謂之籈.

어(敔)를 긁는 채를 진(籈 : 어의 채)이라 한다.

爾雅注 敔如伏虎, 背上有二十七鉏鋙刻, 以木長尺, 擽之, 籈者其名.

어(敔)는 엎드린 호랑이의 형태와 같으며, 등에 27개의 톱날이 새겨져 있고, 길이가 1척이 되는 나무로 톱니를 긁는다. 진(籈)이란 그것의 명칭이다.

爾雅音義 柷, 昌熟反. 桶, 音動, 又音甬, 甬卽斛也. 深, 尸鴆反, 或如字. 椎, 直追反, 下同. 柄, 兵命反. 底, 丁禮反. 挏, 大孔反. 令, 力呈反. 敔, 魚呂反, 鄭衆云 : "木虎." 籈, 郭之仁反, 又音戰, 謝居延反. 郭云 : "以木長尺櫟之名籈." 『字林』云 : "以竹長尺也."

축(柷)은 창(昌)과 숙(熟)의 반절이다. 통(桶)은 음이 동(動), 또는 음이 용

(甬)이며, 용(甬)은 곧 곡(斛 : 섬)이다. 심(深)은 시(尸)와 짐(鴆)의 반절, 혹은 여자(如字)이다. 추(椎)는 직(直)과 추(追)의 반절이며, 아래에서도 같다. 병(柄)은 병(兵)과 명(命)의 반절이다. 저(底)는 정(丁)과 례(禮)의 반절이다. 동(挏)은 대(大)와 공(孔)의 반절이다. 령(令)은 력(力)과 정(呈)의 반절이다. 어(敔)는 어(魚)와 여(呂)의 반절인데, 정중(鄭衆)은 "나무로 만든 호랑이다"고 하였다. 진(籈)에 대하여 곽박은 지(之)와 인(仁)의 반절, 또는 음이 전(戰)이라 하였는데, 사교는 거(居)와 연(延)의 반절이라 하였다. 곽박은 "길이가 1척 되는 나무로 톱니를 긁는 채의 명칭이 진(籈)이다"고 하였는데, 『자림』에는 "죽(竹)으로 만든 것이며 길이는 1척이다"고 하였다.

爾雅疏 此別柷敔之名也. 『周禮』: "小師掌敎鼓鼗柷敔." 柷敔皆以木爲之, 故「大師」注云: "木柷敔也." 『禮記』謂之椌楬. 所以鼓動其柷以出其音者名止, 所以鼓動其敔以出其音者名籈. 郭云: "柷如漆桶, 方二尺四寸, 深一尺八寸, 中有椎柄, 連底挏之, 令左右擊. 止者, 其椎名." "敔如伏虎, 背上有二十七鉏鋙刻, 以木長尺, 擽之, 籈者其名." 「皐陶謨」云: "合止柷敔." 鄭注云: "柷, 狀如漆桶, 中有椎, 合之者投椎於其中而撞之. 敔, 狀如伏虎, 背上刻之, 所以鼓之以止樂." 此等形狀, 皆依漢之大予樂而知之.

여기서는 축(柷)과 어(敔)의 명칭을 구별하였다. 『주례』「소사(小師)」에 "소사(小師)가 고(鼓)와 도(鼗)와 축(柷)과 어(敔)를 가르치는 것을 관장한다"고 하였다. 축(柷)과 어(敔)는 모두 나무(木)로 만들었기 때문에, 『주례』「태사」의 주에 "목(木)은 축(柷)과 어(敔)이다"고 하였다. 『예기』「악기(樂記)」에 이를 공갈(椌楬)이라 하였다. 축(柷)을 쳐서 그 소리를 내는 것을 이름하여 지(止)라 하며, 어(敔)를 쳐서 그 소리를 내는 것을 이름하여 진(籈)이라 하는데, 곽박이 "축(柷)은 옻칠한 검은 통과 같은데, 사방이 각각 2척 4촌이며 깊이는 1척 8촌이다. 중간에 방망이 자루가 밑으로 연결되어 밀었다

당겼다 하여 좌우로 부딪치게 하는 것이다. 지(止)란 그 몽둥이의 명칭이다"고 하였고, "어(敔)는 엎드린 호랑이의 형태와 같으며, 등에 27개의 톱날이 새겨져 있고, 길이가 1척이 되는 나무로 톱니를 긁는다. 진(籈)이란 그것의 명칭이다"고 하였다. 『서경』「고요모(皐陶謨)」에 "음악을 연주하기 시작할 땐 축(柷)을, 그칠 때는 어(敔)를 친다"고 하였는데, 정현의 주에 "축(柷)은 형상이 검은 옻칠한 통과 같은데, 그 속에 몽둥이가 있다. 합주를 시작할 때 몽둥이를 그 속에 집어넣어 친다. 어(敔)의 모양은 엎드린 호랑이와 같다. 등에 톱니가 새겨져 있는데 여기를 문질러 악(樂)을 끝내는 것이다"고 하였는데, 이러한 형상은 모두 한대(漢代)의 대여악(大予樂)에 의거해서 아는 것이다.

經文 大鼗謂之麻, 小者謂之料.

대도(大鼗)를 마(麻 : 큰 땡땡이)라 하며, 작은 것을 료(料 : 작은 땡땡이)라 한다.

爾雅注 麻者音概而長也, 料者聲淸而不亂.

마(麻)는 소리가 개탄스럽고 길며, 료(料)는 소리가 맑고 어지럽지 않다.

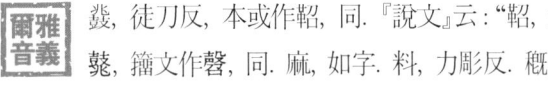

爾雅音義 鼗, 徒刀反, 本或作鞀, 同. 『說文』云 : "鞀, 遼也. 或作鞉, 又作鼗, 籒文作磬, 同. 麻, 如字. 料, 力彫反. 槪, 居器反.

도(鼗)는 도(徒)와 도(刀)의 반절이다. 본에 따라서는 혹 도(鞀)로 되어 있는데, 음의가 같다. 『설문』에 "조(韶)는 료(遼 : 멀다)이다"[162]고 하였다. 혹 조(鞉)로도 쓰며, 또한 조(鼗)로도 쓴다. 주문(籀文)은 조(磬)로 되어 있는데 음의가 같다. 마(庛)는 여자(如字)이다. 료(料)는 력(力)과 조(彫)의 반절이다. 개(槪)는 거(居)와 기(器)의 반절이다.

爾雅疏 『詩』「頌」云 : "鼗磬柷敔." 鄭注「小師職」云 : "鼗如鼓而小, 持其柄搖之, 旁耳還自擊." 一名庛, 其小者名料. "庛者音槪而長也. 料者聲淸而不亂."

『시경』「주송(周頌)」「유고(有瞽)」에 "소고·경쇠·축·어"라고 하였다. 정현의 『주례』「소사직(小師職)」의 주에 "소고는 북과 같으나 작으며, 그 자루를 잡고 흔들면 옆에 달린 귀가 되돌아 절로 치게 된다"고 하였다. 일명 마(庛)이며 그 작은 것은 명칭이 료(料)이다. 곽박은 "마(庛)는 소리가 개탄스럽고 길다. 료(料)는 소리가 맑고 어지럽지 않다"고 하였다.

經文 和樂謂之節.

악(樂)이 조화를 이루는 것을 절(節 : 화합)이라 한다.

爾雅疏 八音克諧, 無相奪倫, 謂之和樂. 樂和則應節. 「樂記」云 : "治世之音安以樂, 其政和." 是也. 「樂記」又云 : "大樂[163]與天地同和, 大禮與天地同節." 此對文爾, 揔而言之, 則禮樂相將, 故此和樂亦謂之

---

162) 韶는 遼이다 : 段注에는 "謂遙遠必聞其音也"라고 하여, 멀리까지 들리는 악기로 설명하였다.

163) 大樂 : 대본에는 '大業'으로 되어 있으나, 十三經注疏本 『禮記』에 따라 고쳤다.

節. 一云：節, 樂器名, 謂相也. 「樂記」云："治亂以相." 鄭注云："相卽拊也, 亦以節樂. 拊者以韋爲表, 裝之以糠. 糠一名相, 因以名焉." 言治理奏樂之時, 擊拊以輔相於樂, 而爲節也. 旣以柷作樂, 以敔止樂, 故以節爲和樂, 義所通也.

여덟 가지 음이 잘 조화를 이루어 서로 절(節：화합)을 빼앗지 않는 것을 악이 조화를 이룬다고 말하며, 악(樂)이 조화를 이루면 절(節)에 응한다. 『예기』「악기(樂記)」에 "다스려진 시대의 음악은 편안하여 즐겁고, 그 정치는 평화롭다"고 한 것이 이것이다. 「악기(樂記)」에 또 "대악(大樂)은 천지와 더불어 조화를 같이 하며, 대례(大禮)는 천지와 더불어 절도를 같이 한다"고 하였는데, 이는 대(對)를 이루는 글일 뿐이다. 총괄하여 말하면, 예악(禮樂)이란 상보적인 관계이기 때문에, 여기서 악(樂)이 조화를 이루는 것을 또한 절(節)이라고 말하는 것이다. 한편으로 절(節)은 악기의 명칭이라 하였으니 상(相：악기 이름)을 말한다. 「악기(樂記)」에 "상(相)으로 혼란함을 다스린다"고 하였는데, 정현의 주에 "상(相)이 곧 부(拊：악기 이름)이며, 또한 상(相)으로 악(樂)을 화합시킨다. 부(拊)란 가죽으로 겉모양을 만들고 강(糠：겨)으로 장식한 것인데, 강(糠)이란 일명 상(相)이므로 이로 인하여 상(相)이라고 명명한 것이다"고 하였다. 악(樂)을 다스리고 연주할 때 부(拊)를 처서 악(樂)을 보조하여 조화[節]를 이룸을 말한다. 축(柷)으로 악(樂)을 시작한 다음 어(敔)로 악(樂)을 끝내기 때문에 절(節)로 악(樂)을 조화시킨다고 하여도 의미는 역시 통한다.

권6(卷六)

권6
卷六

석천(釋天) 제8(第八)

爾雅音義 天, 土堅反. 『釋名』云 : "天. 豫司兗以舌腹言之. 天, 顯也. 在上高顯也. 青徐以舌頭言之, 天, 坦也. 坦然高遠也." 『說文』云 : "天, 巓[1]也, 至高無上, 從一大." 『禮統』云 : "天之爲言鎭也, 神也, 陳也, 珍也, 施生爲本. 運轉精神, 功效列陳, 其道可珍重也." 『春秋說題辭』云 : "天之爲言鎭也. 居高理下, 爲人經緯. 故其字一大以鎭之也."

천(天)은 토(土)와 견(堅)의 반절이다. 유희(劉熙)의 『석명(釋名)』에 "천(天)에서 예주(豫州) · 사주(司州) · 연주(兗州)는 혀의 가운데로 말한다. 천은 현(顯 : 드러나다)이다. 위에 있으면서 높이 드러나 있다. 청주(靑州) · 서주(徐州)

1) 巓 : 段注本 『설문』에는 '顚'으로 되어 있다.

는 혀끝으로 말한다.[2] 천은 탄(坦 : 평평하다)이다. 평탄하게 높고 먼 것이다"고 하였다. 『설문』에는 "천(天)은 전(巓 : 꼭대기)이다. 지극히 높아서 위가 없는 것이다. 일(一 : 제일)과 대(大 : 크다)를 따랐다"고 하였다. 『예통(禮統)』[3]에는 "천(天)이라는 말은 진(鎭 : 진중하다)이며, 신(神 : 신비하다)이며, 진(陳 : 펼치다)이며, 진(珍 : 보배롭다)으로[4] 생명을 주는 것을 근본으로 한다. 정신(精神)을 움직여 공효(功效)를 펼치니, 그 도(道)가 진기하고 소중한 것이다"고 하였다. 『춘추설제사(春秋說題辭)』[5]에 "천(天)은 진(鎭)이다. 높은 곳에 있으면서 아래를 다스리며 사람의 경위(經緯)가 된다. 그러므로 그 글자가 일(一)과 대(大)로써 진정(鎭定)시키는 것이다"고 하였다.

爾雅疏 『河圖括地象』云 : "易有太極, 是生兩儀. 兩儀未分, 其氣混沌. 淸濁旣分, 伏者爲天, 偃者爲地." 『釋名』云 : "天, 顯也, 在上高顯." 又云 : "天, 坦也. 坦然高遠." 『說文』云 : "天, 巓也. 至高無上, 從一大也." 『春秋說題辭』云 : "天之言鎭也. 居高理下, 爲人經緯[6]. 故其字一大以鎭之." 此天之名義也. 天之爲體, 中包乎地, 日月星辰屬焉. 然天地有高下之形, 四時有升降之理, 日月有運行之度, 星辰有次舍之常. 旣曰釋天, 不得不略言其趣. 故其形狀之殊, 凡有六等. 一曰蓋天. 文見『周髀』, 如蓋在上. 二曰渾天. 形如彈丸, 地在其中, 天包其外, 猶如鷄卵白之繞黃. 揚雄·桓譚·張衡·蔡邕·陸績·王肅·鄭玄之徒, 並所依用. 三曰宣夜. 舊說云 : "殷代之制, 其形體事義, 無所出以言之. 四曰昕天.

---

2) 예주(豫州) …… 혀 끝으로 말한다 : 중국 지형이 청주·서주는 산동반도 등 해변의 불룩한 부분이므로 혀 끝으로 모양을 설명하였고, 예주·사주·연주는 내륙 안이므로 혀 가운데로 설명한 것으로 보인다.

3) 『禮統』 : 書名. 禮에 관련된 서적이라 생각되나 자세한 사항은 미상이다.

4) 天이라는 …… 珍으로 : 鎭·神·陳·珍은 天과 음에 상관성이 있는 글자로 주석한 것이다. '之爲言'은 雙聲·疊韻으로 주석할 때 쓰이는 訓詁用語이다. '之爲言'은 줄여서 '之言'으로도 쓴다.

5) 『春秋說題辭』 : 『春秋』 緯書의 일종.

6) 緯 : 대본에는 '紀'로 되어 있으나 『經典釋文』에 근거해 고쳤다.

昕讀爲軒, 言天也北高南下, 若車之軒. 是吳時姚信所說. 五曰穹天. 云穹隆在上, 虞氏所說, 不知其名也. 六曰安天. 是晉時虞喜所論. 案鄭注『考靈耀』云:“天者純陽, 清明無形. 聖人則之, 制旋璣玉衡以度其象.” 如鄭此言, 則天是大虛, 本無形體, 但指諸星運轉以爲天耳. 但諸星之轉, 從東而西, 必三百六十五日四分日之一, 星復舊處. 星旣左轉, 日則右行, 亦三百六十五日四分日之一, 至舊星之處. 卽以一日之行而爲一度. 計二十八宿一周天, 凡三百六十五度四分度之一, 是天之一周之數也. 天如彈丸, 圍圜三百六十五度四分度之一. 案『考靈耀』云:“一度二千九百三十二里千四百六十一分里之三百四十八.” 周天百十萬一千里者, 是天圓周之里數也. 以圍三徑一言之, 則直徑三十五萬七千里, 此爲二十八宿周廻直徑之數也. 然二十八宿之外, 上下東西各有萬五千里, 是爲四遊之極, 謂之四表. 據四表之內并星宿內, 摠有三十八萬七千里. 然則天之中央上下正半之處, 則一十九萬三千五百里. 地在于中, 是地去天之數也. 鄭注『考靈耀』云:“地蓋厚三萬里. 春分之時, 地正當中. 自此地漸漸而下, 至夏至之時, 地下萬五千里, 地之上畔與天中平. 夏至之後, 地漸漸向上. 至秋分, 地正當天之中央. 自此地漸漸而上, 至冬至, 上遊萬五千里, 地之下畔與天中平. 自冬至後, 地漸漸而下. 此是地之升降于三萬里之中. 但渾天之體, 雖繞于地, 地則中央正平, 天則北高南下, 北極高于地三十六度. 南極下于地三十六度. 然則北極之下三十六度, 常見不沒; 南極之上三十六度, 常沒不見. 南極去北極一百二十一度餘. 若逐曲計之, 則一百八十一度餘. 若以南北中半言之, 謂之赤道, 去南極九十一度餘, 去北極亦九十一度餘. 此是春秋分之日道. 赤道之北二十四度, 爲夏至之日道, 去北極六十七度也. 赤道之南二十四度, 爲冬至之日道, 去南極亦六十七度.” 地有升降, 星辰有四遊. 又鄭注『考靈耀』云:“天旁日四表之中, 冬南・夏北・春西・秋東, 皆薄四表而止. 地亦升降于天之中. 冬至而下, 夏至而上, 二至上下, 蓋極地厚也. 地與星辰俱有四遊升降. 四遊者, 自立春地與星辰西遊, 春分, 西遊之極. 地雖西極, 升降正中, 從此漸漸而東, 至春末復正. 自立夏之後北遊, 夏至, 北遊之極. 地則升降極下, 至夏末復正. 立秋之後東遊, 秋分, 東遊之極. 地則升降正中, 至秋末復正. 立冬之後南遊, 冬至, 南遊之極, 地則升降極上, 至冬末復正." 此是地及星辰四遊之義也. 星辰亦隨地升降, 故鄭注『考靈耀』云: "夏日道上與四表平, 下去東井十二度爲三萬里. 則是夏至之日, 上極萬五千里, 星辰下極萬五千里, 故夏至之日, 下至東井三萬里也." 日有九道, 故『考靈耀』云: "萬世不失九道謀." 鄭注引『河圖帝覽嬉』云: "黃道一, 靑道二, 出黃道東; 赤道二, 出黃道南; 白道二, 出黃道西; 黑道二, 出黃道北. 日春東從靑道, 夏南從赤道, 秋西從白道, 冬北從黑道." 立春, 星辰西遊, 日則東遊. 春分, 星辰西遊之極, 日東遊之極, 日與星辰相去三萬里. 立夏, 星辰北遊, 日則南遊. 夏至, 星辰北遊之極, 日南遊之極, 日與星辰相去三萬里. 以此推之, 秋冬放此可知. 計夏至之日, 日在井星, 當崇高之上, 以其南遊之極, 故在崇高之南萬五千里, 所以夏至有尺五寸之景也. 于是日又上極, 星辰下極, 故日下去東井三萬里也. 然鄭四遊之說, 元出『周髀』之文, 但二十八宿從東而左行, 日從西而右行, 一度逆沿二十八宿. 案『漢書』「律曆志」云: "冬至之時, 日在牽牛初度. 春分之時, 日在婁四度. 夏至之時, 日在東井三十一度. 秋分之時, 日在角十度." 若日在東井, 則極長, 八尺之表, 尺五寸之景. 若春分在婁, 秋分在角, 晝夜等, 八尺之表, 七尺五寸之景. 冬至日在斗, 則晝極短, 八尺之表, 一丈三尺之景. 一丈三尺之中, 去其一尺五寸, 則餘有一丈一尺五寸之景, 是冬夏往來之景也. 凡于地, 千里而差一寸. 則夏至去冬至, 體漸南漸下, 相去十一萬五千里. 又『考靈耀』云: "正月假上八萬里, 假下一十萬四千里." 所以有假上假下者, 鄭注『考靈耀』之意, 以天去地十九萬三千五百里. 正月雨水之時, 日在上, 假于天八萬里, 下至地一十一萬三千五百里. 夏至之時, 日上極與天表平也. 後日漸向下. 故鄭注『考靈耀』云: "夏至日與表平, 冬至之時, 日下至于地八萬里, 上至于天十一萬三千五百里也." 委曲其『考靈耀』注. 凡二十八宿及諸星, 皆循天左行, 一日一夜一周天. 一周天之外, 更行一度, 計一年三百六十五周天四分度之一. 日月五星則右行, 日一日一度, 月一日一十三度十九分度之七, 此相通之數也. 今歷象之說, 則月一日至于四日行最疾, 日行十四度餘; 自五日至八日行次疾, 日行十三度餘; 自九日至十九日行則遲, 日行十二度餘; 自二十日至二十三日又小疾, 日行十三度餘; 自二十四日至于晦行又最疾, 日行一十四度餘. 此是月行之大率也. 二十七日月行一周天. 至二十九日彊半, 月及[7]于日, 與日相會, 乃爲一月. 故『考靈耀』云:"九百四十分爲一日, 二十九日與四百九十九分爲月." 是一月二十九日之外, 至第三十日分至四百九十九分. 月及于日, 計九百四十分, 則四百七十爲半, 今四百九十九分是過半二十九分也. 但月是陰精, 日爲陽精. 故『周髀』云:"日猶火, 月猶水. 火則外光, 水則含景. 故月光生于日所照, 魄生于日所蔽. 當日則光盈, 就日則明盡." 京房云:"月與星辰陰者也. 有形無光, 日照之乃有光. 先師以爲日似彈丸, 月似鏡體. 或以爲月亦似彈丸, 日照處則明, 不照處則闇." 案『律曆志』云:"二十八宿之度, 角一十二度, 亢九, 氐十五, 房五, 心五, 尾十八, 箕十一:東方七十五度. 斗二十六, 牛八, 女十二, 虛十, 危十七, 營室十六, 壁九:北方九十八度. 奎十六, 婁十二, 胃十四, 昴十一, 畢十六, 觜二, 參九:西方八十度. 井三十二, 鬼四, 柳十五, 星七, 張十八, 翼十八, 軫十七:南方一百一十二度. 丑爲星紀, 初斗十二度, 終婺女七度. 子爲玄枵, 初婺女八度, 終于危十五度. 亥爲娵觜, 初危十六度, 終于奎四度. 戌爲降婁, 初奎五度, 終于胃六度. 酉爲大梁, 初胃七度, 終于畢十一度. 申爲實沈, 初畢十二度, 終于井十五度. 未爲鶉首, 初井十六度, 終于柳八度. 午爲鶉火, 初柳九度, 終于張十七度. 巳爲鶉尾, 初張十八度, 終于軫十一度. 辰爲壽星, 初軫十二度, 終于氐四度. 卯爲大火, 初氐五度, 終于尾九度. 寅爲析木, 初尾十度, 終于斗十一度." 五星者, 東方歲星, 南方熒惑, 西方太白, 北方辰星, 中央鎭星, 其行之遲速俱在『律曆志』, 不更煩說. 『元

7) 及: 대본에는 '又'로 되어 있다.

命包』云:“日之爲言實也. 月, 闕也.” 劉熙『釋名』云:“日, 實也. 光明盛實. 月, 闕也. 滿則缺也.”『說題辭』云:“星, 陽精之榮也. 陽精爲日, 日分爲星, 故其字日下生也.”『釋名』云:“星, 散也. 布散于天.” 又云:“陰, 蔭也. 氣在內奧蔭也. 陽, 揚也. 陽氣在外發揚.” 此等是陰陽日月之名也.『祭法』:“黃帝正名百物.” 其名蓋黃帝而有也, 或後人更有增足. 其天高地下・日盈月闕, 觜星度少・井斗度多, 日月右行・星辰左轉, 四遊升降之差・二儀運動之法, 非由人事所作, 皆是造化自然. 先儒因其自然, 遂以人事爲義. 或據理是實, 或構虛不經. 旣無正文可憑, 今皆略而不錄.

『하도괄지상(河圖括地象)』[8]에 “역(易)에는 태극(太極)이 있고, 태극이 양의(兩儀:陰陽)를 낳는다. 양의(兩儀)가 나누어지지 않았을 때의 기(氣)는 혼돈(混沌)하다. 청탁(淸濁)이 나누어진 후에 엎드려 있는 것이 천(天)이며 누워 있는 것이 지(地)이다”고 하였다.『석명』에 “천은 현(顯)이다. 위에 있으면서 높이 드러나는 것이다”고 하였다. 또 “천은 탄(坦)이다. 평탄하게 높고 먼 것이다”고 하였다.『설문』에 “천은 전(巓)이다. 지극히 높아서 위가 없는 것이다. 일(一)과 대(大)를 따랐다”고 하였다.『춘추설제사』에 “천(天)이라는 말은 진(鎭)이다. 높은 곳에 있으면서 아래를 다스리며 인간의 경위(經緯)가 된다. 그러므로 그 글자가 일(一)과 대(大)로써 진정시키는 것이다”고 하였다. 이것이 천(天)의 명칭과 뜻이다. 하늘이라는 몸체는 중간에 지구를 감싸며, 해・달・별자리가 걸려 있다. 그러나 천지(天地)에는 높고 낮은 형상이 있으며, 사시(四時)에는 승강(升降)의 이치가 있으며, 일월(日月)에는 운행의 법도가 있으며, 성신(星辰)에는 자리와 머무는 법칙이 있다. 이미 석천(釋天)이라고 말하였으므로 그 뜻을 대략 말하지 않을 수 없다. 그러므로 그 형상의 다른 모습에는 모두 여섯 가지가 있다. 첫째는 개천(蓋天:덮여 있는 하늘)이다. 글이『주비(周髀)』[9]에 보이는데 지붕처럼 위

8)『河圖括地象』: 河圖緯書의 일종.

9)『周髀』: 書名. 중국에서 가장 오래된 천문학 관련서인『周髀算經』을 말한다.『隋

에 있는 것이다. 둘째는 혼천(渾天 : 둥근 하늘)이다. 형상이 탄환(彈丸)과 같으며 지구가 그 가운데 있고, 하늘이 그 바깥을 감싸고 있어서 마치 계란의 흰자가 노른자를 감싸고 있는 것과 같다. 양웅(揚雄)·환담(桓譚)·장형(張衡)·채옹(蔡邕)·육적(陸績)·왕숙(王肅)·정현(鄭玄)과 같은 사람들은 모두 혼천(渾天)이라는 뜻을 근거로 사용하였다. 셋째는 선야(宣夜 : 밝고 어두운 하늘)[10]이다. 구설(舊說)에 "은대(殷代)의 제도인데, 그 형체와 뜻에 대해서는 말할 수 있는 근거가 없다"고 하였다. 넷째는 흔천(昕天 : 北이 높고 南이 낮은 하늘)이다. 흔(昕)은 헌(軒 : 앞이 높고 뒤가 낮은 수레)으로 읽는다. 천(天)은 북이 높고 남이 낮아서 수레의 헌(軒)과 같다. 이는 오(吳)나라 때의 요신(姚信)이 주장한 것이다. 다섯째는 궁천(穹天 : 중앙이 높고 주변이 드리워진 하늘)이다. 궁륭(穹隆)[11]의 모습으로 위에 있다는 것으로, 우씨(虞氏)가 주장한 것인데 그 사람의 이름은 알지 못한다. 여섯째는 안천(安天 : 안온한 하늘)이다. 이는 진(晉)나라 때의 우희(虞喜)[12]가 주장한 것이다. 살피건대, 『고령요(考靈耀)』[13]의 정현 주에 "천(天)은 순양(純陽)으로 청명(淸明)하면서 형상이 없다. 성인이 이를 본받아 선기옥형(璇璣玉衡)[14]을 만들어 그 형상을 측량하였다"고 하였다. 정현의 이 말과 같다면 천은 크게 비어 본래 형체가 없는데 다만 모든 별이 운행하는 것을 가리켜 천(天)이라고 할 뿐이다. 다만 모든 별의 운행은 동(東)으로부터 서(西)로 가는데 반드시 365일 4분의 1일이 지나야 별이 다시 옛 자리로 돌아온다. 별이 이미 좌로 돌았다면 해는 곧 우로 움직이는데 역시 365일 4분의 1일이 지나야 옛

書』「經籍志」에 최초로 서명이 나와 있다.

10) 宣夜 : 『서경』「순전」의 "在璿璣玉衡"의 孔穎達 疏에 "宣, 明也. 夜, 幽也"라고 하였다.

11) 穹隆 : 중앙이 높고 주위가 낮은 형태. 아아치형이다. 穹隆이 하늘의 뜻으로 쓰이기도 한다.

12) 虞喜 : 晉나라 사람. 자는 仲寧. 박학하고 옛 것을 좋아했다. 永和 초기 祧廟의 일을 논의할 때 결정되지 않자, 조정에서 자문을 구하였다. 『安天論』을 짓고, 『毛詩』를 주석하고, 『孝經』을 주석하였다(『晋書』 91).

13) 『考靈耀』 : 河圖緯書의 일종.

14) 璇璣玉衡 : 아름다운 옥으로 꾸민 天文 測量機. 지금의 渾天儀 모양의 기구이다.

별 자리에 도착한다. 곧 하루의 운행으로 1도를 삼는다. 28수(宿)[15]가 하늘을 한바퀴 도는 것을 계산하면 모두 365도 4분의 1도가 된다. 이것은 하늘이 한바퀴 돈 수이다. 하늘은 탄환(彈丸)과 같아서 둘레가 365도 4분의 1이다. 살피건대 『고령요(考靈曜)』에 "일도(一度)는 2932리(里) 1461분리(里)의 348이다"고 하였다. 하늘을 한바퀴 도는데 1,101,000리(里)라는 것은 바로 둘레 주위의 수이다. 둘레를 3, 직경을 1로 하여 말하면 직경이 357,000리이다. 이것이 28수가 직경을 도는 수치이다. 그러나 28수 외에 상하(上下)·동서(東西)에 각각 15,000리가 있으니, 이는 사유(四遊)[16]의 끝이 되는 것으로 사표(四表)라고 한다. 사표의 안과 모든 별자리 안을 근거로 한다면 총387,000리가 있다. 그렇다면 하늘의 중앙으로 위아래가 딱 반이 되는 자리는 193,500리이다. 지구가 중앙에 있으니, 이것이 지구와 하늘이 떨어진 거리의 수치이다. 『고령요』의 정현 주에 "지구의 덮개는 두께가 30,000리이다. 춘분(春分) 때 지구는 바로 가운데에 위치한다. 이로부터 지구는 점점 아래로 내려가 하지(夏至)에 이르면 지구가 15,000리 내려가며 지구의 상반(上畔)과 하늘의 중앙(中央)이 평평해진다. 하지 후에는 지구가 점점 위로 올라간다. 추분에 이르면 지구는 하늘의 중앙에 위치한다. 이로부터 지구는 점점 위로 가서 동지에 이르면 위로 15,000리에 떠돌아서 지구의 하반과 하늘의 가운데가 평평하게 된다. 동지 후로는 지구가 점점 낮아진다. 이는 지구가 30,000리 사이를 오르내리는 것이다. 다만 하늘의 체제가 비록 지구를 둘러싸고 있으나 지구는 중앙이 평평하고 하늘은 북쪽이 높고 남쪽이 낮아서 북극은 지구보다 36도가 높으며 남극은 지구보다 36도가 낮다. 그렇다면 북극의 아래로 36도는 항상 보이면서 파묻히지 않고, 남극의 위로 36도는 항상 파묻혀서 보이지 않는

15) 28宿 : 하늘에 분포한 28개의 별자리. 동서남북으로 나누어진다(東方七宿－蒼龍 : 角·亢·氐·房·心·尾·箕, 北方七宿－玄武 : 斗·牛·女·虛·危·室·壁, 西方七宿－白虎 : 奎·婁·胃·昴·畢·觜·參, 南方七宿－朱雀 : 井·鬼·柳·星·張·翼·軫).

16) 四遊 : 28宿 밖의 上·下·東·西의 끝을 말함.

다. 남극과 북극의 거리는 121도 남짓이나 만약 곡선으로 잰다면 181도 남짓이다. 남북의 가운데 반을 말하기를 적도(赤道)라고 한다면 남극과의 거리는 91도 남짓이고 북극과의 거리도 91도 남짓이다. 이는 춘분과 추분 때 해가 가는 길이다. 적도의 북쪽으로 24도는 하지 때 해가 가는 길인데 북극과의 거리가 67도이다. 적도의 남쪽으로 24도는 동지 때 해가 가는 길인데 남극과의 거리도 67도이다"고 하였다. 지구는 승강(昇降 : 오르내림)이 있고 성신(星辰)에는 사유(四遊)가 있다. 또 『고령요』의 정현 주에 "하늘가에 해가 사표(四表) 안에서 동(冬)은 남, 하(夏)는 북, 춘(春)은 서, 추(秋)는 동으로 모두 사표(四表)에 닿아 그친다. 지구도 하늘의 중앙(中央)을 오르내린다. 동지(冬至)에 내려오고 하지에 올라가, 동지와 하지에 오르내리는 것이 대체로 극지(極地)에서 많다. 지구와 성신(星辰)은 모두 사유(四遊)와 승강(升降)이 있다. 사유(四遊)는 입춘(立春)부터 지구 성신이 서유(西遊 : 서쪽으로 떠돎)하여 춘분(春分)에 서유가 극(極)에 달한다. 지구는 비록 서유(西遊)가 극에 이르지만 승강(升降)은 똑바른 중앙(中央)이다. 이로부터 점점 동으로 가서 봄의 끝에 이르면 다시 바르게 된다. 입하(立夏) 이후로 북유(北遊)를 하는데, 하지(夏至)에 북유가 극에 달하고, 지구는 승강(升降)이 가장 낮아지다가 여름 끝에 이르면 다시 바르게 된다. 입추 후에는 동유(東遊)를 하는데 추분(秋分)에 동유(東遊)가 극에 이른다. 지구는 똑바른 중앙에서 승강하다가 추계(秋季)에 이르면 다시 바르게 된다. 입동 후에는 남유(南遊)를 하고, 동지에 남유(南遊)가 극에 이르면 지구는 승강이 가장 높아지다가 동계(冬季)에 이르러 다시 바르게 된다"고 하였다. 이것이 지구와 성신(星辰)의 사유(四遊)의 뜻이다. 성신도 또한 지구를 따라서 승강한다. 그러므로 『고령요』 정현 주에 "여름에는 해의 길이 위로 사표와 평평하며, 아래로 동정(東井 : 井宿)과 12도이며 30,000리이다. 그렇다면 이것은 하지 해는 위로 15,000리에 달하고 성신은 아래로 15,000리에 이른다. 그러므로 하지의 해는 아래로 동정에 이르는 것이 30,000리이다"고 하였다. 해에는 아홉 가지의 길이 있다. 그러므로 『고령요』에 "만세토록 구도

(九道)의 법을 잃지 않는다"고 하였다. 정주에는 『하도제람희(河圖帝覽嬉)』[17]를 인용하여 "황도(黃道)[18]가 하나, 청도(靑道)[19]가 둘인데 황도 동쪽에서 출발한다. 적도(赤道)가 둘인데 황도 남쪽에서 출발한다. 백도(白道)가 둘인데 황도 서쪽에서 출발한다. 흑도(黑道)가 둘인데 황도 북쪽에서 출발한다. 해가 봄에는 동에서 청도를 따르고, 여름에는 남에서 적도를 따르고, 가을에는 서에서 백도를 따르고 겨울에는 북에서 흑도를 따른다"고 하였다. 입춘에 성신은 서유(西遊)를 하고 해는 동유를 한다. 춘분에 성신은 서유의 극이 되며 해는 동유의 극이 되는데, 해와 성신의 서로 거리는 30,000리가 된다. 입하(立夏)에는 성신이 북유를 하고 해는 남유를 한다. 하지(夏至)에 성신은 북유의 극이 되고 해는 남유의 극이 되어 해와 성신의 서로 거리는 30,000리가 된다. 이것으로 추리한다면 추동(秋冬)도 춘하(春夏)와 같음을 알 수 있다. 하짓날을 계산해 보면 해가 정성(井星)에 있어서 숭고(崇高 : 山名)의 위에 당하는데, 남유의 극이므로 숭고(崇高)의 남쪽으로 15,000리에 있으니 하지에 1척 5촌의 그림자가 있게 되는 것이다. 이에 해가 또 상극(上極 : 최상의 극치점)이 되고 성신은 하극(下極)이 되므로, 해는 아래로 동정(東井)과의 거리가 30,000리이다. 그러나 정현의 사유설(四遊說)은 원래 『주비』의 글에서 나왔는데 다만 28수가 동에서 좌로 운행하며 해는 서에서 우로 운행하여 1°씩 28수를 거슬러 올라간다. 살피건대, 『한서』 「율력지」에 "동지 때는 해는 견우성 1°에 있다. 춘분 때는 해가 누수(婁宿) 4°에 있다. 하지 때는 해가 동정(東井) 31°에 있다. 추분 때는 해가 각수(角宿) 10°에 있다"고 하였다. 만약 해가 동정에 있으면 극도로 길므로 8척의 표(表)[20]에 1척 5촌의 그림자가 생긴다. 춘분에 누수(婁

---

17) 『河圖帝覽嬉』 : 河圖와 관련된 緯書의 일종.

18) 黃道 : 해가 다니는 길. 『漢書』 「天文志」에 "日有中道, 月有九行. 中道者, 黃道, 一曰光道"라 하였다.

19) 靑道 : 달이 다니는 길. 黑道, 赤道, 白道도 마찬가지로 달이 다니는 길이다.

20) 表 : 해 그림자를 재기 위해 세운 말뚝. 길이 8尺이다. 계절마다 表의 그림자가 달라지는데 이 그림자의 길이를 보고 계절을 헤아리는 것이다. 봄・가을에는 그림자가 7尺

宿)에 있고 추분에 각수에 있는 경우는 주야가 같으므로 8척의 표에 7척 5촌의 그림자가 생긴다. 동지에 해가 두수(斗宿)에 있으면 낮의 길이가 가장 짧아서 8척의 표에 1장(丈) 3척(尺)의 그림자가 생긴다. 가장 긴 그림자인 1장 3척 중에서 가장 짧은 그림자인 1척 5촌을 빼면 나머지가 1장 1척 5촌의 그림자가 있게 되는데 이것이 겨울과 여름을 오고가는 그림자이다. 대체로 지구에는 천 리에 1촌의 차이가 있다. 그렇다면 하지에서 동지로 가면서 천체가 점점 남쪽으로 가고 점점 내려가므로 서로 거리는 115,000리이다. 또 『고령요』에 "정월에 위로 80,000리에 이르며, 아래로 104,000리에 이른다"고 하였다. 위로 이르고 아래로 이르게 된다고 하는 것이 정현이 『고령요』를 주석한 뜻인데 하늘에서 지구까지의 거리를 193,500리로 여긴 것이다. 정월 우수(雨水) 때는 해가 위에 있어서 하늘 80,000리에 이르고, 아래로 땅으로는 113,500리까지 이른다. 하지 때는 해가 극(極)까지 올라가 하늘 표면과 수평이 된다. 그 뒤로 해가 점점 아래로 향한다. 그러므로 정주 『고령요』에는 "하지에 해는 하늘 표면과 수평을 이루며, 동지 때는 해가 아래로 땅의 80,000리에 이르러 위로 하늘에 이르는 것이 113,500리이다"고 하였으니, 『고령요』를 자세히 주석한 것이다. 대체로 28수와 여러 별자리들은 모두 하늘을 따라 왼쪽으로 운행을 하는데 하루 낮 밤에 하늘을 한 번 돈다. 하늘을 한 번 도는 것 이외에 다시 1°를 운행하는데, 1년을 계산하면 365° 4분의 1°[21]를 운행한다. 일월(日月)과 오성(五星)[22]은 오른쪽으로 운행하는데, 해는 하루에 1°씩, 달은

5寸, 여름에는 1尺 5寸, 겨울에는 1丈 3尺이 된다는 것이다.

21) 365° 4분의 1° : 1년을 말한다. 지금은 천문학의 발달로 地球가 좌에서 우로 태양을 한바퀴 돌며, 하루에 1°씩 가서 1년이면 365° 4분의 1°(365일 5시간 48분)임을 안다. 폴란드의 천문학자 코페르니쿠스(1473~1543)가 宇宙의 중심은 태양이고 行星은 태양의 주위를 돈다는 地動說을 발견하기까지는 지구를 중심으로 다른 행성들이 돈다고 생각을 하였다. 지금 邢昺의 疏에서도 28수가 하늘을 좌에서 우로 운행하는 것으로 생각하여 1년을 계산하였는데 1년의 일수・시간수는 근래에 알아낸 수치와 상당히 근접한다.

22) 五星 : 水星・木星・金星・火星・土星인 五大行星을 말한다.

하루에 13° 19분의 7°[23]이니, 이것은 서로 통하는 수이다. 지금 천문학자들의 학설은 달은 1일에서 4일까지가 운행이 가장 빨라 하루에 14도 남짓 간다. 5일에서 8일까지의 운행이 다음으로 빠른데 하루에 13° 남짓 간다. 9일에서 19일까지의 운행은 느려 하루에 12° 남짓 간다. 20일에서 23일까지는 또 조금 빨라져 하루에 13° 남짓 간다. 24일에서 그믐까지 또 운행이 가장 빨라 하루에 14° 남짓 간다. 이것이 달이 움직이는 대체적인 비율이다. 27일이면 달의 운행은 하늘을 한 바퀴 돈다. 29일 강반(彊半 : 반을 넘음. 940분의 499일)이 되면, 달이 해에 따라붙어 해와 서로 만나는데 곧 한 달이다.[24] 그러므로 『고령요』에는 940분(分)이 하루이며, 29일과 940분의 499일이 한 달이다"고 하였다. 이것이 한달 29일 외에 제 30일 째 분수의 940분의 499분에 이른다는 것이다. 달이 해에 따라붙는 것은 940분으로 계산되니, 470분이 반(半)이 되는데, 지금의 499분은 반에서 29분을 넘는 것이다. 다만 달은 음(陰)의 정기(精氣)이며 해는 양(陽)의 정기(精氣)일 뿐이다. 그러므로 『주비』에서 "해는 불과 같고 달은 물과 같다. 불은 빛을 밖으로 드러내고 물은 그림자를 품는다. 그러므로 월광(月光)은 해가 비치는 곳에서 생기고, 백(魄 : 달의 검은 부분)은 해가 가려지는 곳에서 생긴다. 〈달이〉 해에 마주하면 빛이 가득하고, 해에 나아가면 밝음이 사라진다"고 하였다. 경방(京房)[25]은 "달과 성신(星辰)은 음(陰)이다. 형체는 있지만 빛이 없어서 해가 비쳐야 빛이 있게 된다. 선사(先師 : 돌아가신 선생)

---

23) 13° 19분의 7° : 달이 하루에 움직이는 수치. 현대 천문학에 의하면 달이 별자리 사이를 서쪽에서 동쪽으로 옮겨가서 한 바퀴 돌아 다시 출발점의 별자리로 되돌아오는 데에는 27.3일이 걸린다. 즉 달의 공전 주기를 말하는 것으로 恒星月이라고도 한다. 즉 달은 하루에 약 13°정도 움직인다(360° ≒ 27.3 = 13.2).

24) 한달이다 : 현대 천문학에 의하면 朔望月(29.5일)을 말한다. 朔望月은 달의 모양 변화를 기준으로 하는데 보름에서 다음달 보름까지를 삭망월이라 한다. 음력에서 말하는 한 달이다. 恒星月은 달의 실제 공전주기로 27.3일이다. 삭망월과 항성월의 차이는 2.2인데, 차이가 나는 이유는 달이 27.3일 걸려서 지구 주위를 한 바퀴 도는 동안에 지구도 태양 주위를 약 27.3°공전한다. 따라서 달은 하루에 약 13°옮겨가므로 달이 27.3°를 도는 데에는 약 2.2일이 더 걸리게 된다.

25) 京房 : 漢代의 學者. 易에 정통하였으며 『京氏易傳』이 전하다.

는 해는 탄환과 같고 달은 거울과 같다고 하였다. 혹자는 달도 역시 탄환과 같은데 해가 비치는 곳은 밝으며, 비치지 않는 곳은 어둡다"고 하였다. 생각건대 『한서』 「율력지」에 "28수의 도(度)[26]는 각수(角宿)가 12°, 항수(恒宿)가 9°, 저수(氐宿)가 15°, 방수(房宿)가 5°, 심수(心宿)가 5°, 미수(尾宿)가 18°, 기수(箕宿)가 11°로 동방 7수는 75°이다. 두수(斗宿)가 26°, 우수(牛宿)가 8°, 여수(女宿)이 12°, 허수(虛宿)가 10°, 위수(危宿)가 17°, 영실수(營室宿)가 16°, 벽수(壁宿)가 9°로 북방 7수는 98°이다. 규수(奎宿)가 16°, 누수(婁宿)가 12°, 위수(胃宿)가 14°, 묘수(昴宿)가 11°, 필수(畢宿)가 16°, 자수(觜宿)가 2°, 삼수(參宿)가 9°로 서방 7수는 80°이다. 정수(井宿)가 32°, 귀수(鬼宿)가 4°, 유수(柳宿)가 15°, 성수(星宿)가 7°, 장수(張宿)가 18°, 익수(翼宿)가 18°, 진수(軫宿)가 17°로 남방 7수는 112°이다. 축(丑)방향은 성기(星紀)[27]가 되는데 두수(斗宿)가 12°에서 시작하여 무녀수(婺女宿) 7°에서 마친다. 자(子) 방향은 현호(玄枵)가 되는데 무녀수 8°에서 시작하여 위수 15°에서 마친다. 해(亥) 방향은 추자(娵觜)가 되는데 위수 16°에서 시작하여 규수 4°에서 마친다. 술(戌) 방향은 강루(降婁)인데 규수 5°에서 시작하여 위수 6°에서 마친다. 유(酉) 방향은 대량(大梁)인데 위수 7°에서 시작하여 필수 11°에서 마친다. 신(申) 방향은 실침(實沈)인데 필수 12°에서 시작하여 정수 15°에서 마친다. 미(未) 방향은 순수(鶉首)인데 정수 16°에서 시작하여 유수 8에서 마친다. 오(午) 방향은 순화(鶉火)인데 유수 9°에서 시작하여 장수 17°에서 마친다. 사(巳) 방향은 순미(鶉尾)인데 장수 17°에서 시작하여 진수 11°에서 마친다. 진(辰) 방향은 수성(壽星)인데 진수 12°에서 시작하여 저수 4°에서 미친다. 묘(卯) 방향은 대화(大火)인데 저수 5°에서 시작하여 미수 9°에서 마친다. 인(寅) 방향은 석목(析木)인데 미수 10°에서 시작하여 두수 11°에서 마친

26) 度 : 天體上에서 각 별자리가 차지한 범위를 度로 표시한 것인데 28수는 총365°이다.
27) 星紀 : 12次의 하나. 丑방향. 고대 천문학에서 日·月·五行의 운행과 절기의 변화를 설명하기 위해 하늘을 서쪽에서 동쪽으로 향하는 방향으로 玄枵·星紀 등의 12 등급으로 나누어 이것을 12次라 하였다. 12차 속에 각 별자리가 들어간다.

다”[28]고 하였다. 오성(五星)은 동방은 세성(歲星 : 木星), 남방은 형혹(熒惑 : 火星), 서방은 태백(太白 : 金星), 북방은 신성(辰星 : 水星), 중앙은 진성(鎭星 : 土星)이다. 그 운행의 지속은 모두 『율력지』에 있어서 번거롭게 다시 말하지 않는다. 『원명포(元名包)』[29]에는 “일(日)이란 말은 실(實 : 차다)이며, 월(月)은 궐(闕 : 결여되다)이다”고 하였다. 유희의 『석명(『釋名』)』에는 “일(日)은 실(實)이다. 빛이 가득 찬 것이다. 월(月)은 궐(闕)이다. 차면 이지러지는 것이다”고 하였다. 『춘추설제사』에는 “성(星)은 양(陽)의 정기(精氣)의 꽃이다. 양의 정기는 해인데 해가 나누어져 별이 된 것이므로, 그 글자가 일(日 : 해) 아래에 생(生 : 생기다)인 것이다”고 하였다. 『석명』에 “성(星)은 산(散 : 흩어지다)이다. 하늘에 흩어진 것이다”고 하였다. 또 “음(陰)은 음(蔭 : 그늘지다)이다. 기운이 안에 있어 감추어진 것이다. 양(陽)은 양(揚 : 드날리다)이다. 양기(陽氣)가 바깥에 있어 퍼져 드날리는 것이다”고 하였다. 이것들은 음·양·일·월의 명칭이다. 『예기』「제법(祭法)」에 “황제(黃帝)가 모든 만물에 올바른 명칭을 붙였다”고 하였다. 그 명칭은 대개 황제로부터 있은 것인데 간혹 후대 사람이 다시 보태었다. 하늘이 높고 땅은 낮으며, 해는 가득하고 달은 비우며, 자수(觜宿 : 2°)는 도(度)가 적고 정수(井宿 : 32°)와 두수(斗宿 : 26°)는 도가 많으며, 일월은 우행(右行)하며 성신은 좌전(左轉)하며, 사유(四遊)와 승강(升降)의 차이, 이의(二儀 : 天地 또는 陰陽)가 운동하는 법칙은 인간이 만든 것이 아니라, 모두 자연의 조화이다. 선유(先儒)들이 그 자연

---

28) 이상의 설명을 도표로 나타내면 다음과 같다.

十二支	子	丑	寅	卯	辰	巳
十二次	玄枵	星紀	析木	大火	壽星	鶉尾
位 置	初婺女8° 終危15°	初斗12° 終婺女7°	初尾10° 終斗11°	初氐5° 終尾9°	初軫12° 終氐4°	初張18° 終軫11°
十二支	午	未	申	酉	戌	亥
十二次	鶉火	鶉首	實沈	大梁	降婁	娵觜
位 置	初柳9° 終張17°	初井16° 終柳8°	初畢12° 終井15°	初胃7° 終畢11°	初奎5° 終胃6°	初危16° 終奎4°

29) 『元命包』 : 『春秋』와 관련된 緯書의 일종.

의 조화에 따라서 마침내 사람의 일로 뜻풀이를 하였다. 혹은 이치에 근거하여 진실 되기도 하였으나, 혹은 거짓을 꾸며 정상이 아닌 것도 있었다. 이미 근거로 삼을 만한 올바른 글이 없는 것은 지금 모두 생략하고 기록하지 않는다.

經文 穹蒼, 蒼天也.

궁창(穹蒼)은 창천(蒼天 : 푸른 하늘)이다.

爾雅注 天形穹隆, 其色蒼蒼, 因名云.

하늘의 형태가 둥근 형태이고 그 색이 푸르기 때문에 이름 붙여 말한 것이다.

經文 春爲蒼天.

봄 하늘을 창천(蒼天)이라 한다.

爾雅注 萬物蒼蒼然生.

만물이 파랗게 살아난다.

經文 夏爲昊天.

여름 하늘을 호천(昊天 : 밝은 하늘)이라 한다.

爾雅注 言氣皓旰.

대기(大氣)가 밝고 맑음을 말한다.

經文 秋爲旻天.

가을 하늘을 민천(旻天 : 애처로운 하늘)이라 한다.

爾雅注 旻猶愍也, 愍萬物彫落.

민(旻)은 민(愍 : 가엾다)과 같은 뜻인데, 만물이 시들어 떨어짐을 딱하게 여긴 것이다.

經文 冬爲上天.

겨울 하늘을 상천(上天 : 높은 하늘)이라 한다.

爾雅注 言時無事, 在上而臨下而已.

겨울철에 일이 없어 위에 있어서 아래에 임할 뿐임을 말함이다.

爾雅音義 穹, 起宮反. 蒼, 且剛反. 郭以穹及蒼蒼俱爲天稱. 『毛詩』傳, 則以蒼天釋穹蒼. 隆, 呂穹反. 夏, 胡駕反, 下同. 昊, 胡杲反. 皓, 胡老反 本亦作昊, 光明也, 日出也. 旰, 古案反, 日光出也. 旻, 亡巾反. 愍, 亡忍反. 彫, 都聊反. 上, 時養反.

궁(穹)은 기(起)와 궁(宮)의 반절이다. 창(蒼)은 차(且)와 강(剛)의 반절이다. 곽박은 궁(穹)과 창창(蒼蒼)을 모두 하늘의 명칭으로 여겼다. 모전(毛傳)은 창천(蒼天)으로 궁창(穹蒼 : 푸른 하늘)을 해석하였다. 륭(隆)은 여(呂)와 궁(穹)의 반절이다. 하(夏)는 호(胡)와 가(駕)의 반절로 아래에서도 같다. 호(昊)는 호(胡)와 고(杲)의 반절이다. 호(皓)는 호(胡)와 로(老)의 반절로 본에 따라서는 호(昊)로 되어 있는데, 밝게 빛난다는 뜻이며, 해가 솟는다는 뜻이다. 간(旰)은 고(古)와 안(案)의 반절로 햇빛이 솟아나는 것이다. 민(旻)은 망(亡)과 건(巾)의 반절이다. 민(愍)은 망(亡)과 인(忍)의 반절이다. 조(彫)는 도(都)와 료(聊)의 반절이다. 상(上)은 시(時)와 양(養)의 반절이다.

爾雅疏 此釋四時之天名也. 云“穹蒼, 蒼天也”者, 『詩』「大雅」「桑柔」云: “靡有旅力, 以念穹蒼.” 故此釋之也. 詩人因天形穹隆, 其色蒼蒼, 故云穹蒼. 其實則與下云“春爲蒼天”者是一, 故云“穹蒼, 蒼天也.” 郭云: “天形穹隆, 其色蒼蒼, 因名云”也. 云“春爲蒼天”者, 『詩』「王風」「黍離」云: “悠悠蒼天.” 故此釋之也. 郭云“萬物蒼蒼然生”者, 言春時萬物蒼蒼然生, 春時天名曰蒼天也. 云“夏爲昊天”者, 『詩』「雨無正」云: “浩浩昊天.” 故此釋之. 昊者, 元氣博大之貌. 郭云“言氣皓旰”者, 皓旰, 日光出之貌也. 言畏日光明皓旰, 因名云昊天也. 云“秋爲旻天”者, 『詩』「大雅」「召旻」云“旻天疾威”之類, 旻, 愍也. 言秋氣肅殺, 萬物可愍, 故曰旻天. 郭云“旻猶愍也, 愍萬物彫落”者. 旻, 愍. 『詩』序文但彼愍作閔, 音義同也. 云“冬爲上天”者, 『詩』「小雅」「信南山」云“上天同雲”之類. 言冬時無事, 唯在于上, 故曰上天. 郭云“言時無事, 在上臨下而已”者, 言冬氣廢藏, 無他生殺之事, 惟在于上, 臨下而已也. 案『詩』傳云: “蒼天以體言之, 尊而君之, 則稱皇天; 元氣廣大, 則稱昊天; 仁覆閔下, 則稱旻天; 自上降監, 則稱上天; 據遠視之蒼蒼然, 則稱蒼天.” 毛公此傳當有成文, 不知出何書. 李巡云: “古詩人質, 仰視天形穹隆而高, 其色蒼蒼, 故曰穹蒼.” 是蒼天以體言之也. 皇, 君也. 故尊而君之, 則稱皇天. 昊, 大貌. 故言其混元之氣昊昊廣大, 則稱昊天. 旻, 閔也. 言其以仁慈之恩覆閔在下, 則稱旻天. 從上而下視萬物, 則稱上天. 據人遠而視之, 其色蒼蒼然, 則稱蒼天. 又李巡注: “此云春萬物始生, 其色蒼蒼, 故曰蒼天. 夏萬物盛壯, 其氣昊大, 故曰昊天. 秋萬物成熟, 皆有文章, 故曰旻天. 冬陰氣在上, 萬物伏藏, 故曰上天.” 案, 此以四時異其天名. 『詩』傳則各用所宜爲稱, 似相乖異. 而鄭玄則和合二說, 故異義同號. 今『尚書』歐陽說春曰昊天, 夏曰蒼天, 秋曰旻天, 冬曰上天. 『爾雅』亦云. 古『尚書』與『毛詩』同. 謹案: 『尚書』「堯典」羲和以昊天總敕以四時, 故知昊天不獨春也. 『左傳』夏四月, 孔丘卒, 稱曰“旻天不弔”, 非秋也. 玄之聞也. 『爾雅』者, 孔子門人所作, 以釋六藝之言, 蓋不誤也. 春氣博施, 故以廣大言之. 夏氣高明, 故以遠大言之. 秋氣或生或殺, 故以閔下言之. 冬氣閉藏而淸察, 故以監下言之. 皇天者, 至尊之號也. 六藝之中, 諸稱天者, 以情所求之耳, 非必于其時稱之. "浩浩昊天" 求天之博施. "悠悠蒼天" 求天之高明. "旻天不弔" 求天之生殺, 當得其宜. "上天同雲" 求天之所爲, 當順其時也. 此之求天, 猶人之說事, 各從其主耳. 若察于是, 則"堯命羲和, 欽若昊天"·"孔丘卒, 旻天不弔", 無可怪耳. 是鄭和合二說之事也. 『爾雅』春爲蒼天, 夏爲昊天, 歐陽說春爲昊天, 夏爲蒼天. 鄭旣言『爾雅』不誤, 當從『爾雅』. 而又從歐陽說, 以春昊夏蒼者, 鄭讀『爾雅』與孫·郭本異. 故許愼旣載今『尙書』說, 卽言『爾雅』, 亦云明見『爾雅』, 與歐陽說同. 雖蒼昊有春夏之殊, 則未知孰是. 要二說理相附合, 故鄭和而釋之.

여기서는 사계절에 따른 하늘의 명칭을 풀이하였다. 본문에서 말한 "궁창, 창천(穹蒼, 蒼天)"은 『시경』「대아」「상유(桑柔)」에 "힘이 없어 푸른 하늘을 생각한다"고 하였으므로 여기서 풀이한 것이다. 시인이 하늘의 형체가 둥근 형태이고 하늘의 색이 푸르므로 궁창(穹蒼)이라 하였다. 사실은 아래 글의 "춘위창천(春爲蒼天)"과 같으므로, "궁창(穹蒼)은 창천(蒼天)이다"고 한 것이다. 곽박은 "하늘의 형태가 둥근 형태이고 그 색이 푸르고 푸르기 때문에 이름 붙여 말한 것이다"고 하였다. "춘위창천(春爲蒼天)"은 『시경』「왕풍」「서리(黍離)」에 "아득한 푸른 하늘"이라 하였으므로 여기에서 풀이하였다. 곽박이 "만물창창연생(萬物蒼蒼然生)"이라 한 것은 봄에 만물이 푸르게 자라남을 말한 것으로, 봄 하늘의 명칭을 창천(蒼天)이라 한 것이다. "하위호천(夏爲昊天)"은 『시경』「소아」「우무정(雨無正)」에 "넓고 넓은 하늘"이라 하였으므로 여기서 풀이한 것이다. 호(昊 : 크다)는 원기(元氣)가 넓고 큰 모습이다. 곽박이 "언기호간(言氣皓旰)"이라 하였는데, 호간(皓旰)은 햇빛이 나오는 모습이다. 말하자면 외일(畏日 : 여름해)이 밝게 빛나므로 호천(昊天)이라 이름 붙인 것이다. "추위민천(秋爲旻天)"은 『시경』「대아」「소민(召旻)」에서 말한 "가을 하늘이 급박하게 포학하다"와 같은 종류이다. 민(旻)은 민(愍)이다. 가을 기운이 엄하게 죽여 만물이 딱하므로, 민천(旻天)이라 부른 것을 말한다. 곽박은 "민(旻)은 민(愍)과 같은 뜻이다. 만물이 시들어 떨어짐을 딱하게 여기는 것이다"고 하였는데, 민(旻)은 민(愍)이다. 『시경』 서문(序文)[30]에서 민(愍)을 민(閔)으로 쓴 것은 음의가 같기 때문이다. "동위상천(冬爲上天)"은 『시경』 「소아」 「신남산(信南山)」의 "겨울 하늘은 구름을 함께 일으킨다"[31]과 같은 종류이다. 말하자면 겨울에 일이 없어 오직 위에 있으므로 상천(上天)이라 한 것이다. 곽박이 "언시무사, 재상임하이이(言時無事, 在上臨下而已)"라 한 것은 겨울 기운은 은폐되어 감추어져 별도로 만물을 죽이거나 살리는 일이 없고 오직 위에 있어서 아래에 임할 뿐이라는 것을 말한다. 살피건대, 『시경』 전(傳)[32]에 "창천(蒼天)은 본체로써 말한 것이고, 높여서 임금으로 여기면 황천(皇天 : 임금 같은 하늘), 원기가 넓고 크면 호천(昊天), 어짐으로 감싸 백성을 불쌍히 여기면 민천(旻天), 위에서 내려 살펴보면 상천(上天), 먼 곳에 의지해서 바라봄이 푸르르면 창천(蒼天)이라 일컫는다"고 하였다. 모공(毛公)의 이 전(傳)에는 당연히 완성된 문장이 있을 터인데 어떤 책에서 나왔는지 모르겠다. 이순은 "옛날 시인은 질박해서 하늘이 둥근 형태로 높이 있고 그 색깔이 푸르러 궁창(穹蒼 : 둥글고 푸른 하늘)이라 한다"고 하였다. 이것은 창천(蒼天)을 형체적으로 말한 것이다. 황(皇)은 군(君 : 임금)이다. 그러므로 높여서 임금으로 하면 황천(皇天)이라 한다. 호(昊)는 큰 모습이다. 그러므로 그 혼원지기(混元之氣)의 넓고 큼을 말하면 호천(昊天)이라 한다. 민(旻)은 민(閔)이다. 인자한 은혜로 아래에 있는 사람을 감싸 가엽게 여김으로 말하면 민천(旻天)이라 한다. 위에서 만물을 내려보면 상천(上天)이라 한다. 사람이 먼 곳에 의지해서 봄에 그 색이 푸르르면 창천(蒼天)이라 한다. 또 이순의 주에 이르

30) 『시경』 序文 : 「召旻」의 小序에 "旻, 閔也, 閔天下無如召公之臣也"에서 '閔'이라 하였다.

31) 겨울 하늘은 …… 일으킨다 : 孔穎達 疏의 "在上天同起其雲"을 따랐다.

32) 『시경』 傳 : 「王風」 「黍離」의 모전을 말한다.

기를 "여기서는 봄에는 만물이 비로소 생기고, 그 색이 푸르므로 창천(蒼天)이라 한다. 여름에는 만물이 왕성하게 장대하고 그 기운이 넓고 크므로 호천(昊天)이라 한다. 가을에는 만물이 성숙(成熟)되고 모두 무늬가 있으므로 민천(旻天)이라 한다. 겨울에는 음기가 위에 있고 만물이 엎드려 숨어 있으므로 상천(上天)이라 한다"고 하였다. 살피건대, 여기서는 사계절별로 그 하늘의 명칭을 달리하였다. 『시경』 전(傳)은 제각각 마땅한 것을 써서 하늘의 명칭을 불렀으니, 이상한 듯하다. 정현은[33] 두 가지 설을 합하였으므로, 뜻이 다르나 호칭이 같았다. 금문상서학(今文尙書學)의 구양(歐陽)[34]이 "춘은 호천, 여름은 창천, 가을은 민천, 겨울은 상천이다"고 하였다. 『이아』 또한 그렇게 말하였다. 고문『상서』는 『모시』와 동일하다. 삼가 살피건대 『상서』「요전(堯典)」에 "당시의 역관(曆官)인 희씨(羲氏)·화씨(和氏)가 호천(昊天)으로 사계절을 총괄한다"[35]고 하였으니, 호천이 봄으로만 한정되어 있지 않음을 알 수 있다. 『좌전』 애공(哀公) 16년에 "여름 4월에 공구(孔丘)가 죽었다"에 대해 "민천(旻天)이 나 애공을 불쌍히 여기지 않는다"고 하였으니, 가을이 아니다. 정현이 들은 것은 『이아』는 공자의 문인들이 지은 것으로 육예(六藝)의 말을 해석한 것이라고 하였으니, 대개 오류가 없다. 봄기운은 널리 퍼지기 때문에 광대(廣大)로 말하였다. 여름 기운은 높고도 밝으므로 원대(遠大)로 말하였다. 가을 기운은 혹 살리기도 하고 혹 죽이기도 하므로 민하(閔下)로 말하였다. 겨울 기운은 감추어 있고 맑게 살필 수 있으므로 감하(監下)로 말하였다. 황천(皇天)은 지극히 존귀한 호칭이다. 육예 가운데 다양하게 불리워지는 천(天)은 정(情)으로 추

33) 정현은 : 여기서부터 끝까지도 역시 孔穎達의 『詩經正義』(권4, 1-5) 「王風」 「黍離」의 '悠悠蒼天'에 대한 해설에 나온다. 邢昺이 이를 그대로 인용한 것이다.

34) 歐陽 : 伏生에게 『상서』를 전수 받은 歐陽生을 말한다. 구양생 이하 상서학이 대대로 이어졌는데 이들이 전수한 상서는 今文尙書이다. 歐陽生은 이름을 정확히 지칭하지 않은 것인데, 그의 집안에 금문상서학이 대대로 이어졌기 때문에 그냥 姓만 붙여 歐陽이라고 한 듯하다.

35) 당시의 …… 한다 : 「堯典」에는 "乃命羲和, 欽若昊天"으로 되어 있다.

구한 것일 뿐이지 반드시 그 계절에 따라 부른 것이 아니다. "넓고 넓은 호천(昊天)"은 하늘이 널리 베풀어주기를 요구함이다. "아득한 창천(蒼天)"은 하늘이 높고 밝기를 요구함이다. "민천(旻天)이 불쌍히 여기지 않았다" 함은 하늘이 살리고 죽임을 마땅히 그 적의성을 얻는 것을 요구함이다. "상천동운(上天同雲)"은 하늘의 행위가 마땅히 그 때에 순응하기를 요구함이다. 이러한 하늘을 추구함은 인간들이 일을 설명하는 것과 같아 제각각 그 주된 것을 따를 뿐이다. 만약 이런 점을 고찰한다면 「요전」의 "요(堯)가 희씨(羲氏)와 화씨(和氏)에게 명을 내려 호천(昊天)을 삼가 따르라고 하였다"와 『좌전』의 "공구가 죽자 민천(旻天)이 불쌍히 여기지 않았다"는 것도 괴상할 것이 없다고 하였다. 이것이 정현이 이설(二說)[36]을 섞어 합친 것이다. 『이아』는 봄을 창천(蒼天) 여름을 호천(昊天)이라 하였고, 구양은 봄을 호천(昊天) 여름을 창천(蒼天)이라 하였다. 정현은 『이아』는 오류가 없다고 하였으니, 『이아』를 따름이 합당하다. 그렇지만 또 구양의 설을 따라 봄을 호천, 여름을 창천이라 한 것은 정현이 읽은 『이아』가 손염·곽박이 읽은 『이아』와는 판본이 다르기 때문이다.[37] 그러므로 허신이 금문 『상서』설을 실으면서 『이아』도 언급을 하였으니, 『이아』를 분명히 보았으며, 구양의 설과 동일하다고 말할 수 있다. 비록 창천(蒼天)이 봄 하늘이냐 여름 하늘이냐는 차이가 있는 것은 누가 옳은지는 모를 일이나, 요컨대 이설(二說)은 이치상 서로 부합되므로 정현이 섞어서 풀이하였다.

---

36) 二說 : 鄭玄이 사계절의 명칭을 계절의 특징별로, 또는 인간이 부여한 의미별로 제시하여, 두 가지 설로 풀이한 것을 말한다.

37) 정현이 …… 때문이다 : 段注本 『說文解字』 七篇 上-1의 "旻, 秋天也, 從日文聲"에 "此爾雅釋天及歐陽尚書說也. 釋天曰, 春爲昊天, 夏爲蒼天, 秋爲旻天, 冬爲上天. 許鄭本如是. 孫炎郭璞本乃作春蒼夏昊"라 하였다.

經文 四時.

사시에 대한 것이다.

爾雅疏 此題上事也. 言上所陳, 是四時天之名也. 題之在下者, 若周公踐阼及『詩』篇章句, 皆篇末題之. 故此亦爾. 『白虎通』云 : "歲時者何? 謂春秋冬夏也. 時者期也, 陰陽消息之期也." 「鄕飮酒義」云 : "春之爲言蠢也, 産萬物者聖也. 夏之爲言假也, 養之長之假之仁也. 秋之爲言揫也. 揫之以時, 察守義者也. 冬之爲言中也, 中者藏也."

이것은 상사(上事)[38]에 제목을 붙인 것이다. 위에서 진술한 것이 사계절의 하늘에 대한 명칭임을 말한다. 아래에 제목이 놓인 것은 주공천조(周公踐阼)[39]라거나, 또는 『시경』의 편(篇) · 장(章) · 구(句)[40]는 모두 편말(篇末)에 제목을 붙였으므로 여기서 또 그렇게 하였다. 『백호통』 「사시(四時)」에 "세시(歲時)란 무엇인가? 춘하추동을 말한다. 시(時)는 기(期 : 시기)이다. 음양이 소멸 · 생식(生息)하는 시기이다"고 하였다. 『예기』 「향음주의(鄕飮酒義)」에 "춘(春)이란 말은 준(蠢 : 꿈틀거리다)이다. 만물을 낳는 자는 성(聖)이다. 하(夏)란 말은 가(假 : 크다)이다. 만물을 기르고 키우고 크게 만드는 것은 인(仁)이다. 추(秋)란 말은 추(揫 : 거두다)이다. 때에 따라 거두어 의(義)를

38) 上事 : 위의 기사. 즉 穹蒼에서 上天까지의 四時에 따른 天의 명칭에 대한 기록을 말한다. 그 제목을 四時라 하고, 앞에 적지 않고 뒤에 적은 것이다.
39) 周公踐阼 : 『禮記』 「文王世子」의 小題目. 「문왕세자」의 내용에 주공이 踐阼한 내용을 기술하고, 그 기술의 뒤에 "周公踐阼"라고 제목을 달고, 鄭玄 注에 "亦題上事"라고 하였다.
40) 『詩經』의 篇 · 章 · 句 : 『시경』의 篇名과 章의 수효와 句의 수효. 이들은 『시경』 각 편의 뒤에 제시되어 있다. 예컨대, 「周南」 「葛覃」은 본문이 끝난 뒤에 "葛覃, 三章, 章六句"라고 나타낸 것이다.

지킬 것을 살피는 것이다. 동(冬)이란 말은 중(中 : 속)이고, 중은 장(藏 : 저장하다)이다"고 하였다.

經文 春爲青陽,

봄을 청양(青陽)이라 한다.

爾雅注 氣青而溫陽.

봄은 대기(大氣)가 푸르고 따뜻함이다.

經文 夏爲朱明,

여름을 주명(朱明)이라 한다.

爾雅注 氣赤而光明.

여름은 대기가 붉고도 밝게 빛남이다.

經文 秋爲白藏,

가을을 백장(白藏)이라 한다.

爾雅注 氣白而收藏.

가을은 대기가 하얗고, 그리고 거두어 저장한다.

經文 冬爲玄英.

겨울을 현영(玄英)이라 한다.

爾雅注 氣黑而淸英.

겨울은 대기가 검고도 맑으며 빼어남이다.

經文 四氣和謂之玉燭.

사계의 기운이 조화를 이룸을 옥촉(玉燭)이라 한다.

爾雅注 道光照.

빛남을 말한다.

經文 春爲發生, 夏爲長嬴, 秋爲收成, 冬爲安寧.

봄을 발생(發生), 여름을 장영(長嬴), 가을을 수성(收成), 겨울을 안녕(安寧)이라 한다.

爾雅注 此亦四時之別號. 『尸子』皆以爲太平祥風.

이는 또한 사시의 별호(別號)이다. 『시자(尸子)』에 모두 태평한 시대의 상서러운 바람이다고 하였다.

經文 四時和爲通正,

사시가 조화로우면 통정(通正 : 통하여 바름)이 되는데,

爾雅注 通平暢也.

통정은 통하여 평안히 펴는 것이다.

經文 謂之景風.

그것을 경풍(景風 : 상서로운 바람)이라고도 한다.

爾雅注 所以致景風.

경풍(景風)을 이루게 하는 것이다.

經文 甘雨時降, 萬物以嘉,

감우(甘雨 : 단비)가 때에 맞게 내려서 만물이 아름다워지는데,

爾雅注 莫不善之.

감우를 좋게 여기지 않는 이가 없다.

經文 謂之醴泉.

그것을 예천(醴泉 : 단비)이라 한다.

爾雅注 所以出醴泉.

예천(醴泉)을 발생케 하는 것이다.

爾雅音義 藏, 徂倉反. 英, 於京反. 玉燭, 李云 : "人君德美如玉而明若燭." 長, 謝丁兩反. 李云 : "萬物各發生長也." 施直良反. 贏, 本或作嬴, 以征反. 大, 音泰. 醴, 本或作澧字, 音禮.

장(藏)은 조(徂)와 창(倉)의 반절이다. 영(英)은 어(於)와 경(京)의 반절이다. 옥촉(玉燭)은 이순이 말하기를 "임금의 덕이 아름답기가 옥과 같고 밝기가 촛불과 같다"고 하였다. 장(長)은 사교는 정(丁)과 양(兩)의 반절이라 하였다. 이순은 "만물이 각각 발생하여 자라는 것이다"고 하였다. 시건은 직(直)과 양(良)의 반절이라고 하였다. 영(贏)은 본에 따라 영(嬴)으로 되어 있으며 이(以)와 정(征)의 반절이다. 태(大)는 음이 태(泰)이다. 예(醴)는 본에 따라 예(澧)자로 되어 있는데 음은 례(禮)이다.

爾雅疏 ○ 此釋太平之時, 四氣和暢以致嘉祥之事也. 云"春爲青陽"者, 言青春之氣和, 則青而溫陽也. 云"夏爲朱明"者, 言夏之氣和, 則赤而光明也. 云"秋爲白藏"者, 言秋之氣和, 則色白而收藏也. 云"冬爲玄英"者, 言冬之氣和, 則黑而清英也. 云"四氣和謂之玉燭", 注云"道光照"

者, 道, 言也. 言四時和氣, 溫潤明照, 故曰玉燭. 李巡云 : "人君德美如玉而明若燭." 「聘義」云 : "君子比德于玉焉." 是知人君若德輝動于內, 則和氣應于外, 統而言之謂之玉燭也. 云"春爲發生 · 夏爲長嬴 · 秋爲收成 · 冬爲安寧"者, 此亦四時之別號也. 云"四時和爲通正"者, 言上四時之功和, 是爲通暢平正也. ○云"謂之景風"者, 言所以致景風, 景風卽和風也. 云"甘雨時降 · 萬物以嘉"者, 嘉, 善也; 甘雨卽時雨也. 不爲萬物所苦, 故曰甘. 若「月令」: "苦雨數來", 則非甘也. 甘雨旣以時降, 則萬物莫不嘉善之也. 云"謂之醴泉"者, 言四時平暢, 亦所以使地出醴泉也. 醴泉者, 水泉味甘如醴也. 云"此亦四時之別號"者, 言與上靑陽等同爲四時別號, 故云亦也. 上據氣而言, 此據功爲說. 云"『尸子』皆以爲太平祥風"者, 案『尸子』「仁義」篇述太平之事云 : "燭于玉燭, 飮于醴泉, 暢于永風, 春爲靑陽, 夏爲朱明, 秋爲白藏, 冬爲玄英. 四氣和爲正光 : 此之謂玉燭. 甘雨時降, 萬物以嘉, 高者不少, 下者不多 : 此之謂醴泉. 其風春爲發生, 夏爲長嬴, 秋爲方盛, 冬爲安靜, 四氣和爲通正 : 此之謂永風." 是也. ○案『援神契』云 : "德及于天, 斗極明, 日月光, 甘露降; 德至深泉, 則黃龍見, 醴泉湧." 是言王者修德以召和平, 則致景風醴泉也. 案此經所釋, 卽謂發生等爲景風, 時雨爲醴泉. 而郭云所以致景風 · 醴泉者, 所以弘通其義也.

○여기서는 태평한 시대에 사계절의 기운이 화창하여 상서로운 일을 이루는 것을 풀이하였다. "춘위청양(春爲靑陽)"은 푸른 봄의 기운이 조화를 이루면 푸르고도 따뜻함을 말한다. "하위주명(夏爲朱明)"은 여름의 기운이 조화를 이루면 붉고도 빛남을 말한다. "추위백장(秋爲白藏)"은 가을의 기운이 조화를 이루면 빛깔이 하얗고 거두어 저장함을 말한다. "동위현영(冬爲玄英)"은 겨울의 기운이 조화를 이루면 검고도 맑고 빼어남을 말한다. "사기화위지옥촉(四氣和謂之玉燭)"에 대해 곽박 주에서는 "도광조(道光照)"라고 하였는데 도(道)는 언(言 : 말하다)이다. 사시의 조화로운 기운이 따뜻하고 빛남으로 옥촉(玉燭 : 옥이 빛나다)이라 함을 말한 것이다. 이순은

"임금의 덕이 아름답기가 옥과 같고 밝기가 촛불과 같다"고 하였다. 『예기』「빙의(聘義)」에 "군자는 옥으로 덕을 비유한다"고 하였다. 이것은 임금이 만일 덕이 마음에서 움직인다면 온화한 기운이 밖에서 응하니, 총괄해서 말하여 옥촉(玉燭)이라고 말한 것을 알겠다. "봄을 발생(發生), 여름을 장영(長嬴), 가을을 수성(收成), 겨울을 안녕(安寧)이라 한다"는 것은 이것 또한 사시(四時)의 별호(別號)이다. "사시화위통정(四時和爲通正)"이라는 것은 위의 사시의 공(功)이 조화를 이루어, 이것은 통하여 평정함을 말하는 것이다. "경풍(景風)이라 한다"는 것은 말하자면 경풍을 이루게 하는 것을 말하였으니, 경풍은 즉 화풍(和風 : 따뜻한 바람)이다. "감우시강, 만물이가(甘雨時降, 萬物以嘉)"에서 가(嘉)는 선(善 : 길하다)이고, 감우(甘雨)는 즉 시우(時雨 : 때에 알맞게 내리는 비)이다. 만물에게 괴로움을 받지 않으므로 감(甘 : 달다)이라 한다. 『예기』「월령」에 "괴로운 비가 자주 온다"고 하였으니, 감우가 아니다. 감우가 때 맞추어 내리고 나면, 만물이 좋게 여기지 않는 것이 없다. "예천(醴泉)이라 한다"고 한 것은, 사계절의 기운이 고르게 펴져 또한 땅에서 단샘이 솟아 나오게 된 것을 말한다. 예천은 물맛이 달기가 단술과 같다. ◯ 주에서 말한 "차역사시지별호(此亦四時之別號)"는 윗글의 청양(青陽) 등과 같은 것이 사시의 별호가 되므로 역(亦 : 또한)이라 한 것이다. 앞에서는 대기(大氣)에 근거해서 말하였고, 여기서는 공(功 : 공효)에 근거해서 설명하였다. 주에서 말한 "시자개이위태평상풍(尸子皆以爲太平祥風)"은 살피건대, 『시자』「인의(仁義)」편에 태평시대의 일을 기술하면서 "옥촉(玉燭)으로 밝히며, 예천(醴泉)을 마시고 영풍(永風 : 태평스러운 바람)이 널리 퍼진다. 봄은 파랗게 되어 따뜻하고, 여름은 밝게 빛나고, 가을은 색이 하얗게 바래 거둬들이고, 겨울은 검게 빛난다. 사계절의 기운이 조화를 이루어 빛나니, 이를 일러 옥촉(玉燭)이라 한다. 단비가 때맞추어 내리니, 만물이 아름답다. 〈내리는 것이〉 높은 곳에는 적지 않고 낮은 곳에는 많지 않으니, 이를 일러 예천(醴泉)이라 한다. 그 바람은 봄에 발생하여 여름에 길이 넉넉하고 가을에 바야흐로 성대하고 겨울에 안정되어, 사계절의 기운이 조화되어 통하고 평정되니, 이를 일러 영풍(永風)이라 한다"고 한 것이 이것이다. ○ 살피건대, 『원신계(援神契)』[41]에 "덕이 하늘에 미치면 북두성이 밝고 해와 달이 빛나고 감로(甘露)가 내린다. 덕이 심천(深泉)에 이르면 황룡(黃龍)이 나타나고 예천(醴泉)이 솟아 나온다"고 하였다. 이것은 왕자(王者)가 덕을 닦아서 화평한 세상을 부르니, 경풍(景風)과 예천(醴泉)을 이루는 것이다. 살피건대, 이 경(經 : 爾雅)에서 해석한 것은 즉 발생(發生) 등을 경풍(景風), 시우(時雨)를 예천(醴泉)이라고 말했는데, 곽박이 경풍과 예천을 이루는 것이라고 한 것은 그 뜻을 널리 통하게 한 것이다.[42]

經文 祥.

상서(祥瑞)로운 것이다.

爾雅疏 云祥者, 亦題上事也. 祥, 吉也, 善也. 言此上皆太平之吉祥也.

상(祥)이라 한 것은 역시 위의 일에 대해 제목을 붙인 것이다. 상(祥)은

---

41) 『援神契』: 書名. 孝經緯의 一種. 이미 散逸되었으나 明代 孫瑴의 『古微書』에 일부 수록되어 있다. 인용된 글이 『고미서』 권28에 보이는데 인용된 글보다 몇 자 더 있는 바, "王者德及於天, 則日抱戴(在上曰戴, 在下曰包)斗極明日月光, 天降甘露. 德至深泉, 則黃龍見, 醴泉涌"라고 하였다.

42) 살피건대 …… 한 것이다 : 『이아』에서는 景風을 '바람'으로, '醴泉'을 '비'로 풀이한 것이다. 곽박은 주에서 그 앞에 '所以'를 추가하여 '태평스러운 기풍'과 '단샘'으로 풀이하면서 이슬을 이루게 되는 이유로 설명하였다. 즉 '바람'·'비'에서 '기풍'·'샘'으로 의미를 넓혀나간 것이다.

길(吉 : 길하다)이며 선(善 : 착하다)이다. 이 위에서는 태평시대의 길상(吉祥)을 말하였다.

經文 穀不熟爲饑.

곡식이 익지 않은 것을 기(饑 : 곡식이 흉년들다)라 한다.

爾雅注 五穀不成.

오곡(五穀)이 익지 않은 것이다.

經文 蔬不熟爲饉.

채소가 익지 않은 것을 근(饉 : 채소가 흉년들다)이라 한다.

爾雅注 凡草菜可食者, 通名爲蔬.

먹을 수 있는 풀을 일반적으로 소(蔬)라 부른다.

經文 果不熟爲荒.

과일이 익지 않은 것을 황(荒 : 과일이 흉년들다)이라 한다.

爾雅注 果, 木子.

과(果)는 나무열매이다.

經文 仍饑爲荐.

계속해서 기근이 드는 것을 천(荐 : 거듭하여 곡식이 흉년들다)이라 한다.

爾雅注 連歲不熟. 『左傳』曰 : "今又荐饑."

해마다 계속해서 곡식이 익지 않음이다. 『좌전』에서 "금년에도 이어서 흉년이다"고 하였다.

爾雅音義 饑, 居疑反, 本或作飢, 又作古飪字. 『說文』·『字林』皆云 : "饑, 穀不熟." 飢, 餓也. 蔬, 音疎. 饉, 巨靳反. 荐, 李本作薦字, 音同, 在見反.

기(饑)는 거(居)와 의(疑)의 반절로 본에 따라 기(飢)로 되어 있으며, 또 고자(古字)로는 기(飥)로도 쓴다. 『설문』과 『자림』에서는 모두 "기(饑)는 곡식이 익지 않은 것이다"고 하였다. 기(飢)는 아(餓 : 굶주리다)이다. 소(蔬)는 음이 소(疎)이다. 근(饉)은 거(巨)와 근(靳)의 반절이다. 천(荐)은 이순본에는 천(薦)으로 되어 있는데 음이 같으며 재(在)와 견(見)의 반절이다.

爾雅疏 ○此釋歲凶災荒之名也. 穀謂五穀, 黍·稷·麻·麥·豆也. 熟, 成也. 五穀不成曰饑. 郭云: "凡草菜可食者, 通名蔬." 李巡曰: "可食之菜, 皆不熟爲饉." 『周禮』「天官」「大宰職」云: "以九職任萬民, 八曰臣妾聚斂疏材." 鄭玄云: "疏材, 百草根實可食者." 『詩』「小雅」云: "降喪饑饉." 襄公二十四年『穀梁傳』曰: "一穀不升謂之嗛, 二穀不升謂之饑, 三穀不升謂之饉, 四穀不升謂之康, 五穀不升謂之大饑, 又謂之大侵." 彼以五穀熟之多少, 立差等之名, 其實五者皆是饑也. 三穀不升, 于民乏困, 蓋與蔬不熟同, 故俱名爲饉也. 果, 木子也. 不成熟之歲名荒. 仍, 因也. 飢, 餓也. 連歲不熟爲荐饑. 僖十三年, "晉荐饑", 是也. ○注"『左傳』曰: 今又荐飢", 此「晉語」文也. 左丘明旣作傳以解『春秋』, 又采簡牘以作『國語』. 其文不主于經, 故謂之外傳. 俱是丘明所作, 亦得云『左傳』曰. 案彼云: "晉饑, 乞糴于秦. 丕豹曰: '晉君無禮于君, 莫不知. 往年有難, 今又荐饑. 已失人, 又失天, 其殃也多矣. 君其伐之, 勿與糴'." 是其事也.

○여기서는 흉년 든 해의 재황(災荒)의 명칭에 대해 풀이하였다. 곡은 오곡(五穀)으로 서(黍 : 메기장)·직(稷 : 찰기장)·마(麻 : 삼)·맥(麥 : 보리)·두(豆 : 콩)이다. 숙(熟)은 성(成 : 이룩되다)이다. 오곡이 익지 않음을 기(饑)라 한다. 곽박은 "먹을 수 있는 풀을 일반적으로 소(蔬)라 부른다"고 하였다. 이순은 "먹을 수 있는 채소가 모두 익지 않으면 근(饉)이라 한다"고 하였다. 『주례』 「천관」 「태재직(大宰職)」에 "아홉 가지 직책으로 백성에게 임무를 맡기는 것 가운데 여덟 번째는 신첩(臣妾)이 소재(疏材 : 채소 식품 재료)를 모

으는 것이다"고 하였다. 정현은 "소재는 먹을 수 있는 온갖 초목의 뿌리와 열매다"고 하였다. 『시경』「소아」「우무정(雨無正)」에 "죽음과 기근을 내린다"고 하였다. 양공(襄公) 24년의 『곡량전』에는 "한 종류의 곡식이 익지 않으면 겸(嗛), 두 종류의 곡식이 익지 않으면 기(饑), 세 종류의 곡식이 익지 않으면 근(饉), 네 종류의 곡식이 익지 않으면 강(康), 다섯 종류의 곡식이 익지 않으면 대기(大饑) 또는 대침(大侵)이라 한다"고 하였다. 『곡량전』은 오곡이 익은 다소(多少)로 등급의 명칭을 세웠는데 사실 다섯 가지가 모두 기(饑)이다. 세 종류의 곡식이 익지 않으면 백성은 궁핍하여 채소가 익지 않는 것과 같으므로 명칭을 모두 근(饉)이라 하였다. 과(果)는 나무 열매이다. 익지 않은 해를 황(荒)이라 한다. 잉(仍)은 인(因 : 기인하다)이다. 기(飢)는 기(饑 : 굶주리다)이다. 해를 이어서 익지 않은 것을 천기(荐饑)라 한다. 『좌전』 희공 13년에 "진(晉)나라가 거듭 기근이 들었다"고 한 것이 이것이다. ◯ 주에서 말한 『좌전』의 "금우천기(今又荐饑)"[43]는 『국어』「진어(晉語)」의 글이다. 좌구명은 전(傳)을 지어 『춘추』를 해석하고 나서 또 간독(簡牘)을 채택하여 『국어』를 지었다. 『국어』의 문장이 경(經)을 위주로 하지 않았으므로 외전(外傳)이라 한다. 모두 좌구명이 지은 것이므로 또한 "『좌전』왈(『左傳』曰)"이라고 할 수 있는 것이다. 살피건대 『국어』에서는 "진(晉)나라가 흉년이 들어 진(秦)나라에 곡식을 구걸하였다. 비표(丕豹)가 말하기를 '진(晉)나라 임금이 군(君 : 秦君)에게 무례하게 한 짓은 모두 알고 있습니다. 왕년(往年)에 난리가 있었고 지금 또 거듭 기근이 들었습니다. 이미 인심을 잃었고 또 천심도 잃었으니, 그 재앙이 심합니다. 임금께서 무찌르시고 곡식을 주지 마십시오'"라고 한 것이 바로 그 사건이다.

43) 今又荐饑 : 『좌전』「僖公」 13년에는 "晉荐饑"라는 글이 있다.

經文 災.

재앙에 대한 것이다.

爾雅疏 云災者, 亦題上事也. 下皆倣此.

재(災)라고 한 것은 역시 위의 일에 대해 제목을 붙인 것이다. 아래도 모두 이와 같다.

經文 太歲在甲曰閼逢, 在乙曰旃蒙, 在丙曰柔兆, 在丁曰强圉, 在戊曰著雍, 在己曰屠維, 在庚曰上章, 在辛曰重光, 在壬曰玄黓, 在癸曰昭陽. 歲陽.[44]

태세(太歲 : 木星)[45]가 갑(甲)에 있을 때를 알봉(閼逢), 을(乙)에 있을 때를 전몽(旃蒙), 병(丙)에 있을 때를 유조(柔兆), 정(丁)에 있을 때를 강어(强圉), 무(戊)에 있을 때를 저옹(著雍), 기(己)에 있을 때를 도유(屠維), 경(庚)에 있을 때를 상장(上章), 신(辛)에 있을 때를 중광(重光), 임(壬)에 있을 때를 현익(玄黓), 계(癸)에 있을 때를 소양(昭陽)이라 한다.[46] 세양(歲陽)이다.[47]

---

44) 歲陽 : 大歲在甲 …… 昭陽에 대한 제목을 제시한 것이다.

45) 大歲 : 五星의 하나인 木星을 말한다. 일명 歲星이라고도 한다. 약 12년 걸려 태양의 주위를 한 바퀴 도는데 목성이 위치한 지점에 따라 제각각 부르는 명칭이 있다. 甲에 있으면 閼逢, 寅에 있으면 攝提格이라 한다. 閼逢攝提格이라는 표현을 古甲子라 부르기도 하는데 甲寅을 말한다.

46) 大歲가 …… 昭陽이라 한다 : 『史記』에는 閼逢이 焉逢으로, 旃蒙이 端蒙으로, 柔兆는 游兆로, 强圉는 疆梧로, 著雍은 徒維로, 屠維는 祝犁로, 上章은 商陽으로, 重光은

爾雅音義 大, 音泰, 下放此, 本今作太. 閼, 烏割反, 又於歇反, 又於虔反. 逢, 符隆反. 旃, 之然反. 蒙, 莫東反. 强, 本或作彊字, 音同, 渠良反. 圉, 魚呂反. 戊, 音茂. 著, 施直魚反, 孫直署反. 又陟慮·遲慮二反. 本或作祝字, 宜章六反. 雍, 於恭反. 本或作黎字, 宜力低反. 己, 音紀. 重, 直龍反. 黓, 余職反.

태(大)는 음이 태(泰)이고, 아래도 이와 같으며, 본에 따라 지금은 태(太)로 되어 있다. 알(閼)은 오(烏)와 할(割)의 반절인데 또한 어(於)와 헐(歇)의 반절, 또한 어(於)와 건(虔)의 반절이다. 봉(逢)은 부(符)와 륭(隆)의 반절이다. 전(旃)은 지(之)와 연(然)의 반절이다. 몽(蒙)은 막(莫)과 동(東)의 반절이다. 강(强)은 본에 따라 강(彊)자로 되어 있는데 음이 같으며 거(渠)와 량(良)의 반절이다. 어(圉)는 어(魚)와 려(呂)의 반절이다. 무(戊)는 음이 무(茂)이다. 저(著)에 대하여 시건은 직(直)과 어(魚)의 반절, 손염은 직(直)과 략(署)의 반절이라 하였다. 또 척(陟)과 려(慮), 지(遲)와 려(慮)로 반절이 둘이다. 본에 따라서는 축(祝)자로 되어 있는데, 장(章)과 육(六)의 반절이 되어야 한다. 옹(雍)은 어(於)와 공(恭)의 반절이다. 본에 따라서는 려(黎)자로 되어 있는데, 력(力)과 저(低)의 반절이 되어야 한다. 기(己)는 음이 기(紀)이다. 중(重)은 직(直)과 용(龍)의 반절이다. 익(黓)은 여(余)와 직(職)의 반절이다.

經文 太歲在寅曰攝提格, 在卯曰單閼, 在辰曰執徐, 在巳曰大荒落. 在午曰敦牂, 在未曰協洽, 在申曰涒灘, 在酉曰作噩, 在戌曰閹茂, 在亥曰大淵獻, 在子曰困敦, 在丑曰

昭陽으로, 玄黓은 橫艾로, 昭陽은 尙章으로 되어 있다.

47) 세양(歲陽)이다: 십간(十干)을 말한다. 『이아고림』「啓蒙」에 "歲陽, 十干也, 歲陰, 十二支也."라고 하였다.

赤奮若.[48]

태세(太歲)가 인(寅)에 있을 때를 섭제격(攝提格), 묘(卯)에 있을 때를 단알(單閼), 진(辰)에 있을 때를 집서(執徐), 사(巳)에 있을 때를 태황락(大荒落), 오(午)에 있을 때를 돈장(敦牂), 미(未)에 있을 때를 협흡(協洽), 신(申)에 있을 때를 군탄(涒灘), 유(酉)에 있을 때를 작악(作噩), 술(戌)에 있을 때를 엄무(閹茂), 해(亥)에 있을 때를 대연헌(大淵獻), 자(子)에 있을 때를 곤돈(困敦), 축(丑)에 있을 때를 적분약(赤奮若)이라 한다.

爾雅音義 提, 徒兮反. 卯, 亡巧反. 單, 音丹. 李云:"盡也." 又音蟬, 或音善. 閼, 於葛反. 李云:"止也." 又於虔反. 執徐, 此二字依文讀. 李云:"執, 蟄也. 徐, 舒也. 言蟄物皆敷舒而出, 故曰執徐也." 巳, 音祀. 敦, 如字, 韋昭音頓. 牂, 子郎反. 協, 音叶. 洽, 戶夾反. 涒, 湯昆反. 灘, 本或作攤, 郭勅丹·勅旦二反. 『字林』大安·他安二反. 噩, 本或作咢字, 同, 五各反. 『漢書』作詻. 韋昭音折捁[49]. 案『聲類』詻, 音五格反. 戌, 先律反. 閹, 於撿反, 『漢書』作掩. 敦, 都鈍反. 奮, 方問反.

제(提)는 도(徒)와 혜(兮)의 반절이다. 묘(卯)는 망(亡)과 교(巧)의 반절이다. 단(單)은 음이 단(丹)이니, 이순은 "진(盡: 다하다)이다"고 하였다. 또한 음은 선(蟬)이며, 간혹 음을 선(善)이라 한다. 알(閼)은 어(於)와 갈(葛)의 반절이니, 이순은 "토(土)이다"고 하였다. 또한 어(於)와 건(虔)의 반절이다. 집서(執徐)이 두 글자는 문맥에 따라 읽는다. 이순은 "집(執)은 칩(蟄: 숨다)이며, 서(徐)

---

48) 太歲在寅 …… 赤奮若: 題目이 누락되었는데, 『이아고림』「注疏校勘札記」에 "歲陰者, 子丑寅卯辰巳午未申酉戌亥十二支是也"라고 하여, '歲陰'으로 나타내고 있다. 歲陰은 太歲가 十二支에 있는 것이다.

49) 折捁: '垳堮'의 잘못이라 한다. 『이아고림』「音義攷證」에 "垳堮, 舊本皆譌從手, 今依國語音改正, 垳堮卽垠堮"이라 하여, 두 글자 모두 '扌'를 쓰지 말고 '土'를 쓰도록 하였다.

는 서(舒 : 펴다)이다. 말하자면 움츠렸던 생명체가 모두 기를 펴고 나오므로 집서(執徐)라고 한다"고 하였다. 사(巳)는 음이 사(祀)이다. 돈(敦)은 여자(如字)인데, 위소(韋昭)는 음을 돈(頓)이라 하였다. 장(牂)은 자(子)와 랑(郎)의 반절이다. 협(協)은 음이 협(叶)이다. 흡(洽)은 호(戶)와 협(夾)의 반절이다. 군(涒)은 탕(湯)과 곤(昆)의 반절이다. 탄(灘)은 본에 따라서는 탄(攤)으로 되어 있는데, 곽박은 칙(勅)과 단(丹), 칙(勅)과 단(旦) 두 가지의 반절이라 하였다. 『자림』에는 대(大)와 안(安), 타(他)와 안(安) 두 가지의 반절이라 하였다. 악(噩)은 본에 따라서는 악(咢)자로 되어 있는데 음의가 같으며, 오(五)와 각(各)의 반절이다. 『한서』에는 액(諤)으로 되어 있다. 위소는 음을 절악(折愕)이라 하였다. 살피건대 『성류(聲類)』에는 액(諤)은 음을 오(五)와 격(格)의 반절이라 하였다. 술(戌)은 선(先)과 률(律)의 반절이다. 엄(閹)은 어(於)와 검(撿)의 반절인데, 『한서』에는 엄(掩)으로 되어 있다. 돈(敦)은 도(都)와 둔(鈍)의 반절이다. 분(奮)은 방(方)과 문(問)의 반절이다.

爾雅疏 此別太歲在日在辰之名也. 甲至癸爲十日, 日爲陽. 寅至丑爲十二辰, 辰爲陰. 案『漢書』「律曆志」云 "迺以前曆上元泰初四千六百一十七歲, 至于元封七年, 復得閼逢攝提格之歲. 中冬." 孟康曰 : "言復得者, 上元泰初時亦是閼逢之歲. 歲在甲曰閼逢, 在寅曰攝提格, 此謂甲寅之歲也." 然則乙卯之歲曰旃蒙單閼. 丙辰之歲曰柔兆執徐, 丁巳之歲曰強圉大荒落, 戊午之歲曰著雍敦牂, 己未之歲曰屠維協洽, 庚申之歲曰上章涒灘, 辛酉之歲曰重光作噩, 壬戌之歲曰玄黓閹茂, 癸亥之歲曰昭陽大淵獻, 甲子之歲曰閼逢困敦, 乙丑之歲曰旃蒙赤奮若. 以此推之, 周而復始可知.

여기서는 목성(木星)이 십간(十干)과 십이지(十二支)에 있을 때의 명칭을 구별하였다. 갑(甲)부터 계(癸)까지는 십일(十日 : 十干)이며, 일(日)은 양(陽)이다. 인(寅)부터 축(丑)까지는 십이신(十二辰)인데 신(辰)은 음(陰)이다. 살피건대, 『한서』「율력지」에 “이에 이전의 책력으로 상원(上元)[50] 태초(泰初)[51]에서 4617세(歲)를 지나 원봉(元封) 7년[52]에 이르러서야 다시 알봉섭제격(閼逢攝提格)의 해를 부득(復得 : 다시 얻다)하였다. 중동(中冬)이다”고 하였다. 맹강(孟康)[53]은 “부득(復得)이라고 말한 것은 상원(上元) 태초(泰初) 때가 또한 알봉(閼逢)의 해이다. 세성(歲星)이 갑(甲)에 있으면 알봉(閼逢), 인(寅)에 있으면 섭제격(攝提格)이다. 이것을 갑인(甲寅)의 해라고 한다”고 하였다. 그렇다면 을묘(乙卯)의 세(歲)를 전몽단알(旃蒙單閼), 병진(丙辰)의 세를 유조집서(柔兆執徐), 정사(丁巳)의 세를 강어대황락(强圉大荒落), 무오(戊午)의 세를 저옹돈장(著雍敦牂), 기미(己未)의 세를 도유협흡(屠維協洽), 경신(庚申)의 세를 상장군탄(上章涒灘), 신유(辛酉)의 세를 중광작악(重光作噩), 임술(壬戌)의 세를 현익엄무(玄黓閹茂), 계해(癸亥)의 세를 소양대연헌(昭陽大淵獻), 갑자(甲子)의 세를 알봉곤돈(閼逢困頓), 을축(乙丑)의 세를 전몽적분약(旃蒙赤奮若)이라 한다. 이것으로 추산하면 한 바퀴 돌아 다시 시작함을 알 수 있다.

經文 載, 歲也. 夏曰歲,

재(載)는 세(歲 : 해, 1년)이다. 하(夏)에서는 세(歲)라 한다.

---

50) 上元 : 古代의 曆에서 180년을 단위로 하여 3등분한 앞부분인데. 180년을 上元 60년, 中元 60년, 下元 60년으로 3分하였다.

51) 泰初 : 宇宙의 시작, 氣의 시작을 말한다.

52) 元封 7年 : 漢 武帝 太初 元年(B. C. 104, 丁丑)에 해당된다. 甲寅은 武帝 元朔 2年(B. C. 127)이다.

53) 孟康 : 三國時代 魏나라 사람. 字는 公休. 著書로 『漢書』를 註釋한 것이 있는데 일부가 지금도 전하고 있다.

爾雅注 取歲星行一次.

세성(歲星 : 木星)이 12개의 자리 중의 한 자리를 가는 데서 취한 것이다.

經文 商曰祀,

상(商)에서는 사(祀 : 해)라 한다.

爾雅注 取四時一終.

사시(四時)가 한 번 끝나는 데서 취한 것이다.

經文 周曰年,

주(周)에서는 년(年 : 해)이라 한다.

爾雅注 取禾一熟.

벼가 한 번 익는 것에서 취한 것이다.

經文 唐虞曰載.

당우(唐虞 : 堯舜)에서는 재(載 : 해)라 하였다.

爾雅注 取物終更始.

사물이 끝났다가 다시 시작하는 데서 취한 것이다.

爾雅音義 夏, 胡雅反. 歲, 「胤征」云 : "每歲孟春." 祀, 「太甲」云 : "惟元祀."[54] 年, 見『春秋』·『尙書』. 載, 「堯典」云 "朕在位七十載."

하(夏)는 호(胡)와 아(雅)의 반절이다. 세(歲)의 용례는 『서경』「윤정(胤征)」에 "매 세 맹춘에"라고 하였다. 사(祀)의 용례는 『서경』「이훈(伊訓)」에 "원사에"라 하였다. 년(年)의 용례는 『춘추』와 『서경』에 보인다. 재(載)의 용례는 『서경』「요전(堯典)」에 "짐이 재위한 지 70년이다"고 하였다.

爾雅疏 別年歲之名也. 載卽歲也. 『白虎通』云 : "王者受命而改正朔者, 明易姓示不相襲也. 明受之于天, 不受之于人, 所以變易民心, 革其耳目, 以則[55]化也." 然則歲名變易, 理亦同此. 故夏曰歲, 取歲星行一次. 「夏書」曰 : "每歲孟春, 遒人以木鐸徇于路." 是也. 商曰祀, 取四時一終. 則以祀者嗣也, 取其興來繼往之義. 孫炎曰 : "取四時祭祀一訖." 「商書」曰 : "惟元祀十有二月乙丑, 伊尹嗣[56]于先王." 是也. 周曰年者, 取禾

54) 惟元祀 : 이 글이 『서경』「太甲」에는 없고 「伊訓」에 있다.
55) 則 : 『漢魏叢書』「白虎通德論」「三正」에는 '助'로 되어 있다.
56) 嗣 : 『서경』「이훈」에는 '祠'로 되어 있다. 그리고 공영달소에 "伊尹祠于先王, 謂祭

一熟也. 案『說文』云 : "年, 穀熟也. 從禾千聲. 『春秋』曰 : '大有年.'" 然則年者禾熟之名. 每歲一熟, 故以爲歲名. 『左傳』曰 : "卜年七百." 是也. "唐虞曰載", 載, 始也. 取物終更始. 「堯典」曰 : "朕在位七十載." 「舜典」曰 "五載一巡狩." 是也. 案『律歷志』: "分二十八宿爲十二次." 晉灼注「天文志」云 : "太歲在四仲, 則歲行三宿, 太歲在四孟·四季, 則歲行二宿. 二八十六, 三四十二, 而行二十八宿, 十二歲而周天." 是歲星年行一次也.

연(年)과 세(歲)의 명칭을 구별하였다. 재(載)는 곧 세(歲)이다. 『백호통』「삼정(三正)」에 "왕자(王者)가 천명(天命)을 받아서 정삭(正朔)[57]을 고치는 것은 역성(易姓 : 성이 바뀌다)임을 밝혀 계승한 것이 아님을 보이는 것이다. 하늘에서 명(命)을 받고 사람에게서 받지 않음을 밝혀, 민심(民心)을 변화시키고 그 이목(耳目)을 바꾸어 교화를 본받게 하기 위한 것이다"고 하였다. 그렇다면 세(歲)의 명칭이 바뀌는데 이치 또한 이와 같다. 이런 까닭에 하(夏)에서는 세(歲)라 하였는데, 세성(歲星)이 자리 하나를 운행하는 것에서 취한 것이다. 『서경』「하서」「윤정(胤征)」에 "매세 맹춘에 추인(遒人)[58]이 목탁을 가지고 길을 돌았다"고 한 것이 이것이다. 상(商)에서는 세(歲)를 사(祀)라 하였는데, 사시(四時)가 한 번 끝남을 취한 것이다. 즉 사(祀)는 사(嗣 : 잇는다)로 미래를 흥성케 하고 과거를 계승하는 의미를 취한 것이다. 손염은 "사시(四時)의 제사를 한 번 마친 것에서 취하였다"고 하였다. 『서경』「상서(商書)」「이훈」의 "원사(元祀 : 元年) 12월 을축(乙丑)에 이윤(伊尹)이 선왕(先王)을 제사하였다"고 한 것이 이것이다. "주(周)에서 년(年)"이라 한 것은 벼가 한 번 익는 것에서 취한 것이다. 살피건대, 『설문』에 년(年)에 대해 "년(年)은 곡식이 익었다는 뜻이다. 화(禾)를 따르며 천(千)이 성(聲)이다.[59] 『춘추』 선공(宣公) 16년에 '대유년(大有

湯也"라고 하여, 湯에게 제사하는 것으로 설명하였다.

57) 正朔 : 正月과 朔日. 年의 始와 月의 始. 轉하여 曆을 말한다. 고대에는 왕조가 바뀌면 正朔을 바꾸었다.

58) 遒人 : 임금의 명령을 널리 알리는 사람.

59) 화를 …… : 『설문』에 年은 '秊'으로 써서, 자형을 禾가 의미, 千이 소리로 된 형성글

年 : 크게 풍년이 들었다)'"이라고 하였다. 그렇다면 년(年)이란 벼가 익은 것에 대한 명칭이다. 해마다 한 번 익는 까닭에 해의 명칭으로 삼은 것이다. 『좌전』 선공(宣公) 3년에 "해를 헤아려 보니 700년이다"고 한 것이 이것이다. "당우왈재(唐虞曰載)"에서 재(載)는 시(始 : 시작하다)의 뜻이다. 사물이 끝났다가 다시 시작하는 데서 취한 것이다. 『서경』「요전」에 "짐재위칠십재(朕在位七十載 : 내가 임금자리에 있은지 70년이다)"라 하였고, 『서경』「순전」에 "오재일순수(五載一巡狩 : 5년에 한 번 순수하였다)"라 한 것이 이것이다. 살피건대, 『한서』「율력지」에 "28수를 나누어 십이차(十二次)[60]로 한다"고 하였다. 진작(晉灼)[61]의 『한서』「천문지」에 주에 "목성(木星)이 사중(四仲)[62]에 있으면 목성은 3개의 별자리를 가고, 목성이 사맹(四孟)[63]과 사계(四季)[64]에 있으면 목성은 2개의 별자리를 간다. 2×8=16, 3×4=12를 합해서 28수를 가면서 12년에 하늘을 한 바퀴 돈다"[65]고 하였다. 이것은 목성이 1년에 한 자리(次)를 가는 것이다.

經文 歲名.

이상은 세(歲)에 대한 명칭이다.

자라고 풀이한 것이다.

60) 十二次 : 천체에서 해와 달이 하늘에서 만나는 12자리. 예를 든다면 寅(析木), 卯(大火)인데, 木星이 1년에 한 자리씩 옮기는 것이다.

61) 晉灼 : 晉 河南 사람. 벼슬은 尙書郞. 저서에 『漢書音義』가 있다.

62) 四仲 : 1년의 4번의 仲月. 仲春 · 仲夏 · 仲秋 · 仲冬이다.

63) 四孟 : 孟春 · 孟夏 · 孟秋 · 孟冬이다.

64) 四季 : 季春 · 季夏 · 季秋 · 季冬이다.

65) 목성이 …… 한 바퀴 돈다 : 『漢書』「天文志」의 "歲星曰東方春木, 於人五常仁也"에서 歲星에 대한 주석을 한 것을 말한다.

經文 月在甲曰畢, 在乙曰橘, 在丙曰修, 在丁曰圉, 在戊曰厲, 在己曰則, 在庚曰窒, 在辛曰塞, 在壬曰終, 在癸曰極.

달이 갑(甲)에 있는 것을 필(畢), 을(乙)에 있는 것을 귤(橘), 병(丙)에 있는 것을 수(修), 정(丁)에 있는 것을 어(圉), 무(戊)에 있는 것을 려(厲), 기(己)에 있는 것을 칙(則), 경(庚)에 있는 것을 질(窒), 신(辛)에 있는 것을 색(塞), 임(壬)에 있는 것을 종(終), 계(癸)에 있는 것을 극(極)이라 한다.

爾雅音義 橘, 均筆反. 修, 本亦作脩. 圉, 音語. 己, 音紀. 窒, 知乙反. 塞, 先北反.

귤(橘)은 균(均)과 필(筆)의 반절이다. 수(修)는 본에 따라서는 또한 수(脩)로 되어 있다. 어(圉)는 음이 어(語)이다. 기(己)는 음이 기(紀)이다. 질(窒)은 지(知)와 을(乙)의 반절이다. 색(塞)은 선(先)과 북(北)의 반절이다.

經文 月陽.

이상은 달이 십간(十干)에 있을 때이다.

經文 正月爲陬,

정월(正月)을 추(陬 : 1월)라 하고,

爾雅注 『離騷』云 : "攝提貞於孟陬."

『이소』에 "인(寅)의 해 바로 정월"이라고 하였다.

經文 二月爲如, 三月爲寎, 四月爲余, 五月爲皋, 六月爲且, 七月爲相, 八月爲壯, 九月爲玄.

2월을 여(如 : 2월)라 하고, 3월을 병(寎 : 3월)이라 하고, 4월을 여(余 : 4월)라 하고, 5월을 고(皋 : 5월)라 하고, 6월을 저(且 : 6월)라 하고, 7월을 상(相 : 7월)이라 하고, 8월을 장(壯 : 8월)이라 하고, 9월을 현(玄 : 9월)이라 하고,

爾雅注 『國語』云 : "至於玄月." 是也.

『국어』「월어(越語)」에 "9월에 이르렀다"고 한 것이 이것이다.

經文 十月爲陽,

10월(十月)을 양(陽 : 10월)이라 하고,

爾雅注 純陰用事, 嫌於無陽, 故以名云.

순음(純陰)이 제 마음대로 일을 처리하나 양(陽)이 없음을 꺼리기 때문에 양(陽)이라 이름 붙였다.

經文 十一月爲辜, 十二月爲涂.

11월을 고(辜 : 11월)라 하고, 12월을 도(涂 : 12월)라 한다.

爾雅注 皆月之別名. 自歲陽至此, 其事義皆所未詳通者, 故闕而不論.

모두 월(月)의 다른 명칭이다. 세양(歲陽)부터 여기까지는 그 일과 뜻이 모두 상세히 통하지 않은 것은 빼고 논하지 않는다.

爾雅音義 正, 音征. 陬, 側留·子侯二反, 隅也, 又子瑜反. 寎, 本或作窉字, 同, 郭孚柄反. 又況病反, 又匡詠反, 李陂病反. 余, 餘·舒二音, 孫作舒, 李云: "舒也." 萬物生枝葉, 故曰舒也. 皐, 或作高, 同. 且, 子余反. 相, 息亮反. 壯, 側亮反. 陽, 本或作霷字, 同. 『詩』云: "日月陽止." 是也. 辜, 音姑. 涂, 音徒.

정(正)은 음이 정(征)이다. 추(陬)는 측(側)과 류(留), 자(子)와 후(侯)로 반절이 둘인데, 모퉁이란 뜻이며, 또한 자(子)와 유(瑜)의 반절이다. 병(寎)은 본에 따라 혹 병(窉)자로 되어 있는데, 음의가 같으며 곽박은 부(孚)와 병(柄)의 반절이라 하였다. 또한 황(況)과 병(病)의 반절, 또 광(匡)과 영(詠)의 반절인데, 이순은 피(陂)와 병(病)의 반절이라고 하였다. 여(余)는 여(餘)와 서(舒)로 음이 둘인데, 손염은 서(舒)로 썼으며, 이순은 "서(舒 : 펴다)이다"고 하였다. 만물이 지엽(枝葉)을 내기 때문에 서(舒)라 하였다. 고(皐)는 혹 고(高)로도 썼는데, 음의가 같다. 저(且)는 자(子)와 여(余)의 반절이다. 상(相)은 식(息)과 량(亮)의 반절이다. 장(壯)은 측(側)과 량(亮)의 반절이다. 양(陽)은 본에 따라서는 간혹 양(霷)자로 되어 있는데, 음의가 같다. 『시경』「소아」「체두(杕杜)」에 "세월이 흘러 10월이 되었다"고 한 것이 이것이다. 고(辜)는 음이 고(姑)이다. 도(涂)는 음이 도(徒)이다.

爾雅疏 此辨以日配月之名也. 設若正月得甲則曰畢陬, 二月得乙則曰橘如, 三月得丙則曰修窉, 四月得丁則曰圉余, 五月得戊則曰厲皐, 六月得己則曰則且, 七月得庚則曰窒相, 八月得辛則曰塞壯, 九月得壬則曰終玄, 十月得癸則曰極陽, 十一月得甲則曰畢辜, 十二月得乙則曰橘涂, 周而復始, 亦可知也. 若『史記』「曆書」云 : "月名畢聚也." 注"「離騷」"者, 屈原之所作也. 屈原與楚同姓, 仕懷王, 爲三閭大夫. 爲大夫靳尙所譖毁見疎, 乃作『離騷』經. 離, 別也. 騷, 愁也. 言已放逐離別, 心中愁思, 猶陳正道以諷諫君也. 其經曰 : "帝高陽之苗裔兮, 朕皇考曰伯庸. 攝提貞於孟陬兮, 惟庚寅吾以降." 彼注云 : "言已生得陰陽之正中." 是引之以證正月爲陬之義. 云"『國語』云 : '至於玄月.' 是也", 此「越語」文也. 案彼云 : "越王將伐吳, 范蠡諫曰 : '王姑待之.' 至於玄月, 王召范蠡而問焉." 彼注云 : "魯哀公十六年九月也. 至十七年三月, 越伐吳." 是也. 引之以證九月爲玄也. 云"純陰用事, 嫌於無陽, 故以名云"者, 以『易』言之, 五月一陰生, 十月純坤用事, 故云"純陰用事"也. 云"嫌"者, 君子愛陽而惡陰, 故以陽名之. 無陽而得陽名者, 以分陰分陽, 迭用剛柔, 十二月之消息, 見其用事耳. 其實陰陽常有, 『詩緯』曰 : "陽生酉仲, 陰生戌仲." 是十月中兼有陰陽也. 四月秀葽, 靡草死, 豈無陰乎? 明陰陽常兼有也. 『詩』「小雅」云: "日月陽止." 是也. 又云"自歲陽至此"者, 謂自閼逢以下也. 云"其事義皆所未詳通者", 案李巡・孫炎雖各有其說, 皆構虛不經. 疑事無質, 故闕而不論.

여기서는 일(日)이 월(月)과 짝하는 명칭을 구별하였다. 가령 정월에 달이 갑(甲)을 만나면 필추(畢陬),[66] 이월에 을(乙)을 만나면 귤여(橘如), 삼월에 병(丙)을 만나면 수병(修寎), 사월에 정(丁)을 만나면 어여(圉余), 오월에 무(戊)를 만나면 여고(厲皐), 유월에 기(己)를 만나면 칙저(則且), 칠월에 경(庚)을 만나면 질상(窒相), 팔월에 신(辛)을 만나면 색장(塞牂), 구월에 임(壬)을 만나면 종현(終玄), 시월에 계(癸)를 만나면 극양(極陽), 십일월에 갑(甲)을 만나면 필고(畢辜), 십이월에 을(乙)을 만나면 귤도(橘涂)라 하는데, 한 바퀴 돌아서 다시 시작하는 것을 또한 알 수 있다. 『사기』「역서(曆書)」의 경우 "월(月)의 명칭은 필취(畢聚)이다"고 하였다. 주에서 "『이소(離騷)』"라 한 것은 굴원(屈原)이 지은 것이다. 굴원은 초(楚)나라 왕실(王室)과 성(姓)이 같다. 회왕(懷王)에게 벼슬하여 삼려대부(三閭大夫)가 되었다. 대부(大夫) 근상(靳尙)의 비방을 당해 왕과 소원(疎遠)하게 되자 이에 『이소(離騷)』경(經)을 지었다. 리(離)는 별(別 : 이별하다)이다. 소(騷)는 수(愁 : 근심하다)이다. 말하자면 쫓겨나 떠나고 나서 마음속에 근심스런 생각이 있는데도, 오히려 바른 도를 진술하여 임금을 풍간(諷諫)한 것이다. 그 경(經)에 "황제 고양(高陽)의 후손이고, 나의 선친(先親)은 백용(伯庸)이다. 인(寅)의 해 바로 정월, 경인(庚寅)날에 내가 태어났다"고 하였다. 그 주에 "이미 태어날 때 음양의 정중(正中)을 얻었다"고 하였다. 곽박은 이 구절을 인용하여 정월을 추(陬)라고 하는 뜻을 증명한 것이다. 주에서 말한 『국어』의 "'지어현월(至於玄月)'이 이것이다"고 한 것은 「월어(越語)」의 글이다. 살피건대, 「월어」에 "월왕(越王)이 오(吳)를 치려 하자 범려(范蠡)가 간하기를 '왕께서는 잠시 기다리소서'

66) 正月에 …… 畢陬 : 畢은 月이 甲에 있음을 말하고, 陬는 正月을 말하므로, 이러한 짝을 이룸을 畢陬라고 한다. 이하 橘如 등도 이와 같이 造語된 것이다.

라 하였다. 현월(玄月)에 이르러 왕이 범려를 불러 물었다"고 하였다. 위소(韋昭)가 그것에 주석하기를 "노(魯) 애공(哀公) 16년 9월이다. 17년 3월에 이르러 월(越)이 오(吳)를 쳤다"고 한 것이 이것이다. 이 구절을 인용하여 9월이 현(玄)이 됨을 증명하였다. "순음용사, 혐어무양, 고이명운(純陰用事, 嫌於無陽, 故以名云)"이라 한 것은 『주역』으로 말하면, 5월에 하나의 음(陰)이 생겨서[67] 10월[68]에 순음(純坤)이 제 마음대로 하므로 "순음용사(純陰用事)"라 한 것이다. "혐(嫌 : 꺼리다)"이라 한 것은 군자(君子)는 양(陽)을 좋아하고 음(陰)을 싫어하므로 양(陽)으로 이름 붙인 것이다. 양(陽)이 없으면서 양(陽)이란 이름을 얻은 것은 음(陰)으로 나뉘고 양(陽)으로 나뉘어 번갈아 강(剛)과 유(柔)를 써서, 12개월의 소식(消息)[69]으로 그 용사(用事)를 나타내어서이다. 실제로는 음양이 항상 있는데, 『시위(詩緯)』[70]에 "양(陽)은 유중(酉仲)[71]에서 생겨나고 음(陰)은 술중(戌仲)[72]에서 생겨난다"고 하였으니, 이는 10월 가운데에 음과 양이 함께 있는 것이다. 4월[73]에 요초(葽草)[74]가 꽃피고 미초(靡草)가 시드니, 어찌 음이 없겠는가? 분명히 음과 양이 항상 겸하여 있는 것이다. 『시경』「소아」「체두(杕杜)」에 "세월이 흘러 10월이 되다"고 한 것이 이것이다. 또한 "자세양지차(自歲陽至此)"라 한 것은 알봉(閼逢) 이하(以下)를 말하는 것이다. "기사의개소말상통(其事義皆所末詳通)"이라 한 것은, 살피건대 이순과 손염은 비록 각각 그들의 설이 있으나 모두

67) 5월에 …… 생겨서 : 손(巽 : ☴)이 아래에 건(乾 : ☰)이 위에 있는 64괘의 姤卦가 5월에 해당한다. 陰이 맨 아래에 하나 있으므로, 하나의 陰이라고 한 것이다.

68) 10월 : 곤(坤 : ☷)이 아래에, 곤(坤 : ☷)이 위에 있는 64卦의 坤卦가 10월에 해당한다. 모두 음효(陰爻, --)로만 되어 있어 純陰이라고 한 것이다.

69) 消息 : 陰陽이 줄었다가 늘었다 하는 뜻으로, 『周易』의 消息卦의 12卦를 말함. 각각 12개월에 배당된다.

70) 『詩緯』 : 『詩經』과 관련된 緯書의 하나.

71) 酉仲 : 氣가 처음으로 생기는 곳.

72) 戌仲 : 形이 처음으로 생기는 곳.

73) 4월 : 건(乾 : ☰)이 아래에, 건(乾 : ☰)이 위에 있는 64卦의 乾卦가 4월에 해당한다. 모두 陽爻(—)로만 되어 있어, 陰이 보이지 않는다.

74) 葽草 : 『詩經』「豳風」「七月」에 "四月秀葽"라 하였다.

헛된 것을 꾸며 바르지 않다. 의심스러운 일은 억지로 바로잡지 않으므로 빼고 논하지 않은 것이다.

經文 月名.

이상은 달(月)에 대한 명칭이다.

經文 南風謂之凱風.

남풍(南風)을 개풍(凱風 : 남풍)이라 한다.

爾雅注 『詩』曰 : "凱風自南."

『시경』에 "남쪽에서 개풍이 불어온다"고 하였다.

經文 東風謂之谷風.

동풍(東風)을 곡풍(谷風 : 동풍)이라 한다.

爾雅注 『詩』云 : "習習谷風."

『시경』에 "따뜻한 봄바람"이라 하였다.

經文 北風謂之涼風.

북풍(北風)을 양풍(涼風 : 북풍)이라 한다.

爾雅注 『詩』云 : "北風其涼."

『시경』에 "북풍이 차갑게 불어온다"고 하였다.

經文 西風謂之泰風.

서풍(西風)을 태풍(泰風 : 서풍)이라고 한다.

爾雅注 『詩』云 : "泰風有隧."

『시경』에 "서쪽 바람이 불어옴에 길이 있다"고 하였다.

爾雅音義 凱, 口海反, 又作颽. 涼, 本或作古飆字, 同, 力張反. 隧, 音遂.

개(凱)는 구(口)와 해(海)의 반절, 또는 개(颽)로도 쓴다. 양(涼)은 본에 따라 고자(古字)인 양(飆)자로 되어 있는데 음의가 같고 력(力)과 장(張)의 반절이다. 수(隧)는 음이 수(遂)이다.

爾雅疏 此釋風雨之名也. 『易』曰 : “風以動之, 雨以潤之.” 又曰 : “潤之以風雨.” 「洪範」曰 : “月之從星則以風雨.” 然則風雨相將之物, 故此類聚而釋之也. ○“南風謂之凱風”者, 李巡曰 : “南風長養萬物, 萬物喜樂, 故曰凱風. 凱, 樂也.” 郭氏無說, 義或當然. 『詩』「邶風」云 : “凱風自南.” 是也. ○“東風謂之谷風”者, 孫炎曰 : “谷之言穀, 穀, 生也. 谷風者, 生長之風也.” 『詩』「邶風」云 : “習習谷風.” 是也. ○“北風謂之涼風”者, 北風一名涼風, 言北風寒涼之風也. 「月令」 : “孟秋之月涼風至.” 『詩』「邶風」云 : “北風其涼.” 是也. ○“西風謂之泰風”者, 孫炎曰 : “西風成物, 物豐泰也.” 『詩』「大雅」「桑柔」云 : “泰風有隧.” 是也.

여기서는 풍우(風雨)의 명칭을 풀이하였다. 『주역』「설괘전(說卦傳)」에 “바람으로 흔들고, 비로 적신다”고 하였으며, 또 「계사전상(繫辭傳上)」에 “풍우로 적신다”고 하였다. 『서경』「홍범(洪範)」에는 “달이 별을 따르면 풍우(風雨)가 생긴다”[75]고 하였다. 그렇다면 풍우는 서로 돕는 물건이므로, 여기서 같은 종류로 묶어서 풀이하였다. ○“남풍위지개풍(南風謂之凱風)”에 대하여 이순은 “남풍이 만물을 생장(生長)시켜 만물이 즐거워하므로 개풍(凱風)이라 한다. 개(凱)는 락(樂. 즐겁다)이다”고 하였다. 곽박이 설명을 하지 않은 것은 의미가 아마 당연해서일 것이다. 『시경』「패풍(邶風)」「개풍

75) 달이 …… 생긴다 : 공전에 “月經於箕則多風, 離於畢則多雨”라고 하여, 箕星과 畢星이 風雨와 관련된 별임을 제시하였다.

(凱風)」에 "개풍자남(凱風自南)"이라고 한 것이 이것이다. ○"동풍위지곡풍(東風謂之谷風)"에 대하여 손염은 "곡(谷)이란 말은 곡(穀 : 생기다)으로, 곡(穀)은 생(生 : 낳다)이다. 곡풍(谷風)은 생장(生長)시키는 바람이다"고 하였다. 『시경』「패풍」「곡풍(谷風)」에 "습습곡풍(習習谷風)"이라고 한 것이 이것이다. ○"북풍위지량풍(北風謂之涼風)"이라고 한 것에서 북풍은 일명 양풍(涼風)이니, 북풍이 차가운 바람임을 말한 것이다. 『예기』「월령(月令)」에 "맹추(孟秋 : 7월)의 달에 차가운 바람이 불어온다"고 하였다. 『시경』「패풍」「북풍(北風)」에 "북풍기량(北風其涼)"이라고 한 것이 이것이다. ○"서풍위지태풍(西風謂之泰風)"에 대하여 손염은 "가을 바람은 사물을 완성시켜서, 만물이 풍성하고 태평하다"고 하였다. 『시경』「대아」「상유(桑柔)」에 "태풍유수(泰風有隧)"라고 한 것이 이것이다.

經文 焚輪謂之穨.

분륜(焚輪)을 퇴(穨 : 위에서 내려오는 세찬 바람)라 한다.

爾雅注 暴風從上下.

폭풍(暴風)[76]이 위에서 내려오는 것이다.

76) 폭풍(暴風) : 음이 '포풍'이어야 하는데, 오독(誤讀)이 굳어져 '폭풍'이 되고 널리 쓰이게 되었다.

經文 扶搖謂之猋.

부요(扶搖)를 표(猋 : 아래에서 올라가는 세찬 바람)라 한다.

爾雅注 暴風從下上.

폭풍(暴風)이 아래에서 올라가는 것이다.

經文 風與火爲庉.

바람이 불과 함께 하는 것을 돈(庉 : 불길과 함께 치솟는 바람)이라 한다.

爾雅注 庉庉, 熾盛之貌.

돈돈(庉庉)은 치성(熾盛 : 불길이 거셈)한 모습이다.

經文 迴風爲飄.

회풍(迴風)을 표(飄 : 회오리바람)라 한다.

爾雅注 旋風也.

선풍(旋風 : 회오리바람)이다.

爾雅音義 焚, 符云反. 頹, 本或作穨·隤, 同, 徒回反. 扶, 如字,『字林』作颫, 同. 搖音遙,『字林』作䬙, 同. 猋, 必遙反,『字林』作飆, 音同. 上, 時掌反. 庉, 徒袞·徒昆二反, 本或作炖字, 同. 熾, 尺志反. 飄, 音瓢.

분(焚)은 부(符)와 운(云)의 반절이다. 퇴(頹)는 본에 따라 퇴(穨)와 퇴(隤)로 되어 있는데 음의가 같으며 도(徒)와 회(回)의 반절이다. 부(扶)는 여자(如字)인데『자림』에 부(颫)로 되어 있으나, 음의가 같다. 요(搖)는 음이 요(遙)인데,『자림』에는 요(䬙)로 되어 있으나 음의가 같다. 표(猋)는 필(必)과 요(遙)의 반절인데,『자림』에는 표(飆)로 되어 있으나 음(音)이 같다. 상(上)은 시(時)와 장(掌)의 반절이다. 돈(庉)은 도(徒)와 곤(袞), 도(徒)와 곤(昆)으로 반절이 둘인데, 본에 따라서는 돈(炖)자로 되어 있으나 음의가 같다. 치(熾)는 척(尺)과 지(志)의 반절이다. 표(飄)는 음이 표(瓢)이다.

爾雅疏 "焚輪謂之穨"者, 李巡曰 : "焚輪, 暴風從上來降謂之頹, 頹, 下也." 孫炎曰 : "廻風, 從上下曰頹." 郭云 : "暴風從上下." 與李同也.『詩』「小雅」云 : "習習谷風, 維風及頹." 是也. ○"扶搖謂之猋"者, 李巡曰 : "扶搖, 暴風從下升上, 故曰猋. 猋, 上也." 孫炎曰 : "廻風從下上曰猋." 郭云 : "暴風從下上." 亦用李說.『莊子』說鵬云 : "摶扶搖而上者九萬里."「月令」: "孟春行秋令, 則猋風暴雨總至." 是也. ○"風與火爲庉"者, 郭云 : "庉庉, 熾盛之貌." 言風自火出, 火因風熾, 火而有大風者爲庉. ○"廻風爲飄"者, 郭云 : "旋風也." 李巡曰 : "一曰飄風, 別二名也."『詩』「蓼莪」云 : "飄風發發." 是也.

"분륜위지퇴(焚輪謂之穨)"라고 한 것에 대하여 이순은 "분륜은 세찬 바람이 위에서 내려오는 것으로 퇴(穨)라고 하는데, 퇴(頹)는 하(下 : 내려간다)의 뜻이다"고 하였다. 손염은 "회오리바람이 위에서 내려오는 것을 퇴(穨)라 한다"고 하였다. 곽박은 "세찬 바람이 위에서 내려오는 것이다"고 하였으니, 이순의 설과 같다. 『시경』「소아」「곡풍(谷風)」에 "습습곡풍, 유풍급퇴(習習谷風, 維風及頹 : 따뜻한 봄바람이여, 바람불고 위에서 아래로 내려오는 바람이로다)"고 한 것이 이것이다. ○"부요위지표(扶搖謂之猋)"라고 한 것에 대하여 이순은 "부요(扶搖)는 세찬 바람이 아래에서 위로 올라가는 것이므로 표(猋)라고 한다. 표(猋)는 올라간다는 뜻이다"고 하였으며, 손염은 "회오리바람이 아래에서 위로 올라가는 것을 표(猋)라 한다"고 하였다. 곽박은 "세찬 바람이 아래에서 위로 올라가는 것이다"고 하였으니, 역시 이순의 설을 인용한 것이다. 『장자』「소요유(逍遙遊)」에서 붕새를 설명하여 "세찬 바람을 쳐서 위로 올라가는 것이 구만 리이다"고 하였다. 『예기』「월령(月令)」에 "맹춘(孟春 : 1월)에 추령(秋令 : 가을 정령)을 행하면 표풍(飄風)과 폭우(暴雨)가 모두 온다"고 한 것이 이것이다. ○"풍여화위돈(風與火爲庉)"이라고 한 것에 대하여 곽박은 "돈돈(庉庉)은 불길이 대단한 모습이다"고 하였다. 말하자면 바람이 불에서 나오고 불은 바람 때문에 거세 지는데, 불이 난 데다가 큰바람이 있는 것이 돈(庉)이다. ○"회풍위표(廻風爲飄)"라고 한 것에 대하여 곽박은 "회오리바람이다"라고 하였다. 이순은 "한편으로는 표풍(飄風)이라고도 하니, 두 가지 명칭으로 구별한다"고 하였다. 『시경』「소아」「육아(蓼莪)」에 "회오리바람이 빠르다"고 한 것이 이것이다.

經文 日出而風爲暴.

해가 나왔는데 바람 부는 것을 포(暴: 햇빛에 부는 바람)라 한다.

爾雅注 『詩』云: "終風且暴."[77]

『시경』에 "바람 불고 또 거세다"고 하였다.

經文 風而雨土爲霾.

바람이 불면서 흙이 흩날리는 것을 매(霾: 흙비 바람)라 한다.

爾雅注 『詩』云: "終風且霾."

『시경』에 "바람이 불고 또 흙비가 내린다"고 하였다.

經文 陰而風爲曀.

음산하면서 바람이 부는 것을 에(曀: 흐린 데에 부는 바람)라 한다.

77) 終風且暴: 모전, 정전은 終風을 하루 내내 부는 바람이라고 하였다. 이것은 '終 …… 且' 用法으로 '…… 하면서 …… 한다'는 語法의 하나이다.

爾雅注 『詩』曰 : “終風且曀.”

『시경』에 “바람이 불면서 또 음산하다”라 하였다.

爾雅音義 暴, 薄報反. 雨, 音芋. 下雨霓, 注雨雪同. 霾, 亡皆反, 『字林』云 : “亡戒反.” 曀, 於計反.

포(暴)는 박(薄)과 보(報)의 반절이다. 우(雨)는 음이 우(芋)[78]이다. 아래의 우선(雨霓)도 주의 우설(雨雪)과 음(音)이 같다. 매(霾)는 망(亡)과 개(皆)의 반절인데 『자림』에는 “망(亡)과 계(戒)의 반절이다”고 하였다. 에(曀)는 어(於)와 계(計)의 반절이다.

爾雅疏 “日出而風爲暴”者, 孫炎云 : “陰雲不興而大風暴起.” 然則爲風之暴疾, 故『詩』「北風」云 : “終風且暴.” 毛傳云 : “暴, 疾也.” ○ “風而雨土爲霾”者, 孫炎曰 : “大風揚塵, 土從上下也.” 『詩』「北風」云 : “終風且霾.” 是也. ○“陰而風爲曀”者, 孫炎曰 : “雲風曀日光.” 『詩』「北風」云 : “終風且曀.” 是也.

“일출이풍위포(日出而風爲暴)”에 대하여 손염은 “구름이 일지 않았는데도 큰 바람이 사납게 일어난 것이다”고 하였다. 그렇다면 바람이 사납고 빠른 것이다. 그러므로 『시경』 「패풍(北風)」 「종풍(終風)」에 “종풍차포(終風且暴)”라고 하였다. 모전에 “포(暴)는 질(疾 : 빠르다)이다”고 하였다. ○“풍이우토위매(風而雨土爲霾)”라고 한 것에 대하여 손염은 “큰 바람이 먼지를 날려 흙이 위에서 내려오는 것이다”고 하였다. 『시경』 「패풍(北風)」 「종풍(終

78) 雨는 음이 芋이다 : 雨가 去聲으로 ‘降雨’ 즉 ‘내리다’라는 뜻으로 된다. 雨가 上聲이면 ‘水從雲下’ 즉 ‘비’로 된다.

風)」에 "종풍차매(終風且霾)"라고 한 것이 이것이다. ◯"음이풍위에(陰而風爲曀)"라고 한 것에 대하여 손염은 "구름과 바람이 햇빛을 가린 것이다"고 하였다. 『시경』 「패풍(邶風)」 「종풍(終風)」에 "종풍차에(終風且曀)"라고 한 것이 이것이다.

經文 天氣下地不應曰雺.

천기(天氣 : 하늘 기운)가 내리는데 땅이 불응(不應)하는 것을 몽(雺 : 어둑한 기운)이라 한다.

爾雅注 言蒙昧.

몽매(蒙昧 : 어두컴컴함)함을 말한다.

經文 地氣發天不應曰霧. 霧謂之晦.

지기(地氣)가 피어나는데 하늘이 불응(不應)하는 것을 무(霧 : 안개)라 한다. 무(霧)를 회(晦 : 안개)라 말한다.

爾雅注 言晦冥.

회명(晦冥 : 어두컴컴함)함을 말한다.

爾雅音義 應, 於證反, 下同. 雺, 或作霧字, 同, 亡公·亡侯二反. 霧, 亡弄反, 又亡付反, 『字林』作霿, 音同, 本亦作霿. 晦, 音誨. 冥, 亡定反.

응(應)은 어(於)와 증(證)의 반절이며 아래도 같다. 몽(雺)은 혹 무(霧)자로도 쓰는데 음의가 같으며 망(亡)과 공(公), 망(亡)과 후(侯)로 반절이 둘이다. 무(霧)는 망(亡)과 롱(弄)의 반절, 또는 망(亡)과 부(付)의 반절인데, 『자림』에는 몽(霿)으로 되어 있으나 음이 같다. 본에 따라 몽(霿)으로 되어 있다. 회(晦)는 음이 회(誨)이다. 명(冥)은 망(亡)과 정(定)의 반절이다.

爾雅疏 "天氣下地不應曰雺"者, 郭云 : "言蒙昧." 「洪範」云 : "曰雺."[79] 鄭注云 : "雺聲近蒙." 『詩』云 : "零雨其濛." 則雺是天氣下降, 地氣不應而蒙闇也. ○"地氣發天不應曰霧, 霧謂之晦"者, 郭云 : "言晦冥." 「月令」: "仲冬行夏令, 氛霧冥冥." 鄭云 : "霜露之氣散相亂也." 然則地氣發而上天不應之, 則爲氛霧. 霧又名晦. 『春秋』僖十五年 : "己卯晦, 震夷伯之廟." 『公羊』·『穀梁』皆云 : "晦, 冥也." 是矣.

"천기하지부응왈몽(天氣下地不應曰雺)"에 대하여 곽박은 "몽매(蒙昧)함을 말한다"고 하였다. 『서경』「홍범(洪範)」에 "왈몽(曰雺)"이라 하였는데, 정주(鄭注)에 "몽(雺)은 소리가 몽(蒙)에 가깝다"고 하였다. 『시경』「빈풍(豳風)」「동산(東山)」에 "비가 내려 흐릿하다"고 하였으니, 몽(雺)은 천기(天氣)가 내리는데 지기(地氣)가 불응(不應)하여 흐릿하고 어두운 것이다. ○"지기발천불응왈무. 무위지회(地氣發天不應曰霧, 霧謂之晦)"에 대하여 곽박은 "어두운 것을 말한다"고 하였다. 『예기』「월령」에 "중동(仲冬 : 11월)에 하령(夏令 : 여

---

79) 曰雺 : 『서경』「홍범」에는 '曰蒙'으로 되어 있다.

름 정령)을 시행하면 안개로 어둑어둑해진다"고 하였다. 정현은 "서리와 이슬의 기운이 흩어져 서로 어지러운 것이다"고 하였다. 그렇다면 지기(地氣)가 일어나서 위로 향하지만 하늘이 불응하면 안개가 된다. 무(霧)는 또 회(晦)라고도 한다. 『춘추』 희공 15년 "기묘(己卯)날인 그믐에 이백(夷伯)의 사당에 벼락이 떨어졌다"고 하였다. 『공양전』과 『곡량전』에 모두 "회(晦)는 어둡다는 뜻이다"고 한 것이 이것이다.

經文 螮蝀謂之雩. 螮蝀, 虹也.

체동(螮蝀)을 우(雩 : 무지개)라 한다. 체동(螮蝀)은 홍(虹 : 무지개)이다.

爾雅注 俗名爲美人虹, 江東呼雩.

속칭 미인홍(美人虹)이라 하는데, 강동(江東)에서는 우(雩)라 부른다.

經文 蜺爲挈貳.

예(蜺)를 설이(挈貳 : 색깔이 흐린 암무지개)라 한다.

爾雅注 蜺, 雌虹也, 見『離騷』. 挈貳, 其別名, 見『尸子』.

예(蜺)는 자홍(雌虹 : 암 무지개)으로, 『이소(離騷)』에 보인다. 설이(挈貳)는 그 별명이며 『시자』에 보인다.

爾雅音義 蝃, 丁計反, 本或作蝃蝀, 同. 蝀, 丁孔反, 『詩』作東, 音同, 又德紅反. 雩, 案『字林』越俱反. 今借爲芋, 音于句反. 虹, 胡公反, 『字林』云 : "工弄反." 陳國武古巷反. 郭音講. 俗亦呼爲青絳也. 霓, 五兮反, 如淳五結反, 郭五擊反. 『音義』云 : "雄曰虹, 雌曰霓." 『說文』曰 : "屈虹, 青赤也. 一曰白色陰氣也." 故『孟子』云 : "若大旱之望雲霓也." 挈, 本或作契字, 同, 苦結反. 貳, 而至反.

체(蝃)는 정(丁)과 계(計)의 반절인데, 본에 따라 체(蝃), 기(蝀)로 되어 있으나 음의가 같다. 동(蝀)은 정(丁)과 공(孔)의 반절인데, 『시경』에는 동(東)으로 되어 있으나 음(音)이 같으며, 또 덕(德)과 홍(紅)의 반절이다. 우(雩)에 대하여 살피건대 『자림』에는 "월(越)과 구(俱)의 반절이다"고 하였다. 지금은 가차(假借)하여 우(芋)로 쓰며 음이 우(于)와 구(句)의 반절이다. 홍(虹)은 호(胡)와 공(公)의 반절인데, 『자림』에는 "공(工)과 롱(弄)의 반절이다"고 하였다. 진국무(陳國武)[80]는 고(古)와 항(巷)의 반절이라 하였다. 곽박은 음을 강(講)이라 하였으며. 속칭 청강(青絳)이라 한다. 예(霓)는 오(五)와 혜(兮)의 반절이다. 여순(如淳)[81]은 오(五)와 결(結)의 반절, 곽박은 오(五)와 격(擊)의 반절이라고 하였다. 곽박의 『음의』에 "색이 선명한 숫무지개를 홍(虹), 색이 흐린 암무지개를 예(霓)라 한다"고 하였다. 『설문』에 "휘어진 무지개로 청적색이다. 한편으로는 백색(白色)의 음기(陰氣)라고 한다"고 하였다. 그러므로 『맹자』「양혜왕하(梁惠王下)」에 "마치 큰 가뭄에 구름과 무지개를 바라는 것과 같다"고 하였다. 설(挈)은 본에 따라 결(契)자로 되어 있는데 음의가 같으며, 고(苦)와 결(結)의 반절이다. 이(貳)는 이(而)와 지(至)의 반절이다.

80) 陳國武 : 唐 이전의 학자인데 행적이 상세하지 않다.
81) 如淳 : 三國時代 魏나라 사람. 『漢書』에 주석을 지었다고 한다.

爾雅疏 "螮蝀謂之雩, 螮蝀, 虹也"者, 郭云 : "俗名爲美人虹, 江東呼雩." 然則螮蝀一名雩, 一名虹. 『詩』「鄘風」云 : "螮蝀在東." 「月令」 : "季春之月虹始見." 『音義』云 : "虹雙出, 色鮮盛者爲雄, 雄曰虹. 闇者爲雌, 雌曰蜺." 虹是陰陽交會之氣, 純陰純陽, 則虹不見. 若雲薄漏日, 日照雨滴, 則虹生. 螮與蝃音義同. ◯"蜺爲挈貳"者, 蜺, 雌虹也, 一名挈貳. 『說文』云 : "蜺, 屈虹, 青赤或白色, 陰氣也." 郭云 : "見『離騷』"者, 卽「天問」云 : "白蜺嬰茀, 胡爲此堂?" 及「遠遊」章云 : "雌蜺嫂嬛以曾橈兮." 是也. 挈貳, 其別名也. 文見『尸子』.

"체동위지우. 체동홍야(螮蝀謂之雩. 螮蝀, 虹也)"에 대하여 곽박은 "속칭 미인홍(美人虹)이라 하는데, 강동에서는 우(雩)라고 부른다"고 하였다. 그렇다면 체동(螮蝀)은 일명(一名) 우(雩)이며, 일명 홍(虹)이다. 『시경』 「용풍(鄘風)」 「체동(螮蝀)」에 "무지개가 동쪽에 있다"고 하였다. 『예기』 「월령(月令)」에 "계춘(季春)의 달에 무지개가 처음 나타난다"고 하였다. 곽박의 『음의(音義)에』에 "무지개는 쌍(雙)으로 나오는데 색깔이 선명한 것이 웅(雄)인데 웅(雄)을 홍(虹 : 숫무지개)이라 한다. 어두운 것이 자(雌)인데 자(雌)를 예(蜺 : 암무지개)라고 한다"고 하였다. 무지개는 음양(陰陽)이 만나는 기운이므로 순음(純陰)과 순양(純陽)인 경우에는 무지개가 나타나지 않는다. 만약 구름이 얇아서 햇빛이 새어나오고 햇빛이 빗방울을 비추면, 무지개가 생긴다. 체(螮)와 체(蝃)는 음의가 같다. ◯"예위설이(蜺爲挈貳)"에서 예(蜺)는 자홍(雌虹)이며 일명 설이(挈貳)이다. 『설문』에 "예(蜺)는 휘어진 무지개로 청적색 혹은 백색이며 음기(陰氣)이다"고 하였다. 곽박이 "『이소(離騷)』에 나타나 있다"고 한 것은 곧 『초사』 「천문(天問)」에 "항아(姮娥는) 무지개 빛깔의 고운 옷을 입고 머리를 구름 모양으로 예쁘게 꾸미고서, 무엇 때문에 이 집에서 춤을 추는가?"라고 하였다. 그리고 「원유(遠遊)」장(章)에 "무지개가 고운 모습으로 층층으로 둘러쳐져 있다"고 한 것이 이것이다. 설이(挈貳)는 그 별명이다. 글이 「시자(尸子)」에 보인다.

經文 弇日爲蔽雲.

해를 가리는 것을 폐운(蔽雲 : 햇무리)이라 한다.

爾雅注 卽暈氣五彩覆日也.

즉 햇무리의 다섯 빛깔이 해를 덮는 것이다.

爾雅音義 弇, 音掩. 暈, 音運.

엄(弇)은 음이 엄(掩)이다. 운(暈)은 음이 운(運)이다.

爾雅疏 "弇日爲蔽雲"者, 郭云 : "卽暈氣五彩覆日也." 然則暈氣弇日名蔽雲. 『周禮』「春官」: "眡祲掌十煇之法." 鄭司農云 : "煇謂日光炁." 是也.

"엄일위폐운(弇日爲蔽雲)"라고 한 것에 대하여 곽박은 "즉 햇무리의 다섯 빛깔이 해를 덮는 것이다"고 하였다. 그렇다면 햇무리가 해를 가리는 것을 폐운(蔽雲)이라고 한다. 『주례』「춘관(春官)」「시침(眡祲)」에 "시침(眡祲)이 십휘(十煇)[82]의 법을 관장한다"고 하였다. 정사농(鄭司農)은 "휘(煇)는 일광의 기운을 말한다"고 한 것이 이것이다.

82) 十煇 : 열 종류 햇빛의 색. 시침은 이 햇빛의 색을 보고 吉凶을 판단한다.

經文 疾雷爲霆霓.

질뢰(疾雷 : 빠른 우레)를 정예(霆霓 : 벼락. 번개)라 한다.

爾雅注 雷之急激者謂霹靂.

우레 가운데 급하고 세찬 것을 벽력(霹靂 : 벼락)이라 한다.

爾雅音義 霆, 徒丁反, 『字林』同, 又徒佞・徒頂二反. 『說文』云 : "雷餘聲鈴鈴, 所以挺出萬物也." 激, 古歷反, 霹, 普覓反. 靂, 力狄反. 揚雄「羽獵賦」云 : "霹靂列缺, 吐火施鞭." 『史記』云 : "霹靂者, 陽氣動也."

정(霆)은 도(徒)와 정(丁)의 반절로 『자림』과 같으며, 또 도(徒)와 녕(佞), 도(徒)와 정(頂)으로 반절이 둘이다. 『설문』은 정(霆)에 대해 "우레의 남은 소리가 쩡쩡거리는 것으로 만물(萬物)을 빼어나오게 하는 것이다"고 하였다. 격(激)은 고(古)와 력(歷)의 반절이다. 벽(霹)은 보(普)와 멱(覓)의 반절이다. 력(靂)은 력(力)과 적(狄)의 반절이다. 양웅(揚雄)의 「우렵부(羽獵賦)」[83]에 "벼락이 하늘을 찢어 버릴 듯이 불을 토하고 채찍질을 한다"고 하였다. 『사기』에 "벽력(霹靂)은 양기(陽氣)가 움직인 것이다"고 하였다.

爾雅疏 "疾雷爲霆霓"者, 郭云 : "雷之急激者謂霹靂." 案『說文』云 : "霆, 雷餘聲也鈴鈴, 所以挺出萬物也." 又云 : "震, 劈靂振物者." 然則疾雷一名霆霓, 又名震. 『春秋』 : "震夷伯之廟." 謂劈靂破之是也. 霹靂,

---

83) 「羽獵賦」 : 『文選』 권8에 실려 있다.

俗字也.

"질뇌위정예(疾雷爲霆霓)"라고 한 것에 대하여 곽박은 "우레 가운데 급하고 세찬 것을 벽력(霹靂)이라 한다"고 하였다. 살피건대, 『설문』에 "우레의 남은 소리가 쩡쩡거리는 것으로 만물(萬物)을 빼어나오게 하는 것이다"고 하였다. 또 "진(震)은 벼락이 만물을 흔드는 것이다"고 하였다. 그렇다면 질뢰(疾雷)는 일명 정예(霆霓)이며 또 다른 이름은 진(震)이다. 『춘추』 희공(僖公) 15년에 "이백(夷伯)의 사당에 벼락이 쳤다"고 하였다. 벼락이 사당을 깨뜨린 것을 말한 것이 이것이다. 벽력(霹靂)은 속자(俗字)다.

經文 雨霓爲霄雪.

진눈깨비 내리는 것을 소설(霄雪 : 진눈깨비)이라 한다.

爾雅注 『詩』曰 : "如彼雨雪, 先集維霓." 霓, 水雪雜下者, 故謂之消雪.

『시경』에 "저 눈이 내림에, 먼저 진눈깨비가 모인다"고 하였다. 산(霓)은 물과 눈이 뒤섞여 내리는 것이므로 소설(消雪 : 눈이 녹는 것)이라 한다.

爾雅音義 霓, 本或作霰·霹, 同, 悉練反. 霄, 音消, 本亦作消. 『說文』曰 : "雨霓爲霄, 齊語也."

산(霓)은 본에 따라 산(霰), 선(霹)으로 되어 있으나 음의가 같으며, 실(悉)

과 연(練)의 반절이다. 소(霄)는 음이 소(消)인데 본에 따라서 소(消)로 되어 있다. 『설문』에 "소(霄)는 진눈깨비가 내리는 것을 소(霄)라 한다. 제(齊)나라의 말이다"고 하였다.

爾雅疏 "雨霓爲霄雪"者, 霓, 水雪雜下也, 因名霄雪, 霄卽消也. 『詩』「小雅」「頍弁」云: "如彼雨雪, 先集維霰." 鄭箋云: "將大雨雪, 始必微溫, 雪自上下,[84] 遇溫氣而摶, 謂之霰." 案『大戴禮』[85]: "曾子云: '陽之專氣爲霰, 陰之專氣爲雹.' 盛陽之氣在雨水則溫暖, 爲陰氣薄而脅之, 不相入, 則摶爲雹也. 盛陰之氣在雨水, 則凝滯而爲雪, 陽氣薄而脅之, 不相入, 則消散而下, 因水而爲霰. 是霰由陽氣所薄而爲之. 故鄭言遇溫氣而摶也." 霓與霰音義同.

"우산위소설(雨霓爲霄雪)"에서 산(霓)은 비와 눈이 뒤섞여 내리는 것이므로 소설(霄雪)이라 하는데 소(霄)는 곧 소(消: 녹다)이다. 『시경』「소아」「규변(頍弁)」에 "여피우설, 선집유산(如彼雨雪, 先集維霰)"이라 하였다. 정전에 "크게 눈이 내리려 하면 처음에 반드시 약간 따뜻하고, 눈이 위에서 내리다가 따뜻한 기운을 만나서 뭉치게 되는데, 이를 산(霰)이라 한다"고 하였다. 살피건대 『대대례(大戴禮)』에 "증자(曾子)가 '양이 기운을 독점하면 진눈깨비가 되고, 음이 기운을 독점하면 우박이 된다'고 하였다. 왕성한 양의 기운이 빗물에 있으면 따뜻해지고, 음기가 부딪쳐 압박해도 들어가지 못하면 뭉쳐져서 우박이 된다. 왕성한 음의 기운이 빗물에 있으면 엉겨서 눈이 되는데, 양기가 부딪쳐 압박해도 들어가지 못하면 녹아 흩어져 내리니, 물 때문에 진눈깨비가 된다. 이것이 진눈깨비는 양기가 부딪치는 것을

84) 始必微溫, 雪自上下: 『시경』 鄭箋에 따랐다. 대본에는 "始必徵, 溫雪自上下"로 되어 있는데, 이해하기 어렵다.

85) 『大戴禮』: 여기서부터 끝의 '摶也'까지는 「頍弁」의 "如彼雨雪, 先集維霰"에 대한 孔穎達의 疏를 邢昺이 그대로 인용한 것이다. 『詩經正義』 권42-13에 자세하다.

말미암아 이루어진다는 것이다. 그러므로 정현이 따뜻한 기온을 만나서 뭉쳐지게 된다고 말한 것이다"고 하였다. 산(霓)과 산(霰)은 음의가 같다.

經文 暴雨謂之涷.

폭우(暴雨 : 소나기)[86]를 동(涷)이라 한다.

爾雅注 今江東人呼夏月暴雨爲涷雨. 『離騷』云 : "令飄風兮先驅, 使涷雨兮灑塵." 是也.

지금 강동 사람은 여름의 폭우를 동우(涷雨)라고 한다. 『이소(離騷)』에 "회오리바람으로 하여금 앞을 먼저 달리게 하고, 폭우로 하여금 먼지를 씻게 하였다"고 한 것이 이것이다.

經文 小雨謂之霢霂.

소우(小雨 : 조금 오는 비)를 맥목(霢霂 : 보슬비)이라 한다.

爾雅注 『詩』云 : "益之以霢霂."

86) 暴雨 : '暴'는 음이 '포'라야 하는데, 현재 '폭'으로 발음하고 있다. 誤讀이 정착된 것이다. 暴君 · 暴風도 같은 경우이다.

『시경』에 "보슬비가 더 내린다"고 하였다.

經文 久雨謂之淫.

구우(久雨 : 오래 오는 비)를 음(淫 : 장마)이라 한다.

爾雅注 『左傳』曰 : "天作淫雨."

『좌전』에 "하늘이 음우(淫雨 : 장마)를 내렸다"고 하였다.

經文 淫謂之霖,

음우(淫雨)를 림(霖 : 장마)이라 한다.

爾雅注 雨自三日已上爲霖.

비가 사흘 이상 오는 것을 림(霖)이라 한다.

經文 濟謂之霽.

제(濟)를 제(霽: 비가 개다)라 한다.

爾雅注 今南陽人呼雨止爲霽.

지금 남양 사람은 비가 그친 것을 일러 제(霽)라 한다.

爾雅音義 涷, 都貢反, 郭音東. 令, 力呈反. 驅, 如字, 豈俱・羌句二反. 灑, 所買・所綺二反. 霢亡革反, 『字林』作霡, 音同, 又亡狄反. 霂, 亡祿反. 上, 時掌反. 濟, 祖細反. 霽, 『字林』子系反, 云: "雨止也." 郭祖禮反, 一音祖細反.

동(涷)은 도(都)와 공(貢)의 반절인데, 곽박은 음을 동(東)이라 하였다. 령(令)은 력(力)과 정(呈)의 반절이다. 구(驅)는 여자(如字)인데 기(豈)와 구(俱), 강(羌)과 구(句)로 반절이 둘이다. 쇄(灑)는 소(所)와 매(買), 소(所)와 기(綺)로 반절이 둘이다. 맥(霢)은 망(亡)과 혁(革)의 반절인데, 『자림』에는 맥(霡)으로 되어 있으나 음이 같으며, 또 망(亡)과 적(狄)의 반절이다. 목(霂)은 망(亡)과 록(祿)의 반절이다. 상(上)은 시(時)와 장(掌)의 반절이다. 제(濟)는 조(祖)와 세(細)의 반절이다. 제(霽)에 대하여 『자림』에는 자(子)와 계(系)의 반절로 "비가 그친다는 뜻이다"고 하였다. 곽박은 조(祖)와 례(禮)의 반절, 일음(一音)은 조(祖)와 세(細)의 반절이라고 하였다.

爾雅疏 ○"暴雨謂之涷"者, 暴雨謂驟雨也, 一名涷. 郭云:"今江東呼夏月暴雨爲涷雨. 『離騷』云:'令飄風兮先驅, 使涷雨兮灑塵.' 是也"者, 此『離騷』「九歌」「大司命」文. 案彼云:"廣開兮天門, 紛吾乘兮玄雲. 令飄風兮先驅, 使涷雨兮灑塵." 是也. ○"小雨謂之霢霂"者, 小雨一名霢霂. 「小雅」「信南山」云:"益之以霢霂." 是也. 李巡云:"冰雪俱下." 案此文上有暴雨, 下云久雨, 於中間無雪事, 而云氷雪俱下, 妄矣. ○"久雨謂之淫"者, 淫, 過也. 久雨過多, 害於五穀, 故謂之淫. 「月令」:"季春行秋令, 則天多沈陰, 淫雨早降." 謂久雨也. ○注云"『左傳』曰:天作淫雨"者, 莊十一年傳文也. ○"淫謂之霖"者, 淫雨又名霖也. 郭云"雨自三日已上爲霖"者, 隱九年『左傳』文也. 云"濟謂之霽"者, 濟, 止也. 雨止名霽. 郭云:"今南陽人呼雨止爲霽."『書』云:"曰霽."

○"폭우위지동(暴雨謂之涷)"이라고 하였는데 폭우(暴雨)는 취우(驟雨 : 소나기)를 말하며, 일명 동(涷)이다. 곽박은 "지금 강동에서는 여름의 폭우를 일러 동우(涷雨)라고 한다"고 하였다. 인용한 『이소(離騷)』의 "영표풍혜선구, 사동우혜쇄진(令飄風兮先驅, 使涷雨兮灑塵)"은 『이소(離騷)』「구가(九歌)」「대사명(大司命)」의 글이다. 살피건대 「구가」에 "하늘의 문을 크게 열고, 성대하게 나는 검은 구름을 탄다. 회오리바람으로 하여금 앞을 먼저 달리게 하고, 폭우로 하여금 먼지를 씻게 한다"고 한 것이 이것이다. ○"소우위지맥목(小雨謂之霢霂)"이라고 하였는데 소우(小雨)는 일명 맥목(霢霂)이다. 『시경』「소아」「신남산(信南山)」에 "익지이맥목(益之以霢霂)"이라고 한 것이 이것이다. 이순은 "얼음과 눈이 함께 내린다"고 하였다. 살피건대 이 글에는 앞에 폭우(暴雨)가 있고 뒤에 구우(久雨)를 말하여 중간에 눈에 관한 기사가 없는데도 "빙설구하(冰雪俱下)"라고 한 것은 잘못이다. ○"구우위지음(久雨謂之淫)"이라고 하였는데 음(淫)은 과(過 : 지나치다)이다. 오랫동안 비가 내려 지나치게 많으면 오곡(五穀)에 해를 끼치므로 음(淫)이라고 하였다. 『예기』「월령(月令)」에 "계춘(季春 : 3월)에 추령(秋令 : 가을 행정 명령)을 시

행하면 하늘에 짙게 흐림이 많아 음우(淫雨)가 일찍 내린다"고 하였으니, 구우(久雨)를 의미한다. ○주에서 말한 『좌전』의 "천작음우(天作淫雨)"는 장공(莊公) 11년 글이다. ○"음위지림(淫謂之霖)"이라고 하였는데 음우(淫雨)는 또 이름이 임(霖)이다. 주에서 말한 "우자삼일이상위림(雨自三日已上爲霖)"은 『좌전』 은공(隱公) 9년의 글이다. "제위지제(濟謂之霽)"라고 하였는데 제(濟)는 지(止 : 그치다)이다. 비가 그치는 것을 제(霽)라 한다. 곽박은 "지금 남양 사람은 비가 그치는 것을 일러 제(霽)라 한다"고 하였다. 『상서』「홍범(洪範)」에 "왈제(曰霽 : 개다)"라고 하였다.

經文 風雨.

바람과 비이다.

爾雅疏 風雨者, 題上事也.

풍우(風雨)는 위 기사에 제목을 붙인 것이다.

經文 壽星, 角·亢也.[87)]

수성(壽星)에 있는 별자리는 각수(角宿)와 항수(亢宿)이다.

爾雅疏 數起角亢, 列宿之長, 故曰壽.

〈별 이름〉은 각수(角宿)와 항수(亢宿)에서 수를 세기 시작하고[88] 열수(列宿 : 여러 별자리)의 앞에 있으므로 수(壽)라 한다.

---

87) 별자리에 대한 이해를 돕기 위해 『이아』에 근거한 별자리의 도표를 아래와 같이 제시한다.

〈도표1〉

東方七宿(蒼龍七宿)	角·亢·氐·房·心·尾·箕
北方七宿(玄武七宿)	斗·牛·女·虛·危·室·壁
西方七宿(白虎七宿)	奎·婁·胃·昴·畢·觜·參
南方七宿(朱雀七宿)	井·鬼·柳·星·張·翼·軫

〈도표2〉

十二支	子	丑	寅	卯	辰	巳
十二次	玄枵	星紀	析木	大火 大辰	壽星	鶉尾
方位	北			東		
分野	齊	吳·越	燕	宋	鄭	楚
星宿	虛宿	斗宿 牛宿	箕宿	房宿 心宿 尾宿	角宿 亢宿 氐宿	
始終	初婺女8° 終危15°	初斗12° 終婺女7°	初尾10° 終斗11°	初氐5° 終尾9°	初軫12° 終氐4°	初張18° 終軫11°
十二支	午	未	申	酉	戌	亥
十二次	鶉火	鶉首	實沈	大梁	降婁	娵觜
方位	南			西		
分野	周	秦	晋	趙	魯	衛
星宿	柳宿			昴宿 畢宿	奎宿 婁宿	室宿 壁宿
始終	初柳9° 終張17°	初井16° 終柳8°	初畢12° 終井15°	初胃7° 終畢11°	初奎5° 終胃6°	初危16° 終奎4°

88) …… 시작하고 : 『이아고림』 「正義」에 "星名始於角亢起蒼龍之始也"라고 하였다.

經文 天根, 氐也.

천근(天根)은 저수(氐宿)이다.

爾雅疏 角亢下繫於氐, 若木之有根.

각수·항수 아래에 저수가 연결되어 있는데 나무에 뿌리가 있는 것과 같다.[89]

爾雅音義 亢, 音剛, 又口浪反, 或戶剛反. 數, 色住反. 宿, 夙又反, 下同. 長, 丁丈反.[90] 氐, 都黎反, 郭音觝, 丁禮反. 注云:"若木之有根." 尋義應作丁計反.[91]

항(亢)은 음이 강(剛), 또는 구(口)와 랑(浪)의 반절, 혹은 호(戶)와 강(剛)의 반절이다. 수(數)는 색(色)과 주(住)의 반절이다. 수(宿)는 숙(夙)과 우(又)의 반절이며 아래에서도 같다. 장(長)은 정(丁)과 장(丈)의 반절이다. 저(氐)는 도(都)와 려(黎)의 반절인데, 곽박은 음이 저(觝)이며 정(丁)과 례(禮)의 반절이라 하였다. 곽박이 주에서 "약목지유근(若木之有根)"이라 하였는데 의미를 따지자면 마땅히 정(丁)과 계(計)의 반절이 되어야 한다.

---

89) 강수·항수 …… 것과 같다:『이아고림』「啓蒙」에 "氐繫於角亢之下, 爲天下萬物作根氐, 故曰天根"이라 하였다.

90) 長, 丁丈反:長을 여기서는 上聲으로 읽어야 하며 首長·君·先 등의 뜻이다. 短과 반대되는 의미로 쓰일 때는 平聲이다.

91) 丁計反:곽박은 '氐'를 "音觝, 丁禮反"이라 하여, 上聲으로 보아 '本' 즉 '뿌리'로 설명하였으나, 육덕명은 "丁計反"의 去聲으로 보아 별자리 이름이라 하였다.

爾雅疏 此別星名也. 案『周禮』「保章氏」"以星土辨九州之地所封, 封域皆有分星, 以觀妖祥", 鄭玄注云 : "大界則曰九州. 諸國之封域, 于星亦有分焉. 其書亡矣. 堪輿雖有郡國所入度, 非古數也. 今其存可言者, 十二次之分也. 星紀, 吳越也. 玄枵, 齊也. 娵訾, 衛也. 降婁, 魯也. 大梁, 趙也. 實沈, 晉也. 鶉首, 秦也. 鶉火, 周也. 鶉尾, 楚也. 壽星, 鄭也. 大火, 宋也. 析木, 燕也." 又『漢書』「律歷志」: "東方 : 角 · 亢 · 氐 · 房 · 心 · 尾 · 箕. 北方 : 斗 · 牛 · 女 · 虛 · 危 · 室 · 壁. 西方 : 奎 · 婁 · 胃 · 昴 · 畢 · 觜 · 參. 南方 : 井 · 鬼 · 柳 · 星 · 張 · 翼 · 軫." 宿凡二十八. 此經所釋, 次惟有九, 宿惟十七者, 以『爾雅』之作釋六藝所載者, 所不載者則闕焉. ○"壽星, 角 · 亢也"者, 言壽星之次値角 · 亢之宿也. 郭云 : "數起角 · 亢, 列宿之長, 故曰壽." 「天文志」云 : "東宮蒼龍, 左角, 理; 右角, 將. 大角者, 天王帝坐廷. 亢主宗廟." 是也. ○"天根, 氐也"者, 氐, 一名天根. 郭云 : "角亢下繫於氐, 若木之有根." 『國語』曰 : "天根見而水涸." 是也.

여기서는 성명(星名)을 구별하였다. 살피건대, 『주례』「춘관」「보장씨(保章氏)」에 "별에 배당되는 지역으로 봉해 받은 구주(九州)를 변별하고, 봉해 받은 지역은 모두 분담되는 별자리가 있어, <나타난 별자리에 의해> 재앙과 상서를 살핀다"고 하였는데, 정현의 주에 "크게 경계 지은 것은 구주(九州)[92]라 한다. 여러 나라가 봉해 받은 지역은 별자리에 또한 배당되는 것이 있으나, 그에 대한 책은 잃어버렸다. 감여가(堪輿家[93])가 비록 군국(郡國)에 들어오는 별자리에 대해 각도를 재었더라도 옛날의 도수(度數)가 아니다. 지금 있는 것으로 말할 수 있는 것은 십이차(十二次)의 분야(分野)이다. 성기(星紀)는 오(吳) · 월(越)이다. 현효(玄枵)는 제(齊)이다. 추자(娵訾)는 위(衛)이다. 강루(降婁)는 노(魯)이다. 대량(大梁)은 조(趙)이다. 실침(實沈)은 진

92) 九州 : 『書經』「禹貢」에 보이는데 冀州 · 兗州 · 靑州 · 徐州 · 揚州 · 荊州 · 豫州 · 梁州 · 雍州이다. 이러한 것 외에도 여러 설이 있다.
93) 堪輿家 : 風水家 또는 占星算曆家를 의미한다. 堪輿는 天地를 말한다.

(晉)이다. 순수(鶉首)는 진(秦)이다. 순화(鶉火)는 주(周)이다. 순미(鶉尾)는 초(楚)이다. 수성(壽星)은 정(鄭)이다. 대화(大火)는 송(宋)이다. 석목(析木)은 연(燕)이다"고 하였다. 또 『한서』「율력지」에 "동방 칠수는 각(角)·항(亢)·저(氐)·방(房)·심(心)·미(尾)·기(箕)이고, 북방 칠수는 두(斗)·우(牛)·녀(女)·허(虛)·위(危)·실(室)·벽(壁)이고, 서방 칠수는 규(奎)·루(婁)·위(胃)·묘(昴)·필(畢)·자(觜)·삼(參)이고, 남방 칠수는 정(井)·귀(鬼)·유(柳)·성(星)·장(張)·익(翼)·진(軫)이다"고 하였다. 수(宿 : 별자리)는 모두 28이다. 『이아』에서 해석한 것에 십이차가 오직 9이고, 별자리가 오직 17인 것은 『이아』는 육경에 실린 것만 풀이하고 실려 있지 않은 것은 빠뜨렸기 때문이다.[94] ◯"수성, 각항야(壽星, 角亢也)"라 한 것은 수성의 위치가 각수와 항수 자리에 만남을 말한 것이다. 곽박은 "각수와 항수에서 수를 세기 시작하고 열수(列宿)의 앞에 있으므로 수(壽)라 한다"고 하였다. 『한서』「천문지」에 "동방(東方)은 창룡(蒼龍)으로, 각수의 좌측은 법관을 상징하고 각수의 우측은 장군을 상징한다. 대각(大角[95])은 하늘의 왕제가 자리에 앉아 있는 것을 상징한다. 항수(亢宿)는 종묘를 주관한다"고 한 것이 이것이다. ◯"천근, 저야(天根, 氐也)"에서 저수(氐宿)는 일명 천근(天根)이라 한다. 곽박은 "각수·항수 아래에 저수가 연결되어 있는데 나무에 뿌리가 있는 것과 같다"고 하였다. 『국어』「주어(周語)」에 "천근(天根)이 나타나면 물이 마른다"고 한 것이 이것이다.

---

94) 『이아』에서 …… 때문이다 : 12次 가운데 『이아』에는 壽星·大火·析木·星紀·玄枵·娵訾·降婁·大梁·鶉火만 있고 나머지 鶉尾·鶉首·實沈은 빠져 있다. 별자리도 28수 가운데 角·亢·氐·房·心·尾·箕·斗·牛·虛·室·壁·奎·婁·昴·畢·柳 17수만 있고 나머지 11수는 빠졌다. 앞의 〈도표 2〉 참고.

95) 大角 : 星名. 一名 天棟·棟星이라고도 하며 1등성의 별로 음력 6월 8일 하오 9시에 하늘에 나타난다고 한다. 天王 또는 人君을 상징하는 별이다.

經文 天駟, 房也.

천사(天駟)는 방수(房宿)이다.

爾雅注 龍爲天馬, 故房四星謂之天駟.

용은 천마(天馬)라 하므로 방수(房宿)의 별 넷을 천사(天駟)라 한다.

經文 大辰, 房・心・尾也.

대신(大辰)에 있는 별자리는 방수(房宿)・심수(心宿)・미수(尾宿)이다.

爾雅注 龍星明者, 以爲時候, 故曰大辰.

밝은 용성(龍星)은 계절을 관측하는 별이 되기 때문에 대신(大辰)이라 한다.

經文 大火謂之大辰.

대화(大火)를 대신(大辰)이라 한다.

爾雅注 大火, 心也. 在中最明, 故時候主焉.

대화(大火)는 심수(心宿)이다. 가운데 있으면서 가장 밝으므로 계절의 관측을 주도한다.

爾雅疏 "天駟, 房也"者, 房一名天駟也. 郭云 : "龍爲天馬, 故房四星謂之天駟." 「天文志」曰 : "房爲天府, 曰天駟." 『國語』曰 : "月在天駟." 是也. ◯"大辰, 房・心・尾也"者, 大辰, 房・心・尾之總名也. 辰, 時也. 郭云 : "龍星明者, 以爲時候, 故曰大辰." 『春秋』昭十七年, "冬. 有星孛於大辰." 是也. ◯"大火謂之大辰"者, 大火, 大辰之次名也. 李巡云 : "大火, 蒼龍宿心, 以候四時." 郭云 : "大火, 心也. 在中最明, 故時候主焉." 『左傳』曰 : "心爲大火." 是也.

"천사방야(天駟, 房也)"에서 방수는 일명 천사(天駟)이다. 곽박은 "용을 천마(天馬)라 하므로 방수(房宿)의 별 넷을 천사(天駟)라 한다"고 하였다. 『한서』「천문지」에 "방수가 천부(天府[96])이므로 천사(天駟)라 한다"고 하였다. 『국어』「주어하(周語下)」에 "달이 천사(天駟)에 있다"고 한 것이 이것이다. ◯"대신, 방・심・미야(大辰, 房・心・尾也)"라 함은 대신(大辰)이 방수・심수・미수의 총체적인 명칭이라는 것이다. 신(辰)은 시(時 : 때)이다. 곽박은 "밝은 용성(龍星)은 계절을 관측하는 별이 되기 때문에 대신(大辰)이라 한다"고 하였다. 『춘추』 소공(昭公) 17년에 "겨울. 대신(大辰)에 혜성(彗星)이 있다"고 한 것이 이것이다. ◯"대화위지대신(大火謂之大辰)"에서 대화(大火 : 心宿)는 대신(大辰)의 자리에 있는 것의 명칭이다. 이순은 "대화(大火)는 창룡칠수(蒼龍七宿) 가운데 심수(心宿)로 사계절을 관측한다"고 하였다. 곽박

96) 天府 : 房宿의 다른 명칭이다.

은 "대화(大火)는 심수(心宿)이다. 가운데 있으면서 가장 밝으므로 계절의 관측을 주도한다"고 하였다. 『좌전』 양공(襄公) 9년에 "심수(心宿)를 대화(大火)라 한다"고 한 것이 이것이다.

經文 析木謂之津.

석목(析木)을 진(津)이라 한다.

爾雅注 卽漢津也.

즉 한진(漢津 : 은하수의 나루터에 해당하는 곳)이다.

經文 箕·斗之間, 漢津也.

기수(箕宿)와 두수(斗宿) 사이가 한진(漢津)이다.

爾雅注 箕, 龍尾. 斗, 南斗, 天漢之津梁.

기수는 창룡의 꼬리이다. 두(斗)는 남두(南斗)로 은하수의 나루터이다.

爾雅音義 析, 星歷反.

석(析)은 성(星)과 력(歷)의 반절이다.

爾雅疏 "析木謂之津, 箕・斗之間, 漢津也"者, 析木之津者, 箕・斗之次名也. 孫炎曰: "析別水木, 以箕斗之間, 是天漢之津也." 劉炫謂是. 天漢卽天河也. 天河在箕・斗二星之間. 箕在東方木位, 斗在北方水位, 分析水木以箕星爲隔. 隔河須津梁以渡, 故謂此次爲析木之津也. 不言析水而言析木者, 此次自南而盡北, 故依此次而名析木也. 郭云: "箕, 龍尾; 斗, 南斗, 天漢之津梁." 以四方皆有七宿, 各成一形. 東方成龍形, 西方成虎形, 皆南首而北尾; 南方成鳥形, 北方成龜形, 皆西首而東尾. 箕在蒼龍之末, 故云龍尾; 斗至南方卽見, 故云南斗. 昭八年『左傳』曰: "今在析木之津." 『國語』曰: "日在析木之津." 皆是也. 案經典但有析木之津, 無析木謂之津. 今定本有謂字, 因注云"卽漢津也." 誤矣.

"석목위지진, 기두지간한진야(析木謂之津, 箕斗之間漢津也)"에서 석목지진(析木之津)은 기수(箕宿)와 두수(斗宿)가 위치한 것의 명칭이다. 손염은 "수목(水木)[97]으로 쪼개어 분별함은 기수와 두수 사이가 은하수의 나루터이기 때문이다"고 하였다. 유현(劉炫)도 옳다고 여겼다. 천한(天漢)은 곧 천하(天河 : 은하수)이다. 은하수는 기수와 두수 사이에 있다. 기수는 동방(東方)의 목위(木位)에 있고 두수는 북방(北方)의 수위(水位)에 있으므로 수목(水木)으로 나누어 기수를 떨어져 있게 한 것이다. 은하수와 떨어져 있으니, 반드시 나루・다리를 통해 건너야 하므로 그 자리를 석목지진(析木之津)이라

97) 水木 : 북쪽과 동쪽, 또는 斗宿와 箕宿를 말한다. 水는 北方七宿(斗宿가 북방 칠수의 첫 번째이며 水는 北이다)를, 木은 東方七宿(箕宿는 동방 칠수의 마지막이며 木은 東이다)를 뜻한다.

한 것이다. 석수(析水)라 말하지 않고 석목(析木)으로 말한 것은 그 자리가 남쪽에서 북쪽으로 가기 때문에 그 자리에 의거해서 석목(析木)이라 한 것이다. 곽박은 "기수(箕宿)는 창룡(蒼龍)의 꼬리이고 두수(斗宿)는 남두(南斗)로 은하수의 나루터요 다리이다"고 하였다. 동서남북 네 방향에 모두 칠수(七宿)가 있는데 각각 한 형태를 이룬다. 동방은 용, 서방은 호랑이 모양인데 모두 머리는 남쪽이고 꼬리는 북쪽이다. 남방은 새, 북방은 거북이 모양인데 모두 머리는 서쪽이고 꼬리는 동쪽이다. 기수(箕宿)는 창룡의 끝에 있으므로 용미(龍尾)라 한다. 두수는 남방에 이르러 곧 나타나므로, 남두(南斗)라 한다. 『좌전』 소공(昭公) 8년에 "세성(歲星)이 지금 석목지진(析木之津 : 기수와 두수 사이)에 있다"고 하였고, 『국어』「주어 하(周語下)」에 "해가 석목지진에 있다"고 한 것이 모두 이것이다. 살피건대, 경전(經典[98])에는 다만 "석목지진(析木之津)"이라 되어 있고 "석목위지진(析木謂之津)"은 없다. 지금 정본(定本[99])에는 위(謂)자가 있으므로, 곽박 주에서 "즉한진(卽漢津)"이라 하였으니, 잘못이다.

經文 星紀, 斗·牽牛也.

성기(星紀)에 있는 별자리는 두수(斗宿)와 견우(牽牛)이다.

爾雅注 牽牛·斗者, 日月五星之所終始, 故謂之星紀.

---

98) 經典 : 『左傳』, 『國語』 등에는 모두 "析木之津"으로 되어 있다.
99) 定本 : 底本이 되는 책을 말한다. 즉 郭璞이 살았던 晉代의 『爾雅』에 이미 '謂'字가 잘못 들어갔음을 알 수 있다.

견우(牽牛)와 두수(斗宿)는 해와 달, 오성(五星)이 시작하고 마치는 곳이므로 성기(星紀)라 부른다.

爾雅疏 "星紀, 斗・牽牛也"者, 星紀, 斗・牛之次也. 郭云: "牽牛・斗者, 日月五星之所終始, 故謂之星紀." 『左傳』曰: "歲在星紀." 是也.

"성기, 두・견우야(星紀, 斗・牽牛也)"라 한 것은 성기(星紀)에 두수(斗宿)와 우수(牛宿)가 위치한 것이다. 곽박은 "견우(牽牛)와 두수(斗宿)는 해와 달, 오성(五星)이 시작하고 마치는 곳이므로 성기(星紀)라 부른다"고 하였다. 『좌전』 양공 28년에 "세성(歲星)이 성기(星紀)에 있다"고 한 것이 이것이다.

經文 玄枵, 虛也.

현효(玄枵)는 허수(虛宿)이다.

爾雅注 虛在正北, 北方色黑. 枵之言秏, 秏亦虛意.

허수는 정북(正北)에 있고 북방의 색은 검다. 효(枵)는 모(秏)를 말하며, 모(秏) 역시 허(虛: 비다)라는 뜻이다.

經文 顓頊之虛, 虛也.

전욱(顓頊)의 터도 허수(虛宿)이다.

爾雅注 顓頊水德, 位在北方.

전욱(顓頊)은 수덕(水德)이며 방위는 북방에 있다.

經文 北陸, 虛也.

북륙(北陸)은 허수(虛宿)이다.

爾雅注 虛星之名, 凡四.

허성(虛星)의 명칭은 모두 넷이다.

爾雅音義 枵, 許嬌反. 『左傳』云: "枵, 秏名也." 秏,[100] 呼報反. 顓, 音專. 頊, 許玉反. 顓頊, 帝高陽氏. 虛, 此一字音墟, 下如字.

효(枵)는 허(許)와 교(嬌)의 반절이다. 『좌전』 양공 28년에 "효(枵)는 모(秏)라 한다"고 하였다. 모(秏)는 호(呼)와 보(報)의 반절이다. 전(顓)은 음이 전(專)이다. 욱(頊)은 허(許)와 옥(玉)의 반절이다. 전욱(顓頊)은 황제 고양씨(高陽氏)이다. 허(虛)는 이 한 글자가 음이 허(墟)이고, 아래는 여자(如字)이다.[101]

---

100) 秏 : 秏가 正字이고 耗가 俗子이다(『이아고림』「音義考證」).

爾雅疏 "玄枵, 虛也"者, 玄枵, 虛之次名也. 郭云 : "虛在正北, 北方色黑. 枵之言秏, 秏亦虛意." 然則以其色黑而虛秏, 故名其次曰玄枵. 案襄二十八年『左傳』云 : "春, 無冰. 梓愼曰 : '今玆宋·鄭其饑乎! 歲在星紀而淫於玄枵, 以有時菑, 陰不堪陽. 蛇乘龍; 龍, 宋·鄭之星也. 宋·鄭必饑. 玄枵, 虛中也. 枵, 秏名也. 土虛而民秏, 不飢何爲?'" ○"顓頊之虛, 虛也"[102]者, 郭云 : "顓頊水德, 位在北方." 然則以北方三次, 以玄枵爲中. 玄枵次有三宿, 又虛在其中. 以水位在北, 顓頊居之. 故謂玄枵虛星, 爲顓頊之虛也. 昭十年『左傳』云 : "鄭裨竈言於子產曰 : '今玆歲在顓頊之虛.'" 是也. ○"北陸, 虛也"者, 虛星又謂之北陸也. 孫炎曰 : "陸, 中也. 北方之宿, 虛爲中也." 昭四年『左傳』云 : "古者日在北陸而藏冰." 杜注云 : "陸, 道也." 陸之爲中爲道, 皆無正訓, 各以意耳. 要以虛爲北方中星宿, 是日行之道, 故謂之北陸. 郭云"虛星之名, 凡四"者, 玄枵也, 虛也, 顓頊之虛也, 北陸也.

"현효, 허야(玄枵, 虛也)"에서 현효(玄枵)는 허수(虛宿)가 위치한 곳의 명칭이다. 곽박은 "허수는 정북(正北)에 있고 북방의 색은 검다. 효(枵)는 모(秏)를 말하며, 모(秏)는 또한 허(虛)라는 뜻이다"고 하였다. 그렇다면 그 색이 검고 텅 비어 있으므로, 그 위치를 현효(玄枵)라 이름 붙인 것이다. 살피건대, 『좌전』 양공 28년에 "봄에 얼음이 없었다. 재신(梓愼)이 말하기를 '금년에 송(宋)나라와 정(鄭)나라는 기근이 들 것이다. 세성이 성기(星紀 : 丑方)에 있어야 하는데 현효(玄枵 : 子方)로 지나쳐 있어, 계절의 재앙이 있을 것이고 음기가 양기를 감당하지 못한다. 뱀이 용을 타고 있는 격인데, 용(龍)은 정나라와 송나라의 별이다. 송나라 정나라는 반드시 기근이 들 것이다. 현효(玄枵)에 허수(虛宿)가 가운데 있다. 효(枵)는 소모된다는 모(秏)를 말

101) 虛는…… 如字이다 : 墟에 의하면 '터'·'구역'의 뜻이 되고, 如字에 의하면 '별 이름'의 뜻이 된다.
102) 顓頊之虛, 虛也 : 대본에는 '顓頊之虛也'로 되어 있어 바로 잡는다.

한다. 토지가 텅 비고 백성도 줄어들 것이니 기근이 들지 않고 어찌 하겠는가?'"라고 하였다. ○"전욱지허, 허야(顓頊之虛, 虛也)"에서 곽박은 "전욱(顓頊)은 수덕(水德)이며, 방위는 북방에 있다"고 하였다. 그렇다면 북방은 별자리가 셋(星紀, 玄枵, 娵觜)인데 현효(玄枵)가 중앙이다. 현효 자리에는 삼수(三宿)가 있는데, 또 허수가 그 가운데에 있다. 수위(水位)는 북에 있으므로 전욱이 있다. 그러므로 현효는 허수이며 전욱지허(顓頊之虛)라고 한 것이다. 『좌전』 소공 10년에 "정(鄭)나라 비조(裨竈)가 자산(子產)에게 말하기를 '지금 세성이 전욱지허(顓頊之虛)에 있습니다'"고 한 것이 이것이다. ○"북륙, 허야(北陸, 虛也)"에서 허성(虛星)을 또한 북륙(北陸)이라 한다. 손염이 말하기를 "륙(陸)은 중(中 : 가운데)이다. 북방의 별자리는 허수가 중앙이다"고 하였다. 『좌전』 소공 4년에 "옛날에 해가 북륙(北陸)에 있으면 얼음을 저장한다"고 하였다. 두예는 "육(陸)은 도(道 : 길)이다"고 풀이하였다. 육(陸)이 중(中)의 뜻도 되고, 도(道)의 뜻도 됨은 모두 정확한 해석이 없어서 각각 자의적으로 했을 뿐이다. 요컨대 허수는 북방 가운데 있는 별자리로 해가 운행하는 길이므로 북륙(北陸)이라 부른 것이다. 곽박이 "허수(虛宿)의 명칭이 모두 넷이다"고 한 것은 현효(玄枵)·허(虛)·전욱지허(顓頊之虛)·북륙(北陸)이다.

經文 營室謂之定.

영실(營室)을 정수(定宿)라고 한다.

爾雅注 定, 正也. 作宮室皆以營室之中爲正.

정(定)은 정(正 : 바르다)이다. 궁실(宮室 : 집)을 지을 때 모두 영실(營室)의 중앙을 정(正)으로 한다.

經文 娵觜之口, 營室·東壁也.

추자지구(娵觜之口)는 영실(營室)·동벽(東壁)이다.

爾雅注 營室·東壁, 星四方似口, 因名云.

영실(營室)·동벽(東壁)은 사방으로 있는 별 모양이 입과 비슷하므로 이름 붙인 것이다.

爾雅音義 定, 多佞反. 娵, 子瑜反. 觜, 咨移反, 又子隨反. 壁, 布覓反. 今案此星有人居之, 角象宜爲壁.

정(定)은 다(多)와 영(佞)의 반절이다. 추(娵)는 자(子)와 유(瑜)의 반절이다. 자(觜)는 자(咨)와 이(移)의 반절, 또는 자(子)와 수(隨)의 반절이다. 벽(壁)은 포(布)와 멱(覓)의 반절이다. 지금 살피건대, 이 별은 사람이 거처함이 있고, 모서리 형상이 마땅히 벽(壁)이 될 것이다.

爾雅疏 "營室謂之定"者, 營室一名定. 郭云 : "定, 正也. 作宮室皆以營室中爲正." 『詩』「鄘風」云 : "定之方中, 作于楚宮." 鄭箋云 : "定星昏中而正, 於是可以營制宮室, 故謂之營室." ○"娵訾之口, 營室·東壁也”者, 娵觜, 室・壁之次也. 壁居南則在室東. 孫炎曰 : “娵觜之歎, 則口開方, 營室・東壁, 四方似口, 故因名也.” 郭云 : “營室・東壁, 星四方似口, 因名云.” 由其營室與東壁相成, 故得正四方. 襄三十年『左傳』云 : “歲在娵觜之口” 是也.

“영실위지정(營室謂之定)”이라 한 것에서 영실(營室)은 일명 정수(定宿)이다. 곽박은 “정(定)은 정(正)이다. 궁실을 지을 때 모두 영실의 중앙을 정(正)으로 한다”고 하였다. 『시경』 「용풍(鄘風)」 「정지방중(定之方中)」에 “정성(定星)이 해질녘에 나타나 남쪽 하늘 한 가운데 있으면 종묘를 짓는다”[103]라 하였는데, 정전에 “정성이 해질 녘에 남쪽 하늘 한 가운데서 똑 바른 위치에 있으면 이에 궁실을 지을 수 있으므로 영실(營室)이라 한다”고 하였다. ◯ “추자지구영실동벽(娵觜之口, 營室・東壁也)”에서 추자(娵觜)는 실수(室宿)와 벽수(壁宿)가 위치하는 곳이다. 벽수가 남쪽에 있으면 실수의 동쪽에 있다. 손염은 “추자가 탄식하면 입이 열려 네모지는데, 영실과 동벽은 사방이 입과 비슷하므로 붙여진 명칭이다”고 하였다. 곽박은 “영실과 동벽은 사방으로 있는 별 모양이 입과 비슷하므로 이름 붙인 것이다”고 하였다. 그 영실과 동벽이 서로 어우러져 이루어졌으므로 사방을 바로 잡을 수 있다. 『좌전』 양공 30년에 “세성이 추자지구(娵觜之口)에 있다”고 한 것이 이것이다.

經文 降婁, 奎・婁也.

103) 정성이 …… 짓는다 : 楚宮을 모전은 “楚丘之宮也”라 하고, 정전은 “謂宗廟也”라 하였다.

강루(降婁)에 있는 별자리는 규수(奎宿)와 누수(婁宿)이다.

爾雅注 奎爲溝瀆, 故名降.

규는 구독(溝瀆 : 웅덩이)이 되기 때문에 강(降)이라 한다.

爾雅音義 降, 胡江反, 又江巷反, 注同. 婁, 郎侯反. 奎, 口圭反.

강(降)은 호(胡)와 강(江)의 반절, 또는 강(江)과 항(巷)의 반절인데 주에서도 같다. 루(婁)는 랑(郎)과 후(侯)의 반절이다. 규(奎)는 구(口)와 규(圭)의 반절이다.

爾雅疏 "降婁, 奎・婁也"者, 降婁, 奎・婁之次名也. 孫炎曰 : "降, 下也. 奎爲溝瀆, 故稱降也." 郭云 : "奎爲溝瀆, 故名降"者, 『漢書』「天文志」云 : "奎曰封豨, 爲溝瀆." 是也. 案襄三十年『左傳』曰 : "鄭公孫揮與裨竈晨過伯有氏, 其門上生莠. 子羽曰 : '其莠猶在乎?' 於是歲在降婁, 降婁中而旦, 裨竈指之曰 : '猶可以終歲, 歲不及此次也已.' 及其亡也, 歲在娵訾之口, 其明年乃及降婁." 是也.

"강루, 규루야(降婁, 奎婁也)"에서 강루(降婁)는 규수(奎宿)와 누수(婁宿)가 위치한 곳의 명칭이다. 손염은 "강(降)은 하(下 : 낮다)이다. 규(奎)는 구독(溝瀆)이기 때문에 강(降)이라 부른다"고 하였다. 곽박은 "규(奎)는 구독(溝瀆)이기 때문에 강(降)이라 부른다"고 하였다. 『한서』「천문지」에는 "규수(奎宿)는 봉시(封豨 : 奎의 별명)로 구독(溝瀆)이 된다"고 한 것이 이것이다. 살피건대, 『좌전』 양공 30년에 "정나라 공손휘(公孫揮)와 비조(裨竈)가 새벽에 백유씨(伯有氏) 집을 지나가는데 그 문 위에 가라지가 자라고 있었다. 자우(子羽: 공손휘의 字)가 말하기를 '백유씨가 죽어도 저 가라지가 여전히 남아 있을 것인가?'라 하였다. 이때 세성(歲星)이 강루(降婁)에 있었고, 강루는 하늘 가운데서 아침을 맞이하고 있었는데, 비조가 강루를 가리키며 말하기를 '그래도 한 해를 마칠 수 있으나 세성이 이 강루(降婁)까지는 이르지 못할 것이다'고 하였다. 백유씨가 죽었을 때 세성은 추자지구(娵訾之口)에 있었고, 그 다음 해는 바로 강루(降婁)의 별자리에 있었다"고 한 것이 이것이다.

經文 大梁, 昴也. 西陸, 昴也.

대량(大梁)에 있는 별자리는 묘수(昴宿)이다. 서륙(西陸)은 묘수(昴宿)이다.

爾雅注 昴, 西方之宿, 別名旄頭.

묘수(昴宿)는 서방의 별자리이고 별명이 모두(旄頭)이다.

爾雅音義 昴, 音卯, 本或作鼎. 旄, 音毛.

묘(昴)는 음이 묘(卯)인데 본에 따라 정(鼎)으로 되어 있다. 모(旄)는 음이 모(毛)이다.

爾雅疏 "大梁, 昴也. 西陸, 昴也"者, 大梁, 昴之次名也. 昴, 西方之宿名也. 昴又謂之西陸. 昭四年『左傳』云: "古者日在北陸而藏冰, 西陸朝覿而出之." 又十一年傳云: "歲及大梁, 蔡復楚凶." 是昴星之名凡三. 郭云"昴, 西方之宿, 別名旄頭"者, 「天文志」云: "昴曰旄頭, 胡星也." 是矣.

"대량묘야, 서륙묘야(大梁, 昴也. 西陸, 昴也)"에서 대량(大梁)은 묘수가 위치한 곳의 명칭이다. 묘수(昴宿)는 서방 칠수 가운데의 한 별자리의 명칭이다. 묘수는 또 서륙(西陸)이라 한다. 『좌전』 소공 4년에 "옛날에 태양이 북륙(北陸 : 虛宿)에 있으면 얼음을 저장하고, 태양이 서륙(西陸)[104]에 있으면 새벽에 나타나니, 얼음을 내 놓는다"고 하였다. 또 소공 11년에 "세성이 대량에 있으니 채(蔡)나라는 회복되고 초(楚)나라는 흉할 것이다"고 하였다. 묘성의 명칭은 모두 셋이다. 곽박이 "묘수(昴宿)는 서방의 별자리이고 별명이 모두(旄頭)이다"고 하였으며, 『한서』 「천문지」에는 "묘수는 모두(旄頭)라 부르며, 호성(胡星)이다"고 한 것이 이것이다.

經文 濁謂之畢.

탁(濁)을 필수(畢宿)라고 한다.

爾雅注 掩兎之畢, 或呼爲濁, 因星形以名.

---

104) 西陸 : 이 구절에 대해 杜預는 "北陸은 虛宿와 危宿가 위치하는 곳으로 12월이다. 西陸은 昴宿와 畢宿니 3월이다"고 하였다. 즉 겨울에 얼음을 저장하였다가 봄에 내어 놓는다는 의미다.

토끼 잡는 필(畢 : 그물)을 탁(濁)이라 부르기도 하는데, 별 모양이 그렇게 생겨 부르는 것이다.

爾雅音義 兎, 佗故反.

토(兎)는 타(佗)와 고(故)의 반절이다.

爾雅疏 "濁謂之畢"者, 畢, 西方之宿名, 一名濁. 郭云: "掩兎之畢, 或呼爲濁, 因星形以名." 『詩』「小雅」云: "有捄天畢." 毛傳云: "捄, 畢貌. 畢所以掩兎也." 「特牲饋食禮」曰: "宗人執畢." 鄭注云: "畢狀如叉. 蓋爲其似畢星取名焉." 然則掩兎·祭器之畢, 俱象畢星爲之. 但掩兎之畢, 施網爲異爾.

"탁위지필(濁謂之畢)"에서 필(畢)은 서방 칠수 가운데 다섯 번째 별자리의 명칭인데 일명 탁(濁)이다. 곽박은 "토끼 잡는 필(畢)을 탁(濁)이라 부르기도 하는데, 별자리의 형태가 그렇게 생겨서 부르는 것이다"고 하였다. 『시경』「소아」「대동(大東)」에 "길게 생긴 하늘의 필수(畢宿)가 있다"고 하였는데, 모전에 "구(捄)는 필(畢)의 모양이다. 필은 토끼를 잡는 것이다"고 하였다. 『의례』「특생궤사례(特牲饋食禮)」에는 "종인(宗人)이 필(畢)을 잡았다"고 하였는데, 정현의 주에 "필의 모양이 차(叉 : Y形)와 같다. 대체로 그것이 필수와 비슷하므로 명칭을 취한 것이다"고 하였다. 그렇다면 토끼 잡는 필과, 제기(祭器)의 필은 모두 필수를 본떠서 만든 것이다. 다만 토끼 잡는 필(畢)은 그물을 펼친다는 점에서 다르다.

經文 咮謂之柳.

주(咮)를 유수(柳宿)라 한다.

爾雅注 咮, 朱鳥之口.

주(咮)는 주조(朱鳥)의 부리이다.

經文 柳, 鶉火也.

유수(柳宿)는 순화(鶉火)이다.

爾雅注 鶉, 鳥名, 火屬南方.

순(鶉)은 새 이름이고, 화(火)는 남방에 속한다.

爾雅音義 咮, 猪究反, 本或作喙, 許穢反, 『說文』云: "喙, 口也." 昌銳反. 柳, 力九反, 鶉, 音純.

주(咮)는 저(猪)와 구(究)의 반절로 본에 따라서는 훼(喙)로 되어 있는데 허(許)와 예(穢)의 반절이다. 『설문』에는 "훼(喙)는 구(口 : 입)이다"고 하였으며, 창(昌)과 예(銳)의 반절이다. 류(柳)는 력(力)과 구(九)의 반절이다. 순(鶉)은 음이 순(純)이다.

爾雅疏 "咮謂之柳. 柳, 鶉火也"者, 柳, 南方之宿名. 南方七宿, 共爲朱鳥之形, 柳爲朱鳥之口, 故名咮. 咮卽朱鳥之口也. 鶉火, 柳之次名也. 鶉卽朱鳥也. 火屬南方行也, 因名其次爲鶉火. 襄九年『左傳』曰: "晉侯問於士弱曰: '吾聞之: 宋災, 於是乎知有天道. 何故?' 對曰: '古之火正, 或食於心, 或食於咮, 以出內火. 是故咮爲鶉火, 心爲大火.'" 是也.

"주위지묘. 유순화야(咮謂之柳. 柳, 鶉火也)"에서 유수(柳宿)는 남방 칠수 가운데의 세 번째 별자리 명칭이다. 남방 칠수는 모두 주조(朱鳥)의 형상이고, 유수는 주조의 부리이므로 주(咮)라 부른다. 주(咮)는 즉 주조(朱鳥)의 부리이다. 순화(鶉火)는 유수(柳宿)가 위치한 곳의 명칭이다. 순(鶉)은 곧 주조(朱鳥)이다. 화(火)는 오행(五行)으로는 남방에 속하므로, 그 위치를 순화(鶉火)라 한 것이다. 『좌전』 양공 9년에 "진후(晉侯)가 사약(士弱)에게 묻기를 '내가 듣기로는 송(宋)나라에 재앙 듦은 이에 천도(天道)가 있음을 알았다는데 무슨 까닭인가?'[105]라고 하였는데, 대답하기를 '옛날의 화정(火正)[106]은 심수(心宿)에 배향(配享)을 받기도 하고 주(咮: 柳宿)에 배향을 받기도 하며, 불을 내어 주기도 하고 거두기도 합니다. 이런 까닭에 주(咮)를 순화(鶉火)라 하고, 심수를 대화(大火)라 합니다'"고 한 것이 이것이다.

經文 北極謂之北辰.

105) 내가 …… 까닭인가?: 杜預 注에 "問宋何故自知天道將災"라고 풀이하였다.
106) 火正: 火星을 제사하고 火政을 담당하는 관리. 水星・木星・金星・土星에도 각각 담당하는 관리가 있었다.

북극(北極)을 북신(北辰)이라 한다.

爾雅注 北極, 天之中, 以正四時.

북극은 하늘의 중앙에 위치하여 사계절을 바로 잡는다.

爾雅疏 "北極謂之北辰"者, 極, 中也; 辰, 時也. 居天之中, 人望之在北, 因名北極. 斗杓所建, 以正四時, 故云北辰. 『論語』云: "爲政以德, 譬如北辰." 是也.

"북극위지북신(北極謂之北辰)"이라 한 것에서 극(極)은 중(中)이고 신(辰)은 시(時 : 때)이다. 하늘의 중앙에 있는데 사람이 바라보면 북쪽에 있으므로, 북극(北極)이라 이름 붙였다. 두표(斗杓)[107]가 서는 것으로 사계절을 바로 잡으므로 북신(北辰)이라 하는 것이다. 『논어』「위정」에 "덕으로써 정치를 함이 비유하면 북신(北辰)과 같다"고 한 것이 이것이다.

經文 何鼓謂之牽牛.

하고(何鼓)를 견우(牽牛)라 한다.

---

107) 斗杓 : 斗柄. 즉 북두칠성 자루를 말한다. 일곱 별의 명칭은 天樞·天璇·天璣·天權(이상 네 별을 斗魁 또는 璇璣라고 함), 玉衡·開陽·搖光(이 세 별을 斗柄이나 斗杓 또는 玉衡이라고 함)이다. 천추와 천선의 다섯 배 거리에 있는 별이 北極星이다. 손잡이 斗柄의 방향에 따라 계절을 알 수 있다. 동쪽을 가리키면 봄, 북쪽이면 겨울, 서쪽이면 가을, 남쪽이면 여름이다.

爾雅注 今荊楚人呼牽牛星爲檐鼓. 檐者, 荷也.

지금 형(荊)·초(楚) 사람들은 견우성을 담고(檐鼓)라고 하는데, 담(檐)은 하(荷 : 메다)이다.

爾雅音義 何, 郭胡可反, 又胡多反, 注同. 『小爾雅』云 : "任也." 『說文』云 : "檐也." 注作荷字, 音同. 檐, 丁甘反, 『字林』 : "負也."

하(何)에 대하여 곽박은 호(胡)와 가(可)의 반절, 또는 호(胡)와 다(多)의 반절이라 하였는데 주에서도 같다. 『소이아』에는 "임(任 : 메다)이다"고 하였으며, 『설문』에는 "담(檐 : 메다)108)이다"고 하였다. 곽박의 주에서는 '하(荷)' 자를 썼는데 하(何)와 음의가 같다. 담(檐)은 정(丁)과 감(甘)의 반절이며, 『자림』에는 "부(負 : 지다)이다"고 하였다.

爾雅疏 "何鼓謂之牽牛"者, 李巡云 : "何鼓·牽牛皆二十八宿名也." 孫炎曰 : "何鼓之旗, 十二星, 在牽牛北也. 或名爲何鼓, 亦名牽牛." 如此文, 則牽牛·何鼓一星也. 如李巡·孫炎之意, 則二星. 今不知其同異也. 案『漢書』「天文志」 : "牽牛爲犧牲, 其北河鼓. 河鼓大星, 上將; 左, 左將; 右, 右將." 亦以牽牛·河鼓爲二星. 郭云 : "今荊楚人呼牽牛星爲檐鼓. 檐者荷也." 順經爲說, 以時驗而言也.

"하고위지견우(何鼓謂之牽牛)"에서 이순은 "하고(何鼓)와 견우(牽牛)는 모두 이십 팔 수 가운데의 별자리 명칭이다"고 하였다. 손염은 "하고(何鼓)의 기성(旗星)은 별이 12개로 견우의 북쪽에 있다. 혹자는 명칭을 하고(何鼓)라

---

108) 檐 : 段注本 『說文』에는 '儋'으로 되어 있다.

하고 또 견우(牽牛)라 한다"고 하였다. 이 글대로라면 견우(牽牛)와 하고(何鼓)는 같은 별이다. 그런데 이순과 손염의 뜻대로라면 두 종류의 별이다. 지금은 그 동이(同異)를 알지 못하겠다. 살피건대 『한서』「천문지」에 "견우는 희생(犧牲)을 주관하는데, 그 북쪽이 하고(河鼓)이다. 하고의 큰 별은 상장(上將), 좌측별은 좌장(左將), 우측별은 우장(右將)이다"고 하였으니, 역시 견우와 하고를 두 종류의 별자리로 여긴 것이다. 곽박이 "지금 형(荊)·초(楚)사람들은 견우성을 담고(檐鼓)라고 하는데 담(檐)은 하(荷)이다"고 하였는데, 경문에 따라 해석한 것으로 당시 경험에서 한 말이다.

經文 明星謂之啓明.

명성(明星)을 계명(啓明 : 샛별)이라 한다.

爾雅注 太白星也. 晨見東方爲啓明, 昏見西方爲太白.

태백성(太白星)이다. 새벽에 동방에 나타나므로 계명성(啓明星)이라 하고, 해질 녘에 서방에 나타나므로 태백성(太白星)이라 한다.

爾雅音義 啓, 口禮反. 見, 賢遍反, 下同.

계(啓)는 구(口)와 례(禮)의 반절이다. 현(見)은 현(賢)과 편(遍)의 반절이며 아래도 같다.

爾雅疏 "明星謂之啓明"者, 孫炎曰: "明星, 太白也. 出東方, 高三舍, 今曰明星. 昏出西方, 高三舍, 今曰太白." 郭云: "太白星也. 晨見東方爲啓明, 昏見西方爲太白." 然則啓明是太白矣. 『詩』「小雅」云: "東有啓明, 西有長庚." 長庚不知是何星也. 或以星出在東西而異名, 或二者別星, 未能審也.

"명성위지계명(明星謂之啓明)"에서 손염은 "명성(明星)은 태백성(太白星)이다. 동방에서 떠오르는데 높이가 삼사(三舍)[109]이며 지금은 명성(明星)이라 부른다. 해질 녘에는 서방에서 떠오르는데, 높이가 삼사이며 지금 태백성이라 부른다"고 하였다. 곽박은 "태백성(太白星)이다. 새벽에 동방에 나타나므로 계명성(啓明星)이라 하고, 해질 녘에 서방에 나타나므로 태백성(太白星)이라 한다"고 하였다. 그렇다면 계명성은 태백성이다. 『시경』「소아」「대동」에 "동쪽에 계명성, 서쪽에 장경성(長庚星)이 있다"고 하였는데, 장경성(長庚星)은 무슨 별인지 모르겠다. 혹자는 별이 떠오른 것이 동·서에 있으므로 명칭이 다르다고 하며, 혹자는 두 별은 다른 별이라고 하는데 확실히 알지 못하겠다.

經文 彗星爲欃槍.

혜성(彗星)을 참창(欃槍 : 혜성)이라 한다.

爾雅注 亦謂之孛, 言其形孛孛似掃彗.

109) 三舍 : 90里. 舍는 30里이다.

또 패(孛 : 혜성)라 한다. 그 형태가 불똥이 사방으로 흩어지는 모양인데 비로 쓰는 것과 비슷함을 말한다.

爾雅音義 彗, 似銳反, 又音遂. 欃, 初銜·仕杉二反. 槍, 初庚·七羊二反. 孛, 蒲忽反, 或音佩. 埽, 素報反.

혜(彗)는 사(似)와 예(銳)의 반절, 또는 음이 수(遂)이다. 참(欃)은 초(初)와 함(銜), 사(仕)와 삼(杉)으로 반절이 둘이다. 창(槍)은 초(初)와 경(庚), 칠(七)과 양(羊)으로 반절이 둘이다. 발(孛)은 포(蒲)와 홀(忽)의 반절, 또는 음이 패(佩)이다. 소(埽)는 소(素)와 보(報)의 반절이다.

爾雅疏 "彗星爲欃槍"者, 彗星一名欃槍.『漢書』「天文志」云: "歲星贏而東南. 石氏'見彗星.' 甘氏'不出三月迺生彗, 本類星, 末類彗, 長二丈.' 贏東北, 石氏'見覺星', 甘氏'不出三月乃生天棓, 本類星, 末銳, 長四尺.' 縮西南, 石氏'見欃雲, 如牛', 甘氏'不出三月迺生天欃, 左右銳, 長數丈.' 縮西北, 石氏'見槍雲, 如馬', 甘氏'不出三月迺生天欃, 本類星, 末銳, 長數丈.' 石氏'欃·槍·棓·彗異狀, 其殃一也.'" 郭云: "亦謂之孛, 言其形孛孛似掃彗."『春秋左氏傳』"昭十七年"冬, 有星孛于大辰, 西及漢. 申須曰: '彗, 所以除舊布新也'",『公羊傳』: "孛者何? 彗星也." 彗謂帚也, 言其狀似掃帚, 光芒孛孛然. 妖變之星, 非常所有, 故言孛, 又言彗也.

"혜성위참창(彗星爲欃槍)"에서 혜성은 일명 참창(欃槍)이다.『한서』「천문지」에 "세성(歲星)이 지나치게 동남쪽으로 가면, 석씨(石氏)[110]는 '혜성이 나타나리라'고 하였으며, 감씨(甘氏)[111]는 '석 달이 안 되어 혜성이 생길 것이다. 앞부분은 별과 비슷하지만 뒷부분은 빗자루와 비슷한데, 길이가

110) 石氏 : 石申夫. 漢代의 術數家.
111) 甘氏 : 齊의 史官으로 天文家.

이장(二丈)이 된다'고 하였다. 세성이 지나치게 동북쪽으로 가면, 석씨는 '각성(覺星)[112]이 나타나리라'고 하였으며, 감씨는 '석 달이 안 되어 천방(天棓)이 생길 것이다. 앞부분은 별과 비슷하지만 끝 부분은 날카로우며 길이가 사척(四尺)이 된다'고 하였다. 세성이 못 미치게 서남쪽으로 가면, 석씨는 '소처럼 생긴 참운(欃雲)이 나타나리라'고 하였으며, 감씨는 '석 달이 안 되어 천참(天欃)이 생길 것이다. 좌우는 날카롭고 길이가 수장(數丈)이 된다'고 하였다. 세성이 못 미치게 서북쪽으로 가면, 석씨는 '말처럼 생긴 창운(槍雲)이 나타나리라'고 하였으며, 감씨는 '석 달이 안 되어 천참(天欃)이 생길 것이다. 앞부분은 별과 비슷하지만 끝 부분은 날카롭고 길이가 수장이나 된다'고 하였다. 석씨는 '참(欃)·창(槍)·방(棓)·혜(彗)는 모습이 다르나, 그 재앙은 똑같다'[113]고 하였다. 곽박은 "또한 패(孛)라 한다. 그 형태가 불똥이 사방으로 흩어지는 모양인데 비로 쓰는 것과 비슷함을 말한다"고 하였다. 『좌전』 소공(昭公) 17년에 "겨울, 혜성이 대신(大辰)[114]에 있었는데 서쪽으로 은하수까지 미쳤다. 노(魯)나라 대부 신수(申須)가 말하기를 '혜(彗 : 빗자루)는 옛 것을 제거하고 새로운 것을 펴는 것입니다'"고 하였다. 『공양전』 문공(文公) 14년에 "패(孛)란 무엇인가? 혜성(彗星)이다"고 하였다. 혜(彗)는 추(帚 : 비)를 말하는데, 그 모양이 쓸어내는 비와 비슷하며, 불똥이 번쩍번쩍하는 것이다. 괴이하게 변하는 별은 평상시에 있는 것이 아니기 때문에 패(孛)라 하며 또 혜(彗)라고도 한다.

---

112) 覺星 : 彗星의 일종으로 天棓.

113) 歲星이 …… 똑같다 : 이 부분은 바로 앞의 글을 이해해야 의미가 파악된다. 즉 贏·縮의 정확한 뜻을 이해해야 한다. 贏은 歲星이 머물러야 할 자리를 지나쳐 버리는 것이고, 縮은 머물러야 할 자리에 못 미치는 것이다. 바로 앞의 『漢書』「天文志」의 기사는 다음과 같다. "歲星所在, 國不可伐, 可以伐人, 超舍而前爲贏, 退舍爲縮. 贏, 其國有兵不復, 縮, 其國有憂, 其將死, 國傾敗. 所去, 失地, 所之, 得地. 一曰, 當居不居, 國亡, 所之, 國昌, 已居之, 又東西去之, 國凶, 不可擧事用兵. 安靜中度, 吉. 出入不當其次, 必有天祅, 見其舍也."

114) 大辰 : 大火. 12세차의 하나로 방위로는 卯인데, 이곳에 房宿·心宿·尾宿가 위치한다.

經文 奔星爲彴約.

분성(奔星)을 박약(彴約 : 流星)이라 한다.

爾雅注 流星.

유성(流星)이다.

爾雅音義 彴, 蒲博·步角·皮約三反. 約, 如字, 又於詔反, 又音握.

박(彴)은 포(蒲)와 박(博), 보(步)와 각(角), 피(皮)와 약(約)으로 반절이 셋이다. 약(約)은 여자(如字), 또는 어(於)와 조(詔)의 반절, 또는 음이 악(握)이다.

爾雅疏 "奔星爲彴約"者, 奔星卽流星也, 一名彴約.

"분성위박약(奔星爲彴約)"에서 분성(奔星)은 즉 유성(流星)이며 일명 박약(彴約)이다.

經文 星名.

별의 명칭이다.

爾雅疏 星名, 題上事也.

성명(星名)은 위의 기사(記事)에 제목을 붙인 것이다.

經文 春祭曰祠.

봄 제사를 사(祠)라 한다.

爾雅注 祠之言食.

사(祠)라는 말은 사(食 : 먹이다)이다.

經文 夏祭曰礿.

여름 제사를 약(礿)이라 한다.

爾雅注 新菜可汋.

신선한 채소는 삶을 수 있다.

經文 秋祭曰嘗.

가을 제사를 상(嘗)이라 한다.

爾雅注 嘗新穀.

햇곡식을 맛본다.

經文 冬祭曰蒸.

겨울 제사를 증(蒸)이라 한다.

爾雅注 進品物也.

물품(物品)을 올리는 것이다.

爾雅音義 祠, 如字, 或音祀. 食, 音嗣. 礿, 本或作禴字, 同, 餘弱反. 汋, 余弱反, 爓菜也. 蒸, 之升反.

사(祠)는 여자(如字)인데, 혹 음을 사(祀)라고도 한다. 사(食)는 음이 사(飼)이다. 약(礿)은 본에 따라 약(禴)자로 되어 있는데, 음의가 같으며 여(餘)와 약(弱)의 반절이다. 약(汋)은 여(余)와 약(弱)의 반절로 채소를 삶는 것이다. 증(蒸)은 지(之)와 승(升)의 반절이다.

爾雅疏 此別四時及三代諸祭名也. "春祭曰祠, 夏祭曰礿, 秋祭曰嘗, 冬祭曰蒸"者, 此四時之祭名也. 郭云: "祠之言食. 礿, 新菜可汋. 嘗, 嘗新穀. 蒸, 進品物也." 此皆周禮也. 殷以上則礿・禘・蒸・嘗, 「王制」文是也. 至周公則去夏禘之名, 以春禴當之, 更名春曰祠. 故『禘祫志』云: "『王制』記先王之法度. 宗廟之祭, 春曰禴, 夏曰禘, 秋曰嘗, 冬曰蒸. 祫爲大祭, 於夏, 於秋, 於冬. 周公制禮, 乃改夏爲禴, 禘又爲大祭." 「祭義」注云: "周以禘爲殷祭, 更名春曰祠, 是祠・禴・嘗・蒸之名, 周公制禮之所改也." 若然, 『詩』「小雅」云: "禴祠蒸嘗, 于公先王." 此文王之詩, 所以已得有制禮所改之名者. 然王者因革, 與世而遷. 事雖制禮大定, 要亦所改有漸. 『易』曰: "不如西鄰之禴祭." 鄭注爲夏祭之名. 則文王時已改, 言周公者, 據制禮大定言之耳.

여기서는 사시(四時)와 삼대(三代)의 여러 제사의 명칭을 구별하였다. "춘제왈사, 하제왈약, 추제왈상, 동제왈증(春祭曰祠, 夏祭曰礿, 秋祭曰嘗, 冬祭曰蒸)"이라 하였는데, 이는 사시(四時)의 제사 명칭이다. 곽박이 "사지언사. 약, 신채가약. 상, 상신곡. 증, 진품물야(祠之言食. 礿, 新菜可汋. 嘗, 嘗新穀. 蒸, 進品物也)"라 하였는데, 이는 모두 주(周)의 예(禮)이다. 은(殷) 이상은 약(礿)・체(禘)・증(蒸)・상(嘗)인데 『예기』 「왕제(王制)」의 글이 이것이다. 주공(周公)에 이르러 여름 제사인 체(禘)를 빼고 봄 제사인 약(禴)을 여름 제사에 해당시켰으며, 명칭을 고쳐 봄 제사를 사(祠)라 하였다. 때문에 『체협지(禘祫志)』[115]에 "『예기』 「왕제(王制)」에 선왕의 법도를 기록하였다. 종묘의 제사에 대하여 봄에는 약(礿), 여름에는 체(禘), 가을에는 상(嘗), 겨울에는 증(烝)이라 한다. 협(祫 : 合祀)은 대제(大祭)인데 여름・가을・겨울에 지낸다. 주공이 예(禮)를 제정할 때 명칭을 고쳐 여름 제사를 약(禴)이라 하였으며, 체(禘)도 또한 대제(大祭)이다"고 하였다. 『예기』「제의(祭義)」의 주에 "주(周)나라는 체(禘)를 은(殷)나라의 제사로 보고, 명칭을 고쳐 봄 제사를 사(祠)라 하였으니, 이 사(祠)・약(禴)・상(嘗)・증(烝)의 명칭은 주공이 예를 제정할 때 고친 것이다"고 하였다. 이와 같다면 『시경』「소아」「천보(天保)」에 "약(禴)・사(祠)・증(烝)・상(嘗)으로 선왕에게 제사지낸다"고 하였는데, 이것은 문왕(文王)의 시(詩)가 이미 예(禮)를 제정하고 고친 명칭이 있었던 것이다. 그러나 왕자(王者)들이 따르거나 혁신한 것은 세상과 더불어 변천해 간다. 일이 비록 예(禮)를 제정하여 크게 안정시키는 것이지만 요체는 역시 점차적으로 고쳐 가는 것이다. 『주역』「기제괘(旣濟卦)」 구오(九五)에 "서쪽 이웃에서 약제(禴祭 : 검소한 제사)를 지내는 것만 못하다"고 하였는데, 정현의 주에는 여름 제사의 명칭이라고 하였다. 그렇다면 문왕 때에 이미 명칭을 바꾸었는데, 주공(周公)이라고 한 것은 주공이 예를 정하고 크게 안정시킨 것에 근거해서 말했을 뿐이다.

經文 祭天曰燔柴.

하늘에 제사지내는 것을 번시(燔柴 : 불놓아 하늘에 지내는 제사)라 한다.

爾雅注 旣祭, 積薪燒之.

---

115) 『禘祫志』: 禘祫에 관련된 글을 기록한 책으로 생각되나 자세하지 않다. 禘祫은 王이 조상에 대해 지내는 제사 명칭이다.

제사를 지낸 다음 땔나무를 쌓아놓고 태운다.

經文 祭地曰瘞薶.

땅에 제사지내는 것을 예매(瘞薶 : 묻어 땅에 지내는 제사)라 한다.

爾雅注 旣祭, 埋藏之.

제사를 지낸 다음 물건을 땅에 묻는다.

爾雅音義 燔, 音煩, 猶焚也. 柴, 仕皆反, 『說文』作祡, 云 : "燒柴燎祭天也." 瘞, 於例·於計二反. 薶, 音埋.

번(燔)은 음이 번(煩)이며 분(焚 : 태우다)과 같다. 시(柴)는 사(仕)와 개(皆)의 반절이다. 『설문』에는 시(祡)로 되어 있으며, "땔나무를 태워 불을 밝혀 하늘에 제사하는 것이다"고 하였다. 예(瘞)는 어(於)와 례(例), 어(於)와 계(計)로 반절이 둘이다. 매(薶)는 음이 매(埋)이다.

爾雅疏 "祭天曰燔柴"者, 祭天名燔柴. 「祭法」云 : "燔柴于泰壇, 祭天也." 郭云 : "旣祭, 積薪燒之." 「大宗伯」云 : "以禋祀祀昊天上帝, 以實柴祀日月星辰, 以槱燎祀司中·司命·飌師·雨師." 鄭云 : "禋之言煙. 周人尙臭, 煙, 氣之臭聞者. 槱, 積也. 『詩』曰 : '芃芃棫樸, 薪之槱之.' 三祀皆積柴, 實牲體焉. 或有玉帛燔燎而升煙, 所以報陽也." 然則祭天之禮, 積柴以實牲體玉帛而燔之, 使煙氣之臭上達於天, 因名"祭天曰燔柴"也. ○"祭地曰瘞薶"者, 祭地名瘞薶. 「祭法」云 : "瘞埋於泰折, 祭地也." 然則祭神州地祇於北郊, 瘞繒埋牲, 因名祭地曰瘞薶. 李巡曰 : "祭地, 以玉埋地中曰瘞埋." 孫炎曰 : "瘞者翳也. 旣祭, 翳藏地中."

"제천왈번시(祭天曰燔柴)"라 한 것은 하늘에 제사하는 명칭이 번시(燔柴)이다. 『예기』「제법(祭法)」에 "태단(泰壇)[116]에서 땔나무를 태워 하늘에 제사한다"고 하였다. 곽박은 "제사를 지낸 다음 땔나무를 쌓아놓고 태운다"고 하였다. 『주례』「춘관」「대종백」에 "연기를 내는 제사로써 호천 상제(上帝 : 하느님)에게 제사하고, 희생물을 땔나무 위에 놓고 일(日)·월(月)·성신(星辰)에게 제사하고, 땔나무를 쌓아 놓고 불을 피워 사중(司中)·사명(司命)·풍사(飌師)·우사(雨師)에게 제사지낸다"고 하였는데, 정현의 주에 "연(禋)이란 말은 연(煙 : 연기)이다. 주(周)나라 사람들은 냄새를 숭상하는데, 연(煙)은 기운의 냄새가 하늘에 퍼지는 것이다. 유(槱)는 적(積 : 쌓다)이다. 『시경』「대아」「역복(棫樸)」에 '무성한 두릅나무를 쌓아 땔나무로 하였다'라 하였다. 세 제사는 모두 땔나무를 쌓아 놓고 그 위에 희생물을 올려놓는다. 혹은 옥백(玉帛)을 태워 연기가 올라가게 하는데 양(陽)에 보답하기 위함이다"고 하였다. 그렇다면 제천(祭天)의 예는 땔나무를 쌓고 그 위에 희생물과 옥백을 놓고 불을 질러 연기의 냄새가 위로 하늘에 올라가도록 하는 것이므로 "제천왈번시(祭天曰燔柴)"라 하는 것이다. ○"제지왈예매(祭地曰瘞薶)"라 한 것에서 땅에 제사지내는 것을 예매(瘞薶)라 한다. 『예기』「제법」에 "태절(泰折)에서 예매(瘞埋)함은 땅에 제사지내는 것이다"고 하였다. 그렇다면 신주(神州)[117]의 땅 귀신을 북쪽 교외에서 제사하고 비단과 희생물을 매장하므로, 땅에 제사지내는 것을 예매(瘞薶)라 한다. 이순은

116) 泰壇 : 하늘을 제사지내는 壇. 南郊에 있다. 사람이 만든 큰 단이므로 泰壇이라 한다. 大壇, 圜丘라고도 한다.

117) 神州 : 中國 또는 九州를 말한다. 통상 중국 사람이 자기 나라를 말할 때 신주라 한다.

"땅에 제사지내고 옥(玉)을 땅 속에 묻는 것을 예매(瘞埋)라 한다"고 하였다. 손염은 "예(瘞)란 예(翳 : 숨기다)이다. 제사하고 난 뒤에 땅 속에 숨기고 감추는 것이다"고 하였다.

經文 祭山曰庪縣.

산에 제사지내는 것을 기현(庪縣 : 산 제사)이라 한다.

爾雅注 或庪或縣, 置之于山. 『山海經』曰 : "縣以吉玉." 是也.

혹 매장하기도 하고, 혹 매달기도 하여 산에 둔다. 『산해경』에 "좋은 옥(玉)을 매단다"고 한 것이 이것이다.

經文 祭川曰浮沈.

강에 제사지내는 것을 부침(浮沈 : 내 제사)이라 한다.

爾雅注 投祭水中, 或浮或沈.

수중(水中)에 제물을 던지는데 뜨기도 하고 가라앉기도 한다.

爾雅音義 庪, 本或作庋, 又作攱, 同, 居委·居僞二反. 縣, 音玄, 注同. 沈, 直今反.

기(庪)는 본에 따라서는 기(庋)로 되어 있으며, 또 기(攱)로 되어 있는데 음의가 같으며 거(居)와 위(委), 거(居)와 위(僞)로 반절이 둘이다. 현(縣)은 음이 현(玄)이며 주(注)에서도 같다. 침(沈)은 직(直)과 금(今)의 반절이다.

爾雅疏 "祭山曰庪縣"者, 庪縣, 祭山之名也. 庪謂埋藏之. 「大宗伯」云: "以貍沈祭山林川澤." 鄭注云: "祭山林曰埋." 是也. 縣謂縣其牲幣於山林中, 因名祭山曰庪縣. 郭云: "或庪或縣, 置之於山." 是也. 又云 "『山海經』曰: '縣以吉玉'是也"者, 案「中山經」云: "歷兒冢也. 其祠祀毛太牢之具, 縣以吉玉." 彼注云: "縣, 祭山之名." 是也. ○"祭川曰浮沈"者, 浮沈, 祭川之名也. 郭云: "投祭水中, 或浮或沈." 「大宗伯」云: "以貍沈祭山林川澤." 鄭注云: "祭川澤曰沈, 順其性之含藏." 是也.

"제산왈기현(祭山曰庪縣)"에서 기현(庪縣)은 산에 지내는 제사의 명칭이다. 기(庪)는 매장하는 것을 말한다. 『주례』「춘관」「대종백」에 "묻고 가라앉힘으로써 산림과 천택에 제사지낸다"고 하였는데, 정현의 주에 "산림에 제사지내는 것이 매(貍)이다"고 한 것이 이것이다. 현(縣)은 희생물과 폐백을 산림 속에 매다는 것이므로 산에 제사지내는 명칭을 기현(庪縣)이라고 한다. 곽박이 "희생물이나 옥백을 매장하기도 하고 혹 매달기도 하여 산에 둔다"고 한 것이 이것이다. 또 "『산해경』의 '현이길옥(縣以吉玉)'이 이것이다"고 하였는데, 살펴건대, 『산해경』「중산경(中山經)」에 "어린 아이 무덤을 지나간다. 그 제사에 세 가지 희생물인 소·양·돼지를 구비해 놓고 좋은 옥을 매단다"고 하였는데, 그 주에 "현(縣)은 산에 제사지내는 명칭이다"고 한 것이 이것이다. ○"제천왈부침(祭川曰浮沈)"에서 부침(浮沈)은 내에 제사지내는 명칭이다. 곽박은 "수중(水中)에 제물을 던지면 혹 뜨기도 하고 혹 가라앉기도 한다"고 하였다. 『주례』「춘관」「대종백」에 "묻고 가라앉힘으로써 산림과 천택에 제사를 지낸다"고 하였는데, 정현의 주에 "천택(川澤)에 제사하는 것을 침(沈)이라 하는데, 그 성질이 받아들이고 간직함을 따르는 것이다"고 한 것이 이것이다.

經文 祭星曰布.

별에 제사지내는 것을 포(布 : 별 제사)라 한다.

爾雅注 布散祭于地.

땅에 제물을 흩뜨리고 제사지낸다.

經文 祭風曰磔.

바람에 제사지내는 것을 책(磔 : 바람 제사)이라 한다.

爾雅注 今俗當大道中磔狗, 云以止風. 此其象.

지금 풍속에 큰 길 가운데에 개의 몸뚱이를 찢어 놓고 지풍(止風 : 바람을 그치게 해주십시오)이라고 한다. 이것이 그 형상이다.

爾雅音義 布, 李曰 : "祭星者, 以祭布露地, 故曰布." 孫曰 : "旣祭, 布散於地, 似星布列也." 郭云 : "布散祭於地."也. 指謂敷列羅布也. 磔, 張格反. 狗, 音苟.

포(布)에 대하여 이순은 "별에 제사지내는 것은 제물을 땅에 펼쳐서 드러내기 때문에 포(布 : 펴다)라고 한다" 하였다. 손염은 "제사를 지낸 후에 제물을 땅에 펼쳐서 흩뜨리는 것이 별이 퍼져 나열해 있는 것과 같다"고 하였다. 곽박은 "제물을 땅에 흩뜨리고 제사지낸다"고 하였다. 포(布)는 펼쳐 나열하여 펴는 것을 가리켜 말한다. 책(磔)은 장(張)과 격(格)의 반절이다. 구(狗)는 음이 구(苟)이다.

爾雅疏 "祭星曰布"者, 李巡曰 : "祭星者, 以祭布露地, 故曰布." 孫炎曰 : "旣祭, 布散于地, 似星布列也." 郭云 : "布散祭于地." 云"祭風曰磔"者, 磔謂披磔牲體, 象風之散物, 因名云. 郭云 : "今俗當大道中磔狗, 云以止風. 此其象."

"제성왈포(祭星曰布)"에서 이순은 "별에 제사지내는 것은 제물을 땅에 펼쳐서 드러내기 때문에 포(布)라고 한다"고 하였으며, 손염은 "제사를 지낸 후에 제물을 땅에 펼쳐서 흩뜨리는 것이 별이 퍼져 나열해 있는 것과 같다"고 하였으며, 곽박은 "제물을 땅에 흩뜨리고 제사지낸다"고 하였다. "제풍왈책(祭風曰磔)"에서 책(磔)은 희생(犧牲)의 몸뚱이를 찢어 헤쳐 놓는 것을 말하는데, 바람이 물체를 흩뜨리는 모습을 본받았으므로 그렇게 부른다. 곽박은 "지금 풍속에 큰 길 가운데에 개의 몸뚱이를 찢어 놓고서 지풍(止風)이라고 한다. 이것이 그 형상이다"고 하였다.

經文 是禷是禡, 師祭也.

유(禷)와 마(禡)는 사제(師祭 : 군대에서 지내는 제사)이다.

爾雅注 師出征伐, 類于上帝, 禡于所征之地.

군사가 정벌하러 나갈 때 상제(上帝)에게 류(類) 제사를 지내고, 출정하는 곳에서 마(禡) 제사를 지낸다.

爾雅音義 禷, 音類, 經典作類. 禡, 亡駕反.

류(禷)는 음이 류(類)인데, 경전(經典)에는 류(類)로 되어 있다. 마(禡)는 망(亡)과 가(駕)의 반절이다.

爾雅疏 "是禷是禡, 師祭也"者, "是禷是禡", 『詩』「大雅」「皇矣」篇文也; "師祭也", 作者所以解詩也, 言用師出征之祭名也. 郭云 : "師出征伐, 類於上帝, 禡於所征之地"者, 「王制」云 : "天子將出征, 類乎上帝, 禡於所征之地." 是也. 言類乎上帝, 則類祭, 祭天也. 祭天而謂之類者, 『尙書』夏侯歐陽說, 以事類祭之, 在南方, 就南郊祭之. 「春官」「肆師」注云 : "類禮, 依郊祀而爲之." 是用『尙書』說爲義也. 禡之所祭, 其神不明. 「肆師」云 : "凡四時之大田獵, 祭表貉, 則爲位." 注云 : "貉, 師祭也. 於立表處爲師祭, 祭造軍法者, 禱氣勢之增倍也. 其神蓋蚩尤, 或曰皇帝." 又「甸祝」"掌四時之田, 表貉之祝號." 杜子春云 : "貉, 兵祭也. 田以講武治兵, 故有兵祭. 習兵之禮, 故貉祭, 禱氣勢之十百而多獲." 由此二注言之, 則禡祭造兵爲軍法者, 爲表以祭之. 禡, 『周禮』作貉, 貉又或爲貊字, 古今之異也. 貉之言百, 祭祀此神, 求獲百倍.

"시류시마, 사제야(是禷是禡, 師祭也)"에서 "시류시마(是禷是禡)"는 『시경』 「대아」 「황의(皇矣)」편의 글이다. "사제야(師祭也)"는 작자가 시(詩)를 해석한 것으로, 군사를 써서 출정할 때 지내는 제사의 명칭을 말한다. 곽박이 "군사가 정벌하러 나갈 때 상제(上帝)에게 유(類) 제사를 지내고 출정하는 곳에서 마(禡) 제사를 지낸다"고 하였는데, 『예기』 「왕제(王制)」에 "천자가 출정하려 할 때 상제(上帝 : 하느님)에게 유(禷) 제사를 지내고, 출정하는 곳에서 마(禡) 제사를 지낸다"고 한 것이 이것이다. 상제에게 류 제사를 지낸다고 하였으니, 유제(類祭)는 하늘에 제사지내는 것이다. 제천(祭天)하면서 유(類)라고 말하는 것은 금문(今文) 『상서(尙書)』를 전한 하후씨(夏侯氏)와 구양씨(歐陽氏)의 학설(學說)로서 전쟁이 있으면 유(類) 제사를 지내는데 남방(南方)에 있으면 남교(南郊)에 나아가 제사지낸다고 하였다. 『주례』 「춘관」 「사사(肆師)」의 정현 주에 "유례(類禮)는 교사(郊祀 : 교 제사)에 의거하여 행한다"고 하였다. 이것은 금문 『상서』의 학설로 뜻풀이한 것이다. 마(禡) 제사를 지낼 때의 신(神)은 분명하지 않다. 『주례』 「춘관」 「사사(肆師)」에 "무릇 사계절의 대전렵(大田獵)[118] 때에 표백제(表貉祭)[119]를 지내면 신위(神位)를 만든다"고 하였는데, 정현의 주에 "백(貉)[120]은 사제(師祭)이다. 표(表)를 세운 곳에서 사제(師祭)를 지내는데, 군법을 만든 자에게 제사지내는 것은 기세(氣勢)가 증가되기를 빌기 위해서이다. 그 신(神)은 아마도 치우(蚩尤) 혹은 황제(皇帝)이다"고 하였다. 또한 『주례』 「춘관」 「전축(甸祝)」에 "전축이 사시(四時)의

118) 大田獵 : 대규모의 사냥. 고대의 사냥은 단순히 짐승만 잡는 것이 아니라 군사훈련을 병행하였다.
119) 表貉祭 : 제사 이름. 貉. 表禡. 表貉.
120) 貉 : 鄭玄은 "貉讀爲十百之百"이라 하였다.

전렵(田獵)과 표백(表貉)의 축호(祝號)[121]를 관장한다"고 하였다. 두자춘(杜子春)[122]은 "백(貉)은 병제(兵祭 : 군대 제사)이다. 사냥함으로써 무예(武藝)를 익히게 하고 병사를 훈련시키므로 병제(兵祭)가 있다. 무예를 익히는 예(禮)이므로 백제(貉祭)를 지내는데 병사들의 기세(氣勢)가 열 배 백 배가 되고 포획물이 많기를 기도하는 것이다"고 하였다. 이 두 가지 주를 근거로 말한다면 마제(禡祭)는 전쟁을 하거나 군법을 집행하는 사람이 표를 만들어 제사를 지내는 것이다. 마(禡)자는 『주례』에 백(貉)으로 되어 있고, 백(貉)은 또 맥(貊)자로도 쓰니, 옛날과 지금이 다르다. 백(貉)이라는 말은 백(百 : 열의 백 배)인데 이 신에게 제사하여 노획물이 백 배가 되기를 구하는 것이다.

經文 旣伯旣禱, 馬祭也.

백(伯)과 도(禱)는 마제(馬祭 : 말 조상에게 지내는 제사)이다.

爾雅注 伯, 祭馬祖也. 將用馬力, 必先祭其先.

백(伯)은 마조(馬祖 : 房宿 또는 天駟星)에 제사지내는 것이다. 말의 힘을 쓰려 할 때 반드시 마조(馬祖)에게 먼저 제사지낸다.

---

121) 祝號 : 六祝과 六號를 말하는데, 六祝은 신에게 제사할 때의 여섯 가지의 祈禱辭로, 順祝 · 年祝 · 吉祝 · 化祝 · 瑞祝 · 筴祝이며, 六號는 古代에 세 종류의 神祇와 세 가지 祭品에 각각 美稱을 붙였는데, 이를 合稱하여 六號라고 하며, 그 육호는 神號 · 鬼號 · 示號 · 牲號 · 齋號 · 幣號이다.

122) 杜子春 : 西漢末의 학자. 鄭衆 · 賈逵 등에게 『周禮』를 가르쳐 주었다고 한다.

爾雅音義 禱, 丁老反. 『說文』亦作禂, 同.

도(禱)는 정(丁)과 로(老)의 반절이다. 『설문』에는 도(禂)로 되어 있는데 음의가 같다.

爾雅疏 "既伯既禱, 馬祭也"者, "既伯既禱", 『詩』「小雅」「吉日」篇文也. "馬祭也", 作者所以釋詩也. 毛傳云 : "伯, 馬祖也. 重物愼微, 將用馬力, 必先爲之禱其祖. 禱, 禱獲也." 郭云 : "伯, 祭馬祖也. 將用馬力, 必先祭其先." 知伯是祭馬祖者, 爲馬而祭, 故知馬祖謂之伯者, 伯, 長也. 馬祖始是長也. 鄭注『周禮』云 : "馬祖, 天駟房也." 彼注云 : "龍爲天馬, 故房四星謂之天駟." 馬, 國之大用, 王者重之. 故「夏官」「校人」: "春祭馬祖, 夏祭先牧, 秋祭馬社, 冬祭馬步." 注云 : "馬祖, 天駟." 上文云天駟. "先牧, 始養馬者. 馬社, 始乘馬者. 馬步, 神爲災害馬者." 既四時各有所爲祭之. 馬祖祭之在春, 其常也. 而將用馬力, 則又用彼禮以禱之.

"기백기도, 마제야(既伯既禱, 馬祭也)"에서 "기백기도(既伯既禱 : 말 조상에게 제사지낸다)"는 『시경』「소아」「길일(吉日)」편의 글이다. "마제야(馬祭也)"는 작자가 시를 해석한 것이다. 모전(毛傳)에 "백(伯)은 마조(馬祖)이다. 말이라는 동물을 중히 여기고 작은 일에 신중하며,[123] 말의 힘을 쓰고자 할 때는 반드시 말을 위해 그 조상에게 먼저 마제(馬祭)를 지냈다. 도(禱)는 잘 잡히기를 기도하는 것이다"[124]고 하였다. 곽박은 "백(伯)은 마조(馬祖)에 제사지내는 것이다. 말의 힘을 쓰려 할 때 반드시 마조(馬祖)에 먼저 제사를 지낸

123) 사물 말을 …… 신중하며 : 「吉日」 孔穎達 疏에 "重其馬之爲物, 愼其祭之微者"라고 하여, '物'은 '馬'이고 '微'는 '祭'로 풀이되었다.
124) 禱는 …… 것이다 : 「吉日」 孔穎達 疏에 "爲田而禱馬祖, 求爲强健, 則能馳逐獸而獲之"라고 하여, '獲'은 '짐승을 잡다'로 풀이되었다.

다"고 하였다. 백(伯)은 마조에게 제사하는 것임을 알 수 있고, 말을 위해 제사하는 까닭에 마조(馬祖)를 일러 백(伯)이라고 함을 알 수 있다. 백(伯)은 장(長 : 首位)이다. 마조(馬祖)의 시초가 곧 장(長)이다.[125) 『주례』「하관(夏官)」「교인(校人)」의 정현 주에 "마조(馬祖)는 천사방(天駟房)이다"고 하였다. 천사방(天駟房)에 대한 곽박의 주석은 "용은 천마(天馬)라 하므로 방수(房宿)의 별 넷을 천사(天駟)라 한다"고 하였다. 말은 나라에서 크게 소용되는 것으로, 왕(王)이 이를 귀중히 여긴다. 그러므로 『주례』「하관」「교인(校人)」에 "봄에는 마조(馬祖)에, 여름에는 선목(先牧)에, 가을에는 마사(馬社)에 겨울에는 마보(馬步)에 제사지낸다"고 하였다. 정현 주에 "마조는 천사(天駟)이다" 고 하였는데 윗글 「석천(釋天)」의 천사(天駟)를 말하고, 〈『주례』 정현 주에 이어서〉 "선목(先牧)은 처음으로 말을 양육한 자이다. 마사(馬社)는 처음으로 말에 올라탄 자이다. 마보(馬步)는 말에게 재해를 내리는 신(神)이다"고 하였으니, 이미 사시(四時)에 각각 제사를 지내는 것이 있다. 마조에 지내는 제사가 봄에 있는 것은 통상적인 일이다. 그런데 말의 힘을 쓰고자 할 때는 또한 그 예(禮)를 써서 기도한다.

經文 禘, 大祭也.

체(禘)는 대제(大祭 : 큰 제사)이다.

爾雅注 五年一大祭.

---

125) 伯은 …… 長이다 : 「吉日」 孔穎達 疏에 "于馬祖之伯, 既祭之求禱矣"라고 하여, '馬祖始'에 대응된다.

5년에 한 번 대제(大祭)를 지낸다.

爾雅音義 禘, 大計反.

체(禘)는 대(大)와 계(計)의 반절이다.

爾雅疏 "禘, 大祭也"者, 經傳之文稱禘非一, 其義各殊. 『論語』云"禘自旣灌"及『春秋』"禘于太廟", 謂宗廟之祭也. 「喪服小記」云"王者禘其祖[126]所自出也"及「大傳」云: "禮, 不王不禘", 謂祭感生之帝於南郊也. 「祭法」云: "周人禘嚳而郊稷." 謂祭昊天於圜丘也. 以此比餘處爲大祭總得稱禘. 宗廟謂之禘者, 禘, 諦也. 言使昭穆之次審諦而不亂也. 祭天謂之禘者, 亦言使典禮審諦也. 郭云"五年一大祭"者, 出『禮緯』[127]文. 知非祭天之禘者. 以此文下云: "繹, 又祭也." 爲宗廟之祭, 知此亦宗廟之祭也.

"체, 대제야(禘大祭也)"에서 경전의 글에 체(禘)를 일컬음이 한 가지가 아니며, 그 의미도 각각 다르다. 『논어』「팔일(八佾)」에 "체자기관(禘自旣灌 : 체 제사에 강신주를 따른 이후로부터는)"이라 한 것과 『춘추』 희공 8년의 "체우태묘(禘于太廟 : 太廟에 체 제사를 지낸다)"고 한 것은 종묘의 제사를 말한다. 『예기』「상복소기(喪服小記)」에 "왕(王)은 시조(始祖)를 낳아준 조상에게 체 제사를 지낸다"고 한 것과 『예기』「대전(大傳)」에 "예(禮)에 왕이 아니면 체 제사를 지내지 못한다"고 한 것은 남교(南郊)에서 감생지제(感生之帝)[128]

---

126) 祖 : 대본에는 빠졌으나 『禮記』에 따라 넣었다.

127) 禮緯 : 禮緯는 禮에 관련된 緯書이다. 『隋書』「經籍志」에 禮緯 三卷이 있다고 하였으나 지금은 散逸되었고 『玉函山房輯佚書』에 逸文이 일부 수록되어 있다.

128) 感生之帝 : 감응하여 탄생한 임금이라는 뜻으로, 왕의 조상을 말함. 고대에는 王者의 先祖는 모두 太微垣과 五帝座의 精氣에 感應하여 태어난 것으로 인식하였다.

에 제사지내는 것을 말한다. 『예기』「제법(祭法)」에 "주(周)나라 왕은 곡(嚳 : 帝嚳高辛氏)에게 체 제사를 지내고 직(稷)에게 교(郊) 제사를 지낸다"고 한 것은, 원구(圜丘)에서 하늘에 제사지내는 것을 말한다. 이 제사를 다른 제사와 비교하면 대제(大祭)가 되기 때문에 모두 체(禘)라는 명칭을 얻었다. 종묘(宗廟)를 체(禘)라 하였는데 체(禘)란 체(諦 : 살피다)이다. 소목(昭穆)의 차례를 살펴서 어지럽지 않게 함을 말한다. 제천(祭天)을 체(禘)라 한 것도 역시 전례(典禮)를 살피도록 한 것을 말한다. 곽박이 말한 "오년일대제(五年一大祭)"는 『예위(禮緯)』의 글이다. 제천(祭天)의 체(禘)가 아님을 알 수 있는 것은, 이 글 뒤에 "역, 우제야(繹, 又祭也 : 역은 다시 지내는 제사이다)"라 하여 종묘의 제사라 여겼으니, 대제(大祭)의 체(禘)는 또한 종묘의 제사임을 알 수 있다.

經文 繹, 又祭也.

역(繹 : 제사 다음날에 이어 지내는 제사)은 재차 지내는 제사이다.

爾雅注 祭之明日, 尋繹復祭.

제사한 다음 날 이어서 다시 제사지내는 것이다.

經文 周曰繹.

주(周)에서는 역(繹)이라 한다.

爾雅注 『春秋』經曰 : "壬午猶繹."

『춘추』 경문(經文)에 "임오일에도 여전히 역(繹) 제사를 지냈다"고 하였다.

經文 商曰肜.

상(商)에서는 융(肜 : 제사 다음날에 이어 지내는 제사)이라 한다.

爾雅注 『書』曰 : "高宗肜日."

『서경』「상서(商書)」「고종융일(高宗肜日)」에 "고종(高宗)이 융(肜) 제사지내는 날"이라 하였다.

經文 夏曰復胙.

하(夏)에서는 복조(復胙 : 제사 다음날에 이어 지내는 제사)라 한다.

爾雅注 未見義所出.

뜻이 나온 곳을 알지 못하겠다.

爾雅音義 繹, 以石反. 五經及『爾雅』皆作此字, 本或作襗, 字書爲鐸·鐸[129]二字, 同, 下同. 復, 扶又反. 夏, 戶雅反. 肜, 余終反. 復, 音服. 胙, 本或作祚, 才故反. 祚, 福也. 胙, 祭肉也, 於義竝同.

역(繹)은 이(以)와 석(石)의 반절이다. 오경(五經)과 『이아』는 모두 이 글자(繹)로 되어 있으나, 본에 따라 역(襗)자로 되어 있고, 자서(字書)에는 역(鐸)과 역(鐸) 두 글자로 되어 있는데 음의는 같으며, 아래도 같다. 부(復)는 부(扶)와 우(又)의 반절이다. 하(夏)는 호(戶)와 아(雅)의 반절이다. 융(肜)은 여(余)와 종(終)의 반절이다. 복(復)은 음이 복(服)이다. 조(胙)는 본에 따라 조(祚)로 되어 있는데, 재(才)와 고(故)의 반절이다. 조(祚)는 복(福 : 복록)이다. 조(胙)는 제육(祭肉)이지만, 뜻은 모두 같다.

爾雅疏 "繹, 又祭也"者, 又, 復也; 繹, 復祭之名也. 郭云 : "祭之明日, 尋繹復祭." 『公羊傳』云 : "繹者何? 祭之明日也." 『穀梁傳』云 : "繹者, 祭之旦日之享賓也." 天子諸侯謂之爲繹. 少牢饋食, 大夫之禮也, 謂之賓尸, 與祭同日. 若然, 是亦與賓尸事不同矣. 而『詩』「頌」「絲衣」序云 : "繹, 賓尸"者. 繹祭之禮, 主爲賓事此尸. 但天子諸侯禮大, 異日爲之, 別爲立名, 謂之爲繹, 言其尋繹昨日. 卿大夫禮小, 同日爲之, 不別立名, 直指其事謂之賓尸耳. 此序言繹者, 是此祭之名, 賓尸是此祭之事, 故特詳其文也. 然又祭之名, 三代各異. 周名繹, 商名肜, 夏名復胙. 郭云 : "『春

129) 鐸 : 『이아고림』 「音義攷證」에 "案鐸字疑譌, 毛詩絲衣音義云, 繹, 字書作釋"이라 하여, '釋'의 誤謬일 것이라고 하였다.

秋』經曰 : 壬午猶繹”者, 宣八年經文也. 又云“『書』曰 : 高宗肜日”, 『商書』篇也. 孫炎云 : “肜者, 相尋不絶之意.” “夏曰復胙”者, 郭云 : “未見義所出.” 以夏之典訓無言復胙名者, 是未見義所出也. 『詩』傳及『詩』箋亦無此一句. 說者云 : “胙是祭肉也. 以祭之旦日, 復陳其祭肉以賓尸也.” 未知然不.

“역, 우제야(繹, 又祭也)”에서 우(又)는 부(復 : 다시)이다. 역(繹)은 다시 지내는 제사의 명칭이다. 곽박은 “제사한 다음 날 이어서 다시 제사를 지낸다”고 하였다. 『공양전』 선공 8년에 “역(繹)이란 무엇인가? 제사한 다음 날이다”고 하였다. 『곡량전』 선공 8년에 “역(繹)이란 제사한 다음 날에 손님에게 음식을 접대하는 것이다”고 하였다. 천자와 제후는 역(繹)이라 하고, 소뢰궤사(小牢饋食)[130]는 대부(大夫)의 예(禮)로서 빈시(賓尸)[131]라 하는데 제사와 같은 날에 한다. 만약 그렇다면 이는 또한 빈시(賓尸)와는 일이 같지 않다. 그리고 『시경』 「주송」 「사의(絲衣)」의 소서(小序)에 “역(繹)은 빈시(賓尸)이다”고 한 것은 역(繹) 제사의 예(禮)는 주인이 이 제사의 시동(尸童)을 손님으로 섬겨 모시는 것이다. 다만 천자와 제후의 예(禮)는 크므로 다른 날 행하고 별도로 명칭을 붙여 역(繹)이라고 하니, 전날의 제사를 이어감을 말한다. 경대부(卿大夫)의 예(禮)는 작아서 같은 날 행하고 별도로 명칭을 붙이지 않고 즉시 그 일을 직접 가리켜서 빈시(賓尸)라고 한다. 소서(小序)에서 역(繹)이라고 말한 것은 이 제사의 명칭이며, 빈시(賓尸)는 이 제사의 일이므로 그 글을 특별히 상세하게 하였다. 그러나 또 제사지내는

---

130) 小牢饋食 : 小牢는 양과 돼지. 饋食는 익은 음식을 조상에게 바치는 일. 『儀禮』 「小牢饋食禮」의 鄭玄 注에는 “諸侯의 卿大夫가 사당에서 조상에게 제사지내는 예이다”고 하였다.

131) 賓尸 : 제사를 지내고 나서 尸童을 賓으로 대접하는 일. 신분에 따라 부르는 명칭이 다른데 天子 · 諸侯는 繹, 卿大夫 이하는 賓尸라고 한다. 그리고 天子 · 諸侯는 제사 지낸 다음 날에, 卿大夫는 당일 날에 행한다. 尸童은 제사지낼 때, 죽은 이를 대리하여 제사를 받는 사람.

명칭도 삼대(三代)가 각각 다르다. 주(周)에서는 역(繹)이라 하였고, 상(商)에서는 융(肜)이라 하였고, 하(夏)에서는 복조(復胙)라는 명칭을 붙였다. 곽박이 말한 『춘추』의 "임오유역(壬午猶繹)"은 선공 8년의 경문(經文)이다. 또 『서경』의 "고종융일(高宗肜日)"은 「상서(商書)」「고종융일(高宗肜日)」의 글이다. 손염이 "융(肜)이란 서로 이어 끊기지 않는 뜻이다"고 하였다. "하왈복조(夏曰復胙)"에 대하여 곽박은 "뜻이 나온 곳을 알지 못하겠다"고 하였다. 하(夏)의 전훈(典訓)[132]에 복조(復胙)란 명칭을 말한 곳이 없기 때문에 뜻이 나온 곳을 알지 못하겠다고 한 것이다. 『시경』 전(傳)[133]과 『시경』 전(箋)[134]에도 역시 이 한 구(句)가 없다. 주석가가 말하기를 "조(胙)는 제육(祭肉)이다. 제사지낸 다음 날 다시 그 제육을 진설하고 시동(尸童)을 접대한다"고 하였으나, 그런지 안 그런지 알 수 없다.

經文 祭名.

제사의 명칭이다.

爾雅疏 祭名者, 以題上事也.

제명(祭名)은 위의 기사에 제목을 붙인 것이다.

---

132) 典訓 : 典訓은 典과 訓으로 「堯典」이나 「伊訓」과 같은 것을 말하나, 여기서는 『書經』 「夏書」 또는 夏代의 서적이나 기록물 등으로 이해된다.

133) 傳 : 毛傳.

134) 箋 : 鄭箋.

經文 春獵爲蒐.

봄 사냥을 수(蒐 : 봄 사냥)라 한다.

爾雅注 搜索取不任者.

새끼를 배지 않은 짐승을 찾아 잡는 것이다.

經文 夏獵爲苗.

여름 사냥을 묘(苗 : 여름 사냥)라 한다.

爾雅注 爲苗稼除害.

농사를 위하여 해(害)를 끼치는 짐승을 제거하는 것이다.

經文 秋獵爲獮.

가을 사냥을 선(獮 : 가을 사냥)이라 한다.

爾雅注 順殺氣也.

가을 기운을 따른 것이다.

經文 冬獵爲狩.

겨울 사냥을 수(狩 : 겨울 사냥)라 한다.

爾雅注 得獸取之無所擇.

짐승을 잡는 데에 가리는 것이 없다.

爾雅音義 獵, 力涉反. 蒐, 色留反. 搜, 音同上. 索, 色白反. 任, 而鴆反. 爲, 于僞反. 獮, 息淺反, 『說文』從繭, 或作⿰礻繭從示. 狩, 手又反.

렵(獵)은 력(力)과 섭(涉)의 반절이다. 수(蒐)는 색(色)과 유(留)의 반절이고, 수(搜)는 음이 위와 같다. 색(索)은 색(色)과 백(白)의 반절이다. 임(任)은 이(而)와 짐(鴆)의 반절이다. 위(爲)는 우(于)와 위(僞)의 반절이다. 선(獮)은 식(息)과 천(淺)의 반절이다. 『설문』에는 "견(繭)을 따랐다"[135]고 하였으며, 간혹 견(⿰礻繭)으로도 쓰는데 "시(示)의 뜻을 따른다"고 하였다. 수(狩)는 수(手)와

135) 繭을 따랐다 : 『爾雅詁林』 「音義攷證」에는 "玉篇作⿰犭璽, 然說文有繭無壐, 則從繭爲正"이라고 하여 ⿰犭繭을 正字로 보았다.

우(又)의 반절이다.

爾雅疏 此說田獵習武之事也. 云“春獵爲蒐, 夏獵爲苗, 秋獵爲獮, 冬獵爲狩”者, 此四時田獵之名也. 郭云:“蒐, 搜索取不任者. 苗, 爲苗稼除害. 獮, 順殺氣也. 狩, 得獸取之無所擇.” 隱五年『左傳』蒐苗獮狩, 杜注云:“蒐, 索擇取不孕者. 苗, 爲苗除害也. 獮, 殺也. 以殺爲名, 順秋氣也. 狩, 圍守也. 冬物畢成, 獲則取之, 無所擇也.” 『周禮』「大司馬職」[136]:“中春, 教振旅, 遂以蒐田. 中夏, 教茇舍, 遂以苗田. 中秋, 教治兵, 遂以獮田. 中冬, 教大閱, 遂以狩田.” 其名亦與此同. 鄭玄解苗田與此小異. 言“擇取不孕任者, 若治苗去不秀實者.” 孫炎亦然. 桓四年『公羊傳』曰:“春曰苗, 秋曰蒐, 冬曰狩.” 三名旣與『禮』異, 又復夏時不田. 『穀梁傳』曰:“四時之田, 皆爲宗廟之事也. 春曰田·夏曰苗·秋曰蒐·冬曰狩.” 皆與『禮』異者, 良由微言旣絶, 曲辨妄生. 左丘明親受聖師, 『爾雅』者或云子夏所作, 故二者與『禮』合. 漢代古學不行, 明帝集諸學士作『白虎通義』. 因『穀梁』之文爲之, 其說曰:“王者諸侯所以田獵何? 爲苗除害, 上以共宗廟, 下以簡集士衆也. 春謂之田何? 春歲之本, 擧本名而言之也. 夏謂之苗何? 擇去懷任者也. 秋謂之蒐何? 蒐索肥者也. 冬謂之狩何? 守地而取之也. 四時之田總名爲田何? 爲田除害也.” 案苗非懷任之名, 何云“擇去懷任”? 秋獸盡皆不瘦, 何云“蒐索取肥”? 雖名『通義』, 義不通也. 故先儒皆依『周禮』·『左傳』·『爾雅』之文而爲之說, 其名亦有意焉. 雖復春獵, 獲則取之, 不能擇取不孕. 夏獵所取無多, 不能爲苗除害. 爲因時異而變文耳. 謂之獵者, 蔡邕『月令章句』云:“獵者, 捷取之名也.”

여기서는 전렵(田獵 : 사냥)과 습무(習武 : 무예를 익히는 일)의 일을 설명하였다. “춘렵위수, 하렵위묘, 추렵위선, 동렵위수(春獵爲蒐, 夏獵爲苗, 秋獵爲獮,

---

136) 『周禮』「大司馬職」: 여기서부터 끝의 '名也'까지는 형병의 글이 아니고 孔穎達의 『春秋正義』를 그대로 옮겨 적은 것이다. 다만 '『爾雅』者或云子夏所作'을 첨가시켰다.

冬獵爲狩)"라고 한 것은 사계절의 사냥에 대한 명칭이다. 곽박이 "수(蒐)는 새끼를 배지 않은 짐승을 찾아 잡는 것이다. 묘(苗)는 농사를 위하여 해(害)를 끼치는 짐승을 제거하는 것이다. 선(獮)은 가을 기운을 따른 것이다. 수(狩)는 짐승을 잡는 데에 가리는 것이 없다"고 하였다. 『좌전』 은공(隱公) 5년에 "수묘선수(蒐苗獮狩)"라 하였는데, 두예(杜預)의 주에 "수(蒐)는 새끼를 배지 않은 짐승을 찾아 잡는 것이다. 묘(苗)는 곡식 싹을 위하여 해(害)를 끼치는 짐승을 제거하는 것이다. 선(獮)은 살(殺 : 죽이다)이다. 살(殺)로 명칭을 삼은 것은 가을 기운을 따른 것이다. 수(狩)는 에워싸서 지키는 것이다. 겨울이면 만물이 다 성숙하니, 잡으면 취하여 가릴 것이 없다"고 하였다. 『주례』「하관(夏官)」「대사마직(大司馬職)」에 "중춘(中春)에 진려(振旅 : 군대를 철수시키는 훈련)를 가르치고 봄 사냥을 하며, 중하(中夏)에 발사(茇舍 : 막사를 치고 머무는 야외 훈련)를 가르치고 여름 사냥을 하며, 중추(中秋)에 치병(治兵 : 군대가 출동하는 훈련)을 가르치고 가을 사냥을 하며, 중동(中冬)에 대열(大閱 : 대규모 종합군사 훈련)을 가르치고 겨울 사냥을 한다"고 하였는데, 그 명칭 역시 『이아』와 같다. 정현이 묘전(苗田)을 풀이한 것은 이와 약간 다르다. "새끼 배지 않은 짐승을 찾아서 잡는다고 말한 것은 모를 기르면서 이삭이나 열매 맺지 않는 것을 제거하는 것과 같다"고 하였다. 손염도 역시 그러하다. 『공양전』 환공 4년에 "춘(春)에는 묘(苗), 추(秋)에는 수(蒐), 동(冬)에는 수(狩)이다"고 하였다. 세 명칭이 이미 『주례』와 다르고, 또 여름에는 사냥에 대한 기록이 없다. 『곡량전』 환공 4년에 "사계절의 사냥은 모두 종묘(宗廟)의 제사를 위한 일이다. 춘(春)에는 전(田), 하(夏)에는 묘(苗), 추(秋)에는 수(蒐), 동(冬)에는 수(狩)이다"고 하였다. 모두 『주례』와 다른 것은 진실로 미언(微言 : 은미한 말)이 이미 끊어지고 왜곡된 말이 함부로 생긴 때문이다. 좌구명(左丘明)은 성사(聖師 : 공자)의 가르침을 직접 받았으며, 『이아』는 혹은 자하(子夏)가 지은 것이라고 하므로 『좌전』과 『이아』의 내용은 『주례』와 부합된다. 한대(漢代)에 고문학(古文學)이 유행하지 않았을 때 명제(明帝)는 여러 학사들을 모아서 『백호통의(白虎通義)』를 지었다. 『곡량전』

의 글에 근거하여 지었는데, 그 설에 말하기를, "왕과 제후(諸侯)가 사냥하는 까닭은 무엇인가? 곡식 싹을 위해 해(害)를 끼치는 짐승을 제거하여 위로는 종묘에 바치고 아래로는 병사를 뽑아 모은다. 봄 사냥을 전(田)이라고 하는 것은 어째서인가? 춘(春)은 한 해의 근본이므로 근본이 되는 명칭을 들어서 말한 것이다. 여름 사냥을 묘(苗)라고 하는 것은 어째서인가? 새끼 밴 짐승을 가려서 빼는 것이다. 가을 사냥을 수(蒐)라고 하는 것은 어째서인가? 살찐 짐승을 찾는 것이다. 겨울 사냥을 수(狩)라고 하는 것은 어째서인가? 땅을 지키고 취하는 것이다. 사계절의 사냥을 총칭하여 전(田)이라고 하는 것은 어째서인가? 전(田 : 밭)을 위해 해(害)를 제거함이다"고 하였다. 살피건대, 묘(苗)가 새끼 배었다는 명칭이 아닌데, 어찌하여 "새끼 밴 짐승을 가려서 뺀다"고 하는가? 가을 짐승은 모두 마르지 않았는데도 어찌하여 "살찐 것을 찾아 취한다"고 하는가? 비록 『통의(通義)』라고 하지만 의미가 통하지 않는다. 그러므로 선유들은 모두 『주례』·『좌전』·『이아』의 글을 근거로 설(說)을 지었으니, 그 명칭 또한 뜻이 있는 것이다. 비록 또한 봄 사냥이라도 잡으면 취하니, 새끼를 배지 않은 짐승을 가려잡지 않는 것이 아니다. 여름 사냥에 취하는 것이 많지 않으니, 곡식 싹을 위하여 잡은 짐승이 많지 않더라도 해를 제거하는 것이 아니다. 철이 다름에 따라서 문장을 변하였을 뿐이다. 렵(獵)이라고 하는 것은 채옹(蔡邕)의 『월령장구(月令章句)』에 "렵(獵)은 재빠르게 취하는 명칭이다"고 하였다.

經文 宵田爲獠.

소전(宵田)을 료(獠 : 밤 사냥)라 한다.

爾雅注 『管子』曰 : "獠獵畢弋." 今江東亦呼獵爲獠, 或曰卽今夜獵載鑪照也.

『관자』에는 "필(畢 : 토끼 그물)과 익(弋 : 주살)으로 밤 사냥을 한다"고 하였다. 지금 강동에서는 역시 사냥을 료(獠)라고 하는데, 혹자는 곧 지금의 밤 사냥은 풍로(風爐)를 실어서 비춘다고 하였다.

經文 火田爲狩.

화전(火田)을 수(狩 : 불을 놓아서 하는 사냥)라고 한다.

爾雅注 放火燒草獵, 亦爲狩.

불을 놓아 풀을 태우고 사냥하는 것도 역시 수(狩)이다.

爾雅音義 宵, 音消, 夜也. 字從宀, 若雲·霄之字, 卽從雨. 獠, 郭 : "音遼, 夜獵也. 又力召·力弔二反. 或作燎, 宵田也." 畢, 本又作罼. 鑪, 力吳反, 字或作壚.

소(宵)는 음이 소(消)인데 야(夜 : 밤)이다. 글자가 면(宀 : 집)의 뜻을 따르는데 운(雲 : 구름)·소(霄 : 하늘)라는 글자가 우(雨)의 뜻을 따르는 것과 같다. 료(獠)에 대하여 곽박은 "음은 료(遼)로 밤 사냥이다. 또 력(力)과 소(召), 력(力)과 조(弔)로 반절이 둘이다. 혹 료(燎)로도 쓰는데 밤 사냥이다"고 하였다. 필(畢)은 본에 따라 또 필(罼)로 되어 있다. 로(鑪)는 력(力)과 오(吳)의 반절인데, 글자를 간혹 로(壚)로도 쓴다.

爾雅疏 “宵田爲獠”者, 宵, 夜也. 夜獵名獠. 郭云“『管子』曰 : 獠獵畢弋”者, 案『管子』「四稱」篇 : “管仲對桓公曰 : 昔者無道之君, 誅其良臣, 敖其婦女, 獠獵畢弋, 暴遇諸父者.” 是也. 又云“今江東亦呼獵爲獠”者, 以時驗而言也. “或曰即今夜獵載鑪照也”者, 亦得爲一義, 故復引之. ○“火田爲狩”者, 郭云 : “放火燒草獵, 亦爲狩.” 言與冬獵同名, 故云亦也. 李巡·孫炎皆云 : “放火燒草, 守其下風.” 『周禮』「羅氏」“蜡則作羅襦.” 鄭云 : “襦, 細密之羅. 此時蟄者畢矣, 可以羅網圍取禽也. 今俗放火張羅, 其遺教.” 『禮記』「王制」云 : “昆蟲未蟄, 不以火田.” 則是已蟄, 得火田也.

“소전위료(宵田爲獠)”에서 소(宵)는 야(夜)이다. 밤에 사냥하는 것을 료(獠)라 한다. 곽박이 말한 『관자』의 “요렵필익(獠獵畢弋)”은 살피건대, 『관자』「사칭(四稱)」편에 “관중(管仲)이 환공(桓公)에게 대답하기를 옛날에 무도(無道)한 임금이 어진 신하를 죽이고, 부녀자를 희롱하고, 그물과 주살로 밤 사냥을 하다가 갑자기 아버지의 형제들을 만났습니다”고 한 것이 이것이다. 또 “금강동역호렵위료(今江東亦呼獵爲獠)”라고 한 것은 당시에 경험하여 한 말이다. “혹왈즉금야렵재로조야(或曰即今夜獵載鑪照也)”라고 한 것 역시 하나의 뜻이 될 수 있으므로, 다시 인용한 것이다. ○“화전위수(火田爲狩)”에 대하여 곽박은 “불을 놓아 풀을 태우고 사냥하는 것도 역시 수(狩)이다”고 하였다. 겨울 사냥과 명칭이 같기 때문에 ‘역(亦 : 또한)’이라고 한 것이다. 이순과 손염 모두 “불을 놓아 풀을 태우고 연기 없는 바람 불어오는 방향을 지킨다”고 하였다. 『주례』「하관(夏官)」「나씨(羅氏)」에 “사(蜡) 제사[137]에는 곧 나유(羅襦 : 가는 그물)를 만든다”고 하였는데, 정사농(鄭司農)은 “유(襦)는 가늘고 촘촘한 그물이다. 이때에 숨어 있던 짐승에게 그물을 치는데, 그물을 쳐 포위하여 잡을 수 있다. 지금 민간에서 불을 놓고 그물을 치는 것은 그 전해온 가르침이다"고 하였다. 『예기』「왕제」에 "곤충이 숨지 않으면 불을 놓아 사냥하지 않는다"고 하였으니, 숨은 뒤에라야 불을 놓아 사냥할 수 있는 것이다.

經文 乃立冢土, 戎醜攸行.

이에 총토(冢土 : 땅 귀신에게 제사지내는 큰 단)를 세우니, 대규모 군대가 출동한다.

爾雅注 冢土, 大社. 戎醜, 大衆.

총토(冢土)는 대사(大社 : 社壇)이다. 융추(戎醜)는 대중(大衆 : 대규모 군대)이다.

經文 起大事, 動大衆, 必先有事乎社, 而後出謂之宜.[138)]

전쟁을 일으키고 대규모 병력을 동원할 때는 반드시 먼저 대사(大社)에 제사를 지내고 그 다음 출동하는데 이것을 의(宜 : 社壇 제사)라고 한다.

---

137) 蜡祭 : 섣달에 모든 신에게 지내는 제사.
138) 起大事 …… 謂之宜 : 앞의 "乃立冢土, 戎醜攸行"에 대한 毛傳의 글이다.

爾雅注 有事, 祭也. 『周官』所謂"宜乎社."

유사(有事)는 제사이다. 『주관』에 이른바 "대사(大社)에서 의(宜) 제사를 지낸다"고 하였다.

爾雅音義 冢, 竹勇反. 攸, 音由. 大, 音泰, 下大常同.

총(冢)은 죽(竹)과 용(勇)의 반절이다. 유(攸)는 음이 유(由)이다. 태(大)는 음이 태(泰)이다. 아래의 태(大)도 항상 같다.

爾雅疏 "乃立冢土, 戎醜攸行"者, 此『詩』「大雅」「緜」篇文也. 郭云: "冢土, 大社. 戎醜, 大衆." 「郊特牲」云: "社所以神地之道也." 「禮運」云: "命降於社之謂殽地." 是社爲土之神也. 冢詁爲大, 土爲社主, 故知"冢土, 大社"也. 「釋詁」云: "戎, 大也. 醜, 衆也." 故云"戎醜, 大衆"也. ○"起大事, 動大衆, 必先有事乎社, 而後出謂之宜"者, 此作者旣引『詩』文於上, 然後爲此辭以釋之也. 孫炎曰: "大事, 兵也. 有事, 祭也. 宜, 求見使祐也." 此文本解"戎醜攸行"之意, 言國家起發軍旅之大事, 以興動其大衆, 必先有祭祀於此社, 而後出行, 其祭之名謂之爲宜. 以師行必須宜祭以告社, 故言"戎醜攸行"也. 成十三年『左傳』曰: "國之大事, 在祀與戎." 故兵爲大事也. 『春秋』昭十五年: "有事於武宮." 「雜記」云: "有事於上帝." 皆是祭事. 故謂祭爲有事. 以兵凶戰危, 慮有負敗, 祭之以求其福宜, 故謂之宜. 「王制」云: "天子將出, 宜乎社." 是也. 郭云"『周官』所謂'宜乎社'"者, 「春官」「大祝職」云: "出師宜于社, 造于祖." 是也.

"내립총토, 융추유행(乃立冢土, 戎醜攸行)"은 『시경』「대아」「면(緜)」편의 글이다. 곽박은 "총토대사, 융추대중(冢土, 大社. 戎醜, 大衆)"이라 하였다. 『예기』「교특생(郊特牲)」에 "사(社)는 땅을 신(神)으로 여기는 도(道)이다"고 하였다. 『예기』「예운(禮運)」에 "교령(敎令)을 사(社)에서 내리는 것을 효지(殽地 : 땅을 본받는다)[139]라 한다"고 하였다. 이때의 사(社)는 땅의 신(神)이다. 총(冢)의 뜻은 대(大)이며 토(土)는 사주(社主 : 社壇의 주인)이 된다. 그러므로 총토(冢土)는 대사(大社)[140]임을 알 수 있다. 『이아』「석고」에 "융(戎)은 대(大 : 크다)이며 추(醜)는 중(衆 : 무리)이다"고 하였기 때문에 "융추(戎醜)는 대중(大衆)이다"고 하였다. ◯"기대사, 동대중, 필선유사호사, 이후출위지의(起大事, 動大衆, 必先有事乎社, 而後出謂之宜)"이라 하였다. 이것은 작자가 『시경』 원문을 앞에서 인용한 다음 이 말을 하여 풀이한 것이다. 손염은 "대사(大事)는 병(兵 : 전쟁)이다. 유사(有事)는 제(祭 : 제사)이다. 의(宜)는 도움받기를 구하는 것이다"고 하였다. 이 글은 본래 "융추유행(戎醜攸行)"의 뜻을 풀이한 것으로서, 국가에서 병력을 출동하는 큰 일에는 그 대규모 병력을 동원하는 것으로, 반드시 미리 이 사(社)에 제사를 지낸 다음에 출동하니, 그 제사의 명칭을 의(宜)라고 함을 말한다. 군사를 출동시킬 때는 반드시 의제(宜祭)를 지내어 사(社)에 고하므로 "융추유행(戎醜攸行)"이라고 말한 것이다. 『좌전』 성공(成公) 13년에 "나라의 대사(大事)는 제사와 전쟁에 있다"고 하였으므로 전쟁을 대사(大事)라 한다. 『춘추』 소공(昭公) 15년에 "무궁(武宮)[141]에서 제사지냈다"고 하였으며, 『예기』「잡기」에 "상제(上帝)에게 제사지냈다"고 하였다. 모두 제사(祭祀)이므로 제사를 유사(有事)라고 한다. 병기란 흉하고 전쟁은 위험하여 지는 것이 있을까 우려하여 제사를 지내어 복의(福宜 : 복되고 마땅함)를 구하였기 때문에 의(宜)라고 한다. 『예기』「왕제(王制)」에 "천자가 출정(出征)할 때 대사(大社)에서 의(宜) 제사를

---

139) 殽地 : 땅을 본받는다는 뜻으로, 社를 본받아 敎令을 내림을 말함. 「禮運」의 鄭玄注에 "謂敎令由社下者也"라 하고, 孔穎達 疏에 "效, 法也. …… 社, 卽地也. 指其神謂之社, 指其形謂之地. 法社以下敎令, 故云謂殽地"라고 하였다.

140) 大社 : 土地神, 또는 土地神의 神主이다.

141) 武宮 : 魯의 武公을 제사지내는 사당.

지낸다"고 한 것이 이것이다. 곽박이 인용한 『주관』의 "의호사(宜乎社)"는 『주례』「춘관」「대축(大祝)」에 "군사를 출동시킬 때 대사(大社)에 의(宜) 제사를 지내고 사당에 조(造) 제사를 지낸다"고 한 것이 이것이다.

經文 振旅闐闐.

진려(振旅 : 전쟁 또는 훈련을 끝내고 병사들이 철수하는 일)에 행군 소리 우렁차다.

爾雅注 振旅, 整衆. 闐闐, 群行聲.

진려(振旅)는 군대를 정돈하는 것이다. 전전(闐闐)은 군대가 행군하는 소리이다.

經文 出爲治兵, 尙威武也.

군대가 출동하여 나가는 것을 치병(治兵)[142]이라 하는데 위무(威武)를 숭상함이다.

---

142) 治兵 : 가을에 행하는 대규모 군대 출동 훈련. 『周禮』「夏官」「大司馬」에 "中春, 教振旅. 中夏, 教茇舍. 中秋, 教治兵. 中冬, 教大閱"이라 하여 사계절에 따라 행하는 군사훈련의 명칭을 振旅·茇舍·治兵·大閱이라 하였다. 또는 治兵은 적들과 전쟁을 치르는 일, 振旅는 전쟁을 끝내고 돌아오는 일로 보기도 한다.

爾雅注 幼賤在前, 貴勇力.

젊고 신분이 낮은 사람을 앞에 두는 것은 용력(勇力)을 귀하게 여기서이다.

經文 入爲振旅, 反尊卑也.

군대가 철수하여 들어오는 것을 진려(振旅)라 하는데 존비(尊卑)를 회복하고자 함이다.

爾雅注 尊老在前, 復常儀也.

존귀한 사람과 나이 든 사람을 앞에 두는 일상적인 의식을 실천함이다.

爾雅音義 闐, 徒天反. 整, 之領反. 治, 音持.

전(闐)은 도(徒)와 천(天)의 반절이다. 정(整)은 지(之)와 영(領)의 반절이다. 치(治)는 음이 지(持)이다.

爾雅疏 “振旅闐闐”者, 此『詩』「小雅」「采芑」篇文也. 鄭箋云 : “至戰止將歸, 又振旅伐鼓闐闐然. 振猶止也. 旅, 衆也.” 郭云“振旅, 整衆.

闐闐, 群行聲." 云"出爲治兵, 尙威武也. 入爲振旅, 反尊卑也"者, 此亦作者釋上『詩』文也. 古者春敎振旅, 秋敎治兵. 以戎是大事, 又三年一敎. 隱五年『左傳』曰 : "三年而治兵, 入而振旅." 是也. 征伐之時, 出軍至對陳, 用治兵禮; 戰止至還歸, 用振旅法. 名異而禮同也. 以此出當用之, 故以修治兵事爲名; 入則休息, 故以整衆爲名. 其治兵振旅之名, 『周禮』·『左傳』·『穀梁』與此皆同, 惟『公羊』以治兵爲祠兵. 其禮 : 治兵則幼賤在前, 振旅則尊老在前. 郭云 : "幼賤在前, 貴勇力也. 尊老在前, 復常儀也."

"진려전전(振旅闐闐)"은 『시경』 「소아」 「채기(采芑)」편의 글이다. 정전에 "전쟁이 끝나고 돌아올 때 또 군대를 멈추고 북을 둥둥 친다. 진(振)은 지(止 : 그치다)와 같다. 려(旅)는 중(衆 : 군대)이다"고 하였다. 곽박은 "진려(振旅)는 군대를 정돈하는 것이다. 전전(闐闐)은 군대가 행군하는 소리이다"고 하였다. "출동하여 나가는 것을 치병(治兵)이라 하는데 위무(威武)를 숭상함이다. 철수하여 들어오는 것을 진려(振旅)라 하는데 존비(尊卑)를 회복하고자 함이다"고 한 것 역시 작자가 위의 『시경』의 글(振旅闐闐)을 풀이한 것이다. 옛날에는 봄에 진려(振旅)를 가르치고 가을에 치병(治兵)을 가르쳤다. 전쟁은 대사(大事)이기 때문에 또 3년마다 한 번 가르쳤다. 『좌전』 은공 5년에 "3년 만에 치병(治兵)하고 들어올 때는 진려(振旅)한다"고 한 것이 이것이다. 정벌할 때, 출동한 군대가 적진과 마주하게 되면 치병례(治兵禮 : 출병하는 예)를 행한다. 전쟁이 끝나 돌아올 때는 진려법(振旅法 : 군대를 철수하는 법)을 행한다. 명칭은 다르나 예는 같다. 이것으로써 출군할 때 당연히 써야하기 때문에 수치병사(修治兵事 : 군대 일을 강구함)로 명칭을 삼은 것이며, 들어오면 휴식하기 때문에 정중(整衆 : 군대를 정돈함)으로 명칭을 삼은 것이다. 그 치병(治兵)과 진려(振旅)의 명칭은 『주례』·『좌전』·『곡량전』이 이와 모두 같은데, 오직 『공양전』 장공 8년에는 치병(治兵)을 사병(祠兵)[143]이라 하였다. 그 예에 치병(治兵)에는 젊고 신분이 낮은 사람을 앞에 두고, 진려(振旅)에는 존귀하거나 나이든 사람을 앞에 둔다. 곽박은 "젊고 신분이 낮은 사람을 앞에 두는 것은 용력(勇力)을 귀하게 여기서이다. 존귀한 사람과 나이 든 사람을 앞에 두는 일상적인 의식을 실천함이다"고 하였다.

經文 講武.

무예를 익히는 것이다.

爾雅疏 講武者, 題上事也, 言皆所以講習武事也.

강무(講武)는 위의 기사에 제목을 붙인 것으로, 모두 무예(武藝)를 강습하는 것을 말한다.

經文 素錦綢杠.

흰 바탕의 비단으로 깃대를 둘러싼 것이다.

爾雅注 以白地錦, 韜旗之竿.

143) 祠兵 :『公羊傳』莊公 8년에 "甲午祠兵. 祠兵者, 何. 出曰祠兵, 入曰振旅"라 하였다.

흰 바탕의 비단으로 기의 깃대를 둘러싼 것이다.

經文 纁帛縿.

훈(纁)은 붉은 비단이다. 많은 술이 붙어 있는 것이 삼(縿)이다.

爾雅注 纁, 帛絳也. 縿, 衆旒所著.

훈(纁)은 비단이 붉은 것이다. 삼(縿 : 기폭)에는 중류(衆旒 : 기폭에 달린 많은 술)가 부착되어 있다.

經文 素陞龍于縿.

삼(縿)에 날아오르는 용을 하얗게 그린 것이다.

爾雅注 畵白龍於縿, 令上向.

삼에 백룡(白龍)을 그려 위로 향하게 하였다.

經文 練旒九.

연류(練旒 : 붉은 술)가 아홉이다.

爾雅注 練, 絳練也.

연(練)은 강련(絳練 : 붉은 비단)이다.

經文 飾以組.

끈으로 장식한다.

爾雅注 用綦組飾旒之邊.

짠 끈으로 류(旒)의 가를 장식한 것이다.

經文 維以縷.

끈으로 묶는다.

爾雅注 用朱縷維連持之, 不欲令曳地. 『周禮』曰 : "六人維王之太常." 是也.

붉은 실로 묶어서 유지하여 땅에 끌리지 않도록 하는 것이다. 『주례』「하관(夏官)」「절복씨(節服氏)」에 "여섯 사람이 왕의 태상(太常)[144]을 지탱한다"고 한 것이 이것이다.

爾雅音義 綢, 他刀反. 杠, 音江. 『廣雅』云 : "天子之杠, 高九仞, 諸侯七仞, 卿大夫五仞, 士三仞." 韜, 他刀反. 纁, 許云反. 縿, 本或作纖, 又作襂, 緘·衫字同, 所銜反, 下同. 旒, 力周反. 經典亦作流. 『廣雅』云 : "天子十二旒至地, 諸侯九旒至軫, 卿大夫七旒至轂, 士三旒至肩." 著, 直略反. 陞, 音升. 令, 力呈反. 綦, 音其, 本亦作纂, 祖管反. 飾, 音式.

도(綢)는 타(他)와 도(刀)의 반절이다.[145] 강(杠)은 음이 강(江)이다. 『광아』에 "천자의 강(杠)은 높이가 구인(九仞), 제후의 강은 칠인(七仞), 경대부의 강은 오인(五仞), 사는 삼인(三仞)이다"고 하였다. 도(韜)는 타(他)와 도(刀)의 반절이다. 훈(纁)은 허(許)와 운(云)의 반절이다. 삼(縿)은 본에 따라 섬(纖), 또는 삼(襂)으로 되어 있으며, 함(緘)과 삼(衫)은 글자가 같은데 소(所)와 함(銜)의 반절이며 아래에서도 같다. 류(旒)는 력(力)과 주(周)의 반절이다. 경전(經典)에는 류(流)로 되어 있다. 『광아』에 "천자는 12류로 땅에 닿으며, 제후는 9류로 진(軫 : 수레 뒷턱)에 닿으며, 경대부는 7류로 곡(轂 : 수레 바퀴통)에 닿으며, 사는 3류로 견(肩 : 어깨)에 닿는다"고 하였다. 착(著)은 직(直)과 략(略)의 반절이다. 승(陞)은 음이 승(升)이다. 령(令)은 력(力)과 정(呈)의 반절이다. 기(綦)는 음이 기(其)인데, 본에 따라 찬(纂)으로 되어 있으니, 조(祖)와

144) 太常 : 日月星辰交龍을 그린 旗.
145) 綢는 …… 반절이다 : '에워싸다', '둘러싸다'의 뜻으로 쓰일 때는 '도'로 발음되는데 『說文通訓定聲』에서는 "韜의 假借이다"고 하였다.

관(管)의 반절이다. 식(飾)은 음이 식(式)이다.

爾雅疏 此別旌旂之異名也. "素錦綢杠"者, 自此至"維以縷", 說旂之制也. 綢, 韜也. 杠, 竿也. 先以白地錦韜旂之竿, 『禮記』所謂"綢練設旐夏也." 則以練帛著於素錦名縿, 縿卽衆旒所著者. 陞, 上也. 又畫白龍於縿, 令上向. 又練絳帛爲旒九以著於縿. 飾旒之邊, 用綦組; 維持其旒, 使不曳地, 以朱縷. 『詩』「鄘風」云 : "素絲紕之." 鄭箋云 : "素絲者, 以爲縷. 以縫紕旌旗之旒縿, 或以維持持之." 是也. 郭云 : "『周禮』曰 : 六人維王之大常"者, 「夏官」「節服氏職」文. 後鄭注云 : "維之以縷. 王旌十二旒, 兩兩以縷綴連, 旁三人持之. 禮 : 天子旌曳地. 鄭司農云 : '維持之.'" 是也. 『廣雅』云 : "天子杠高九仞, 諸侯七仞, 大夫五仞. 天子十二斿, 至地; 諸侯九斿, 至軫; 卿大夫七斿, 至軹; 士三斿, 至肩."

여기서는 정기(旌旗)의 다른 명칭을 구별하였다. "소금도강(素錦綢杠)"이라 하였는데 여기서부터 "유이루(維以縷)"까지는 기(旂)의 제도를 설명하였다. 도(綢)는 도(韜 : 둘러싸다)이다. 강(杠)은 간(竿 : 깃대)이다. 먼저 흰 바탕의 비단으로 기(旂)의 깃대를 싸는 것이다. 『예기』「단궁상(檀弓上)」에 "흰 비단으로 조(旐)를 설치한 것은 하(夏)나라 제도이다"고 하였다. 즉 연백(練帛 : 흰 비단)을 소금(素錦 : 흰 비단)에 붙인 것을 삼(縿)이라 하는데, 삼(縿)은 즉 중류(衆旒)가 붙어 있는 것이다. 승(陞)은 상(上 : 올라가다)이다. 또 삼(縿)에 백룡(白龍)을 그려 위로 향하게 하는 것이다. 또 붉은 비단으로 류(旒)를 아홉 개 만들어 삼(縿)에 붙인다. 류(旒)의 가장자리를 꾸미는데 기조(綦組 : 짠 끈)를 사용한다. 그 류(旒)를 유지(維持 : 매어 잡다)하여 땅에 끌리지 않도록 주루(朱縷 : 붉은 색의 끈)를 사용한다. 『시경』「용풍」「간모(干旄)」에 "소사비지(素絲紕之 : 흰 실로 묶는다)"라 하였는데, 정전에 "흰 실은 끈을 만든 것이다. 이것으로 정기의 류(旒)나 삼(縿)에 가선을 두르거나 혹은 이것으로 정기의 류나 삼을 유지하거나 지탱한다"고 한 것이 이것이다. 곽박이 말한

『주례』의 "육인유왕지태상(六人維王之太常)"은 『주례』 「하관」 「절복씨」의 문장이다. 후정(後鄭 : 鄭玄)의 주에 "루(縷)로 맨다. 왕의 정(旌)은 십이류이다. 둘씩 둘씩 루(縷)를 가지고 이어서 묶는데 옆의 세 사람이 그것을 잡는다. 예(禮)에는 천자의 정(旌)은 땅에 닿는다. 정사농(鄭司農)이 '매어 잡는다'"고 한 것이 이것이다. 『광아』에 "천자의 깃대 높이는 구인(九仞), 제후는 칠인(七仞), 대부는 오인(五仞)이다. 천자는 십이류(十二斿)인데 땅에 닿으며, 제후는 구류(九斿)인데 진(軫)에 닿으며, 경대부는 칠류(七斿)인데 지(軹)에 닿으며, 사는 삼류(三旒)인데 견(肩)에 닿는다"고 하였다.

經文 縓廣充幅[146]長尋曰旐,

검은 비단에 넓이가 충폭(充幅 : 2尺 4寸)이고 길이가 심(尋 : 8척)인 것을 조(旐)라 하며,

爾雅注 帛全幅長八尺.

비단의 넓이는 전폭(全幅 : 2척 4촌), 길이가 8척이다.

經文 繼旐曰旆.

146) 充幅 : 布는 2尺 2寸, 帛은 2尺 4寸의 너비. 『爾雅義疏』에 "充, 終也. 布幅廣二尺二寸, 帛幅廣二尺四寸, 然則旐之制, 以縓幅廣二尺四寸長八尺爲之也"라고 하였다.

조(旐)에 이은 것을 패(旆)라 한다.

爾雅注 帛續旐末, 爲燕尾者. 義見『詩』.

조(旐)의 끝에 비단을 이어서 제비 꼬리로 만든 것이다. 뜻은 『시경』에 보인다.

爾雅音義 緇, 側基反. 廣, 古曠反. 充, 『方言』云: "幅廣曰充." 幅, 音福. 長, 直亮反. 注同. 旐, 持小反. 旆, 蒲蓋反.

치(緇)는 측(側)과 기(基)의 반절이다. 광(廣)[147]은 고(古)와 광(曠)의 반절이다. 충(充)은 『방언』에 "폭광(幅廣)을 충(充)이라 한다"고 하였다. 폭(幅)은 음이 복(福)이다. 장(長)은 직(直)과 량(亮)의 반절인데 주에서도 같다. 조(旐)는 지(持)와 소(小)의 반절이다. 패(旆)는 포(蒲)와 개(蓋)의 반절이다.

爾雅疏 "緇廣充幅長尋曰旐"者, 緇, 黑色也. 以黑色之帛, 廣全幅, 長八尺, 屬於杠, 名旐. 又以帛繼續旐末爲燕尾者, 名旆. 郭云"義見『詩』"者, 「小雅」「六月」云: "白旆央央." 是也.

"치광충폭장심왈조(緇廣充幅長尋曰旐)"에서 치(緇)는 흑색이다. 흑색의 비단으로 넓이가 2척 4촌이며 길이가 8척인 것을 깃대에 붙인 것을 조(旐)라 한다. 또 조(旐)의 끝에 비단을 이어서 제비 꼬리로 만든 것을 패(旆)라 한다. 곽박이 "뜻은 『시경』에 나타나 있다"고 한 것은 『시경』「소아」「유월(六月)」에 "흰 기가 선명하다"고 한 것이 이것이다.

147) 廣 : 廣이 넓다라는 의미로 쓰면 上聲, 넓이라는 명사로 쓰면 去聲이다. 여기서는 去聲으로 사용되었다.

經文 注旄首曰旌.

깃대 꼭대기에 모우(旄牛)[148]의 꼬리를 붙인 것을 정(旌)이라 한다.

爾雅注 載旄於竿頭, 如今之幢, 亦有旒.

깃대 끝에 모우의 꼬리를 붙인 것인데, 지금의 당(幢)과 같으며 또한 류(旒)가 있다.

爾雅音義 注, 之樹反. 旄, 云褒反. 旌, 音精, 本又作旍. 幢, 直江反. 竿, 音干.

주(注)는 지(之)와 수(樹)의 반절이다. 모(旄)는 운(云)과 포(褒)의 반절이다. 정(旌)은 음이 정(精)인데 본에 따라 정(旍)으로 되어 있다. 당(幢)은 직(直)과 강(江)의 반절이다. 간(竿)은 음이 간(干)이다.

爾雅疏 "注旄首曰旌"者, 李巡曰: "旄牛尾著竿首." 孫炎曰: "析五采羽注旄上也, 其下亦有旒縿." 郭云: "載旄於竿頭, 如今之幢, 亦有旒." 如是則竿之首有旄有羽也. 故『周禮』「序官」·「夏采」注云: "夏采, 夏翟羽色. 「禹貢」'徐州貢夏翟之羽.' 有虞氏以爲緌. 後世或無, 故染鳥羽象而用之, 謂之夏采." 其職注云: "緌以旄牛尾爲之, 綴於幢上, 所謂注旄於竿首者也."

148) 旄牛 : 소의 일종으로 犛牛라 하기도 한다.

“주모수왈정(注旄首曰旌)”에서 이순은 “깃대 끝에 모우 꼬리를 붙인 것이다”고 하였다. 손염은 “다섯 빛깔의 깃털을 쪼개어 모우 위에 붙이는 것으로, 그 아래 역시 류(旒)와 삼(縿)이 있다”고 하였다. 곽박은 “깃대 끝에 모우의 꼬리를 붙인 것인데 지금의 당(幢)과 같으며 또한 류(旒)가 있다”고 하였다. 이와 같다면 깃대의 꼭대기에 모우 꼬리도 있고 깃털도 있는 것이다. 그러므로 『주례』「서관(序官)」의 「하채(夏采)」에 대한 정현의 주에 “하채(夏采)는 하적(夏翟 : 꿩)의 깃색이다. 『서경』「우공(禹貢)」에도 ‘서주(徐州)에서 하적의 깃을 공물로 바쳤다’고 하였다. 유우씨(有虞氏)는 이것으로 유(緌 : 깃대 꼭대기에 다는 장식용 털)를 만들었다. 후세에 혹은 없어져 새 깃을 물들이고 본떠서 사용하였으니, 이것을 하채(夏采)라 한다”고 하였다. 『주례』「천관」「하채」의 정현 주에 “유(緌)는 모우(旄牛)의 꼬리로 만든다. 당(幢) 위에 매는데 이른바 깃대 꼭대기에 모우의 꼬리를 붙인 것이다”고 하였다.

經文 有鈴曰旂.

방울이 있으면 기(旂)라 한다.

爾雅注 縣鈴於竿頭, 畫交龍於旒.

깃대 꼭대기에 방울을 달고 류(旒)에 룡(龍)을 교차시켜 그린 것이다.

爾雅音義 鈴, 郎丁反. 旂, 音祈. 縣, 音玄.

령(鈴)은 랑(郎)과 정(丁)의 반절이다. 기(旂)는 음이 기(祈)이다. 현(縣)은 음이 현(玄)이다.

爾雅疏 "有鈴曰旂"者, 郭云 : "縣鈴於竿頭, 畫交龍於旒." 「司常」云 : "交龍爲旂." 又曰 : "諸侯建旂." 然則旂者畫二龍於上, 一升一降相交. 又縣鈴於竿, 是諸侯之所建也. 『詩』「小雅」云 : "旂旐央央." 是也.

"유령왈기(有鈴曰旂)"에 대해 곽박은 "깃대 꼭대기에 방울을 달고 류(旒)에 룡(龍)을 교차시켜 그린 것이다"고 하였다. 『주례』 「춘관」 「사상(司常)」에 "용을 교차시켜 그린 것이 기(旂)이다"고 하였으며, 또 "제후가 기(旂)를 세운다"고 하였다. 그렇다면 기(旂)는 위에 두 마리의 용을 그린 것으로 한 마리는 올라가고, 한 마리는 내려가도록, 서로 교차되게 하였다. 또 깃대에 방울을 달았으니, 이것은 제후가 세우는 것이다. 『시경』 「소아」 「채기(采芑)」에 "기(旂)와 조(旐)가 선명하다"고 한 것이 이것이다.

經文 錯革鳥曰旟.

혁조(革鳥 . 빠른 새)를 그려 넣는 것을 여(旟)라 한다.

爾雅注 此謂合剝鳥皮毛置之竿頭. 卽『禮記』云 : "載鴻及鳴鳶."

여기서는 새의 가죽과 털을 벗겨 모아서 깃대 꼭대기에 놓은 것을 말하였다. 『예기』에 “기러기를 그린 기와 우는 솔개를 그린 기를 내건다”고 하였다.

爾雅音義 錯, 七各反, 又七故反. 旟, 羊諸反. 剝, 北角反. 鳶, 以專反, 鴟也.

착(錯)은 칠(七)과 각(各)의 반절, 또는 칠(七)과 고(故)의 반절이다. 여(旟)는 양(羊)과 저(諸)의 반절이다. 박(剝)은 북(北)과 각(角)의 반절이다. 연(鳶)은 이(以)와 전(專)의 반절로 치(鴟 : 솔개)이다.

爾雅疏 “錯革鳥曰旟”者, 孫炎云 : “錯, 置也. 革, 急也. 畫急疾之鳥於縿也.” 鄭志答張逸亦云 : “畫急疾之鳥隼.” 以「司常」云 : “鳥隼爲旟.” 『詩』「小雅」云 : “織文鳥章”也. 郭云 : “此謂合剝鳥皮毛置之竿頭”者, 意與孫・鄭少異. 云“卽『禮記』云 : 載鴻及鳴鳶”者, 案「曲禮」云 : “前有水, 則載青旌. 前有塵埃, 則載鳴鳶. 前有車騎, 則載飛鴻. 前有士師, 則載虎皮. 前有摯獸, 則載貔貅.” 鄭注云 : “載謂擧於旌首, 以警衆也. 禮 : 君行師從, 卿行旅從. 前驅擧此, 則士衆知, 所有所擧, 各以其類象. 青, 青雀水鳥. 鳶鳴則將風. 鴻取飛有行列也. 士師謂兵衆, 虎取其威勇也. 貔貅亦摯獸也.”

“조혁조왈여(錯革鳥曰旟)”에서 손염은 “조(錯)는 치(置 : 놓다)이다. 혁(革)은 급(急 : 급하다)이다. 삼(縿)에 빨리 나는 새를 그린 것이다”고 하였다. 『정지(鄭志)』149)에 장일(張逸)에게 대답하면서 “빨리 나는 송골매를 그린 것이다”고 하였다. 『주례』「춘관」「사상(司常)」에 “송골매를 그린 것이 여(旟)이

149) 『鄭志』: 書名. 鄭玄의 손자인 鄭小同이 鄭玄과 제자들의 문답을 모은 것이다. 原本은 逸失되었다. 지금은 여러 서적에 산재된 글을 모아 편집한 것이 전한다.

다"고 하였고, 『시경』「소아」「유월(六月)」에 "기의 표지는 송골매 무늬이다"[150]이라 하였기 때문이다. 곽박은 "여기서는 새의 가죽과 털을 모아서 깃대 끝에 두는 것을 말한다"고 하였는데, 의미가 손염·정현과는 조금 다르다. 곽박이 곧 『예기』에 말한 "재홍급명연(載鴻及鳴鳶)"이라 한 것은 살피건대, 『예기』「곡례상」에 "앞에 물이 있으면 푸른 물새가 그려진 기를 든다. 앞에 먼지가 있으면 우는 솔개가 그려진 기를 든다. 앞에 수레가 있으면 나는 기러기가 그려진 기를 든다. 앞에 군대가 있으면 호랑이가 그려진 기를 든다. 앞에 사나운 맹수가 있으면 비휴(貔貅)가 그려진 기를 든다"고 하였다. 정현의 주에 "재(載 : 들다)는 깃발 꼭대기를 들어서 병사들을 조심시키는 것이다. 예법(禮法)에 의하면 군(君)이 가면 사단(師團)이 따르고, 경(卿)이 가면 여단(旅團)이 따른다고 하였다. 선발부대가 이것을 들면 병사들이 알고서 가지고 있는 비슷한 종류의 형상을 한 기를 든다. 청(靑)은 청작(靑雀)으로 물새이다. 연명(鳶鳴)은 장풍(將風)[151]이다. 기러기는 날아가는 데에 항렬이 있음을 취한 것이다. 사사(士師)는 병사가 많음을 말함이고, 호랑이는 그 위엄과 용기를 취한 것이다. 비휴(貔貅) 역시 사나운 짐승이다"고 하였다.

經文 因章曰旃.

비단 빛깔을 그대로 따르고 그림을 넣지 않은 기를 전(旃)이라 한다.

---

150) 기의 표지는 …… 무늬이다 : 「六月」 정전의 "織, 徽織也. 鳥章, 鳥隼之文章"을 따랐다.
151) 將風 : 이 구절에 대해 校勘記에는 다른 본에 "天將風, 風生埃起"로 되어 있다고 하였다. 즉 우는 솔개를 그린 기를 든 것은 하늘에서 바람이 일려 함이고, 바람이 일면 먼지를 일으킨다는 뜻이다.

爾雅注 以帛練爲旒, 因其文章, 不復畫之. 『周禮』云 : "通帛爲旃."

누인 비단을 류(旒)로 하여, 그 비단 빛깔을 그대로 따르며 다시 그림을 넣지 않은 것이다. 『주례』에 "통백(通帛)을 전(旃)이라 한다"고 하였다.

爾雅音義 旃, 之然反. 『世本』云 : "黃帝作旃."

전(旃)은 지(之)와 연(然)의 반절이다. 『세본(世本)』에 "황제(黃帝)가 전(旃)을 만들었다"고 하였다.

爾雅疏 "因章曰旃"者, 孫炎曰 : "因其繒色以爲旗章, 不畫之." 是也. 「司常」云 : "通帛爲旜." 鄭注云 : "通帛謂大赤, 從周正色, 無飾." 郭云"以帛練爲旒. 因其文章, 不復畫之. 『周禮』云 : '通帛爲旃'"者, 以因其文章, 與『周禮』通用絳帛, 隨義立名, 其實一也. 故引爲證.

"인장왈전(因章曰旃)"에서 손염은 "그 비단 색에 따라서 기장(旗章)을 만드는 것이고 그림을 그리지 않는다"고 한 것이 이것이다. 『주례』「춘관」「사상(司常)」에 "통백(通帛)을 전(旜)이라 한다"고 하였다. 정현의 주에 "통백(通帛)은 대적(大赤)[152]을 말한다. 주(周)의 정색(正色)인 붉은 색을 따랐으며 장식이 없다"고 하였다. 곽박이 "누인 비단을 류(旒)로 하여 그 비단 빛깔을 그대로 따르며 그림을 넣지 않은 것이다. 『주례』에 '통백(通帛)을 전(旃)이라 한다'"고 한 것은 비단의 빛깔을 그대로 따른 것과 『주례』의 통

152) 大赤 : 그림이 그려져 있지 않은 붉은 기. 『禮記』「明堂位」에 "殷之大白, 周之大赤"에서 孔穎達은 "殷之大白謂白色旗, 周之大赤者爲赤色旗, 此大白大赤, 各隨大之色, 無所畫也"라 하였다.

용하는 붉은 비단이라는 것으로 의미를 따라서 명칭을 세운 것이니, 그 내용은 한 가지이다. 그러므로 인용하여 증거로 삼은 것이다.

經文 旌旂.

깃발.

爾雅音義 旂, 本又作旗. 凡旌旗之字, 皆從㫃, 㫃, 音偃. 『說文』云: "旌旗得風靡也." 或示旁手旁者, 非也.

기(旂)는 본에 따라 기(旗)로 되어 있다. 일반적으로 정(旌)과 기(旗)자는 모두 언(㫃: 기)을 따르는데 언(㫃)은 음이 언(偃)이다. 『설문』에 "정기(旌旗)는 바람을 맞으면 휘날린다"고 하였다. 혹은 시방(示旁)·수방(手旁)으로 하는 것은 잘못이다.[153]

爾雅疏 "旌旂"者, 九旗之名雖異, 旌旂爲之總稱, 故以此題之. 案祭名·講武·旌旂, 俱非天類, 而亦在此者, 以皆王者大事. 又祭名則天曰燔柴, 講武則類於上帝, 旌旂則日月爲常. 他篇不可攝, 故繫之「釋天」也.

"정기(旌旂)"라고 한 것은 아홉 기[154]의 명칭이 다르기는 하지만, 정기

153) 示旁 …… 잘못이다: '旌' 등을 '䄇' 또는 '挰' 등으로 쓰면 틀린다고 밝힌 것이다.
154) 아홉 기: 기에 그려진 무늬에 따라 기의 명칭이 아홉 가지로 달라진다. 『주례』「춘관」「사상」에 "日月爲常, 交龍爲旂, 通帛爲旜, 雜帛爲物, 熊虎爲旗, 鳥隼爲旟, 龜蛇爲旐, 全羽爲旞, 析羽爲旌"이라 하였다.

(旌旂)로 총체적인 명칭을 삼을 수 있으므로 정기(旌旂)라고 제목을 붙인 것이다. 살피건대 제명(祭名)·강무(講武)·정기(旌旂)는 모두 하늘과 관련된 종류가 아닌데, 또한 「석천」에 실려 있는 것은 모두가 왕(王)의 대사(大事)이기 때문이다. 또 제명(祭名)에서는 하늘에 제사지내는 것을 번시(燔柴)라 하고, 강무(講武)에서는 상제(上帝)에게 유(類) 제사를 지낸다고 하고, 정기(旌旂)에서는 해와 달이 그려진 기를 태상(太常)이라고 한다고 하였다. 다른 편에서는 겸할 수 없으므로 「석천(釋天)」에 엮어 두었다.